LE DÉSEMPIRE

Destins croisés

Jean-Pierre Biondi, *Saint-Louis du Sénégal,*
mémoires d'un métissage
(ouvrage couronné par l'Académie française)
Senghor ou la tentation de l'universel
André Picciola, *Missionnaires en Afrique*
Henri Brunschwig, *L'Afrique noire*
au temps de l'Empire français
Jean-Pierre Gomane, *Les Marins et l'outre-mer*
Jean-Pierre Biondi-François Zuccarelli
16 pluviôse an II, les colonies de la Révolution
Michel Panoff, *Tahiti métisse*
Maurice Denuzière, *Je te nomme Louisiane*
Yvonne Knibiehler-Geneviève Emmery-
Françoise Leguay, *Des Français au Maroc*
Général Yves Gras, *Histoire de la guerre d'Indochine*
Jacques Frémeaux, *Les Bureaux arabes dans l'Algérie de la conquête*

À paraître

Philippe Decraene, *Les Grands Sahariens*
Philippe Devillers, *Français et Annamites*
Elikia M'Bokolo, *Profils africains*
Benjamin Stora, *Ferhat Abbas*
Daniel Rivet, *Lyautey*
Hubert Bonin, *L'Empire des affaires*

L'aventure coloniale de la France

Jean Martin, *L'Empire renaissant* (1789-1871)
Gilbert Comte, *L'Empire triomphant* (1871-1936)
1. L'Afrique occidentale et équatoriale
Jean Martin, *L'Empire triomphant* (1871-1936)
2. Maghreb, Indochine, Madagascar, îles et comptoirs
Paul-Marie de La Gorce, *L'Empire écartelé (1936-1946)*
Jean Planchais, *L'Empire embrasé (1946-1962)*

À paraître

Philippe Haudrère, *L'Empire des rois*
de François Ier à Louis XVI

Collections dirigées
par Bernard Lauzanne

Jean Lacouture - Dominique Chagnollaud

LE DÉSEMPIRE

FIGURES ET THÈMES DE L'ANTICOLONISME

DESTINS CROISÉS

Collection dirigée par Bernard Lauzanne

Denoël

L'AVENTURE
COLONIALE
DE LA FRANCE

Sommaire

Sommaire

Avertissement

Anticolonistes?

Pourquoi reprendre cette vieille formulation, si désuète? Parce qu'elle recouvre mieux ce que nous voulons exprimer. Colonialisme est brutal, caricatural. Il exprime certes des vérités, que nous avons vécues, une grossièreté, une bêtise que nous avons connues, du Vietnam au Congo – ce qu'exprimait Gide en assurant que plus l'Européen est bête, moins le Noir lui semble intelligent. Mais que signifie alors d'être anticolonialiste, sinon être hostile à la sottise, à la méchanceté, à l'inélégance morale?

L'anticolonisme a beaucoup plus de sens. Il est un choix, fait de Turgot à Clemenceau et de Condorcet à Charles-André Julien, contre un système qui comporte sa grandeur, ses réussites, ses bienfaits, mais dont l'expérience apprend qu'il ne va pas sans trop de blessures, d'injustices et d'inégalités. Être anticoloniste, c'est en fin de compte refuser, pour ce qu'elle implique de négatif, sur la longue durée, cette grande aventure humaine.

On ne s'interdira pas l'emploi du vocable «anticolonialiste» – d'usage si courant qu'il vient d'abord aux lèvres. Mais c'est l'«anticolonisme», dans ses diverses manifestations, qui est ici en cause.

Introduction

Les artisans de la décolonisation

Le domaine colonial français ne fut pas assemblé par hasard, ni défait par mégarde – comme on le dit ou l'écrit souvent.

La création de cet « Empire » fut le fait, non de certains aventuriers méconnus et volontiers désavoués, mais de quelques-uns des hommes d'État les plus notables de notre histoire, stratèges très conscients, sinon toujours lucides et conséquents, d'un expansionnisme stratégique, commercial voire intellectuel : Richelieu, Colbert, Seignelay, Choiseul, Thiers, Gambetta, Ferry, Delcassé, René Mayer, Soustelle...

Quant à la désintégration de cet ensemble imposant, elle est certes due aux vicissitudes de la nation, à la légèreté et aux mésaventures de quelques-uns. Mais elle est dès l'origine admise ou voulue par de grands esprits, par des groupes cohérents, des stratèges avisés, à partir de sérieuses analyses ou d'intuitions pénétrantes, et préparée ou exécutée par des politiques d'une envergure comparable à celle des fondateurs d'empire : de Sully à Clemenceau, de Turgot à Mendès France, de Guizot à Savary, de Voltaire à Raymond Aron, de Jaurès à de Gaulle, non sans contradictions, remords et retournements, les objecteurs de colonisation ou liquidateurs d'empire n'ont cessé de penser, d'écrire, de parler ou d'agir en vue d'une révision plus ou moins radicale ou rapide de la stratégie impériale.

C'est de cette cohorte d'hommes fort disparates, et souvent opposés, qu'il sera question dans cet ouvrage, de ceux qui furent soit des prophètes, soit des réformateurs, soit des syndics de faillite de la colonisation « à la française ». Nous ne prétendons certes pas établir ici une liste exhaustive. Quelques cas seulement seront abordés, que nous croyons significatifs. Grégoire l'est-il plus que Brissot ? Tocque-

ville, par ailleurs avocat du système, a-t-il sa place parmi les « objecteurs » ? Fallait-il en réserver une à Vigné d'Octon – ou, plus près de
nous, à Bergery, à Depreux, à Philip, à Gorse ou à Monteil ? Bref,
voici quelques-uns de ceux qui ont – naïveté, sagesse, machiavélisme,
vertu, chauvinisme ou prudence ? – contribué au démontage de
l'immense machinerie échafaudée, de façon non moins dissonante,
pendant quatre siècles, du roi Henri le Béarnais à Georges Mandel,
« clémenciste » aventuré sous les Tropiques...

*
* *

C'est pour les raisons les plus diverses, à partir de mobiles fort dis-
semblables et avec des procédures très variées, que la cohorte des
négateurs n'aura cessé de harceler de siècle en siècle le « parti colonial », un peu mieux soudé qu'elle mais d'où, de temps à autre, quelque schismatique faisait sécession pour rejoindre la chorale des pro-
testataires – l'opération inverse étant plus rare.

Débat marginal, feutré, technique, échappant à l'opinion
publique ? Non. Des controverses fameuses ont, sur le thème colonial,
marqué notre histoire, et il en est peu qui soulevèrent autant de passions collectives que celles qui opposèrent Barnave à Robespierre au
sujet des Antilles, Guizot à Thiers concernant l'Algérie, Ferry à Clemenceau à propos du Tonkin, Bidault à Mendès France sur le règlement indochinois, de Gaulle à Soustelle quant au sort de l'Algérie.
L'Empire ne fut fait ni défait dans la pénombre, par jactance, hasard
ou veulerie. Il fut un enjeu et une stratégie d'État.

On peut énumérer vingt ou cent raisons pour lesquelles monarchies
et républiques ont acquis des colonies. Est-ce jouer les « esprits forts »
que de donner pour importante, sinon la plus importante, la crainte
obsédante de voir les autres s'y installer ? (Je prends la Tunisie pour
en écarter l'Italie – ou l'Angleterre – et « protéger » de leurs entreprises la frontière algérienne, souci de protection qui conduira à prévenir par tous les moyens l'implantation de l'Allemagne au Maroc...)
Ainsi peut-on voir dans la croissance proliférante de l'Empire un anti-
Fachoda permanent...

Pour si complexes, contradictoires – et mal ou peu formulés et
explicités – qu'aient pu être les mobiles des architectes de cet
Empire, le furent-ils plus ou moins que ceux qui animèrent leurs
contradictions, les responsables de ce qu'on se hasarde à appeler le
« désempire » ? Mais que dire des raisons et des procédures alléguées
ou utilisées à l'occasion de telle ou telle délimitation de frontière ou
acquisition de province périphérique, d'une cité nouvelle ? Quel débat

ou consultation précéda ou suivit la réunion à la France de la Corse, de Nice, de la Savoie?

En ses flux et ses reflux, la politique coloniale de la France ne fut pas toujours soumise à un contrôle parlementaire digne des enjeux. Mais ce mouvement de marées s'opéra au vu et au su d'une opinion publique plus attentive (fierté chez les uns, anxiété chez les autres) que ne le veut la légende, en fonction de visées et d'intérêts bien discernables, sinon bien définis, et plus honorables que les procédures auxquelles les auteurs du drame eurent souvent recours.

***

Le refus de la colonisation commence avec la colonisation elle-même.

Pour s'en tenir à l'exemple français, le pouvoir royal ne se fut pas plus tôt engagé, sur les traces de Jacques Cartier, dans l'immense aventure américaine soutenant sans réserve l'implantation de Samuel Champlain en Acadie (1604) puis au Québec, que déjà son principal ministre, le duc de Sully, mettait en garde Henri IV contre cette forme d'expansion, arguant que « les choses qui demeurent séparées de notre corps par des terres ou des mers étrangères ne nous seront jamais qu'à grande charge et à peu d'utilité (...). Nous ne pouvons conserver de telles conquêtes, comme disproportionnées au naturel des Français que je reconnais, à mon regret, n'avoir ni la persévérance, ni la prévoyance requises... ».

L'opposition de Sully à l'expansion coloniale « comme disproportionnée au naturel des Français » tient-elle à son génie paysan, par essence casanier? Bien des culs-terreux se firent colons, et non sans profit, personnel ou collectif. Est-elle due à son protestantisme, beaucoup de réformés voyant se profiler dans ce type d'entreprises l'impérialisme papiste, camouflé sous quelques soutanes? Peut-être. Mais il se trouve que, tenus à l'écart de maints emplois en dépit de l'édit de Nantes, bien des protestants, incités à le faire par l'amiral de Coligny, hardi « coloniste », choisirent de tenter leur chance outre-mer – tel cet Antoine de Montchrestien qui adjurait Louis XIII de profiter de la fécondité des Françaises pour « noyer et couvrir d'hommes les terres lointaines, afin d'y provigner de nouvelles Frances... ».

Appel entendu par nombre de ses coreligionnaires – notamment ceux de La Rochelle – au point que le terrible corsaire espagnol Menendez écumant les côtes de la Floride y massacrait ses rivaux, non comme sujets du roi de France, mais en tant que *lutheranos* –

quand bien même quelque franciscain se fût glissé sur le trois-mâts aux fleurs de lys...

Reste que, dans l'ensemble et sur la longue durée, le parti protestant manifeste sur ce sujet, à partir de la mort du roi Henri, une réserve comparable à celle des jansénistes et des gallicans : les uns et les autres y voyant la main des jésuites, infatigables défricheurs de terres vierges et collecteurs d'âmes en peine, et en qui l'historien de la France coloniale Jean Meyer décèle « les souples mais ardents avocats », auprès des souverains Bourbons, d'une stratégie d'expansionnisme planétaire, *ad majorem Dei gloriam.*

Sous Louis XIV, le débat s'assoupit, le parti colonial règne : le roi s'est prononcé, Colbert multiplie les initiatives, en ardent partisan de la colonisation, et même de l'assimilation (il reproche aux jésuites de trop s'adapter aux coutumes des « sauvages », alors qu'il s'agit d'en « faire des Français... »). Son fils Seignelay porte l'effort à son paroxysme en Nouvelle-France (l'Amérique) et en Asie où la création de la Compagnie des Indes donne à l'entreprise assises et moyens. Et Bossuet donne à l'esclavage ses lettres de noblesse très chrétiennes...

La querelle se ranime au XVIIIᵉ siècle : si les « philosophes » veulent bien considérer d'un œil indulgent ou admiratif la « colonisation modèle » inventée par les jésuites au Paraguay, si l'*Encyclopédie* traite le problème avec une circonspection respectueuse des complexités, inspirée par l'abbé Raynal, le *Supplément au voyage de Bougainville* de Diderot relativise hardiment, dans la lignée de Montaigne, les concepts de sauvagerie et de civilisation, tandis que Voltaire minimise par le sarcasme l'importance des possessions d'outremer.

Le traité de Paris qui, en 1763, dépouille la France de Louis XV des neuf dixièmes de son domaine d'au-delà des mers, ne clôt pas le débat par extinction de son objet : la monarchie a conservé ses colonies les plus « utiles », les plus fructueuses, les Antilles et Saint-Domingue, assez de terres et de profits en tout cas pour donner tout son sens au réquisitoire de Turgot contre les « colonies de commerce » sur lesquelles se fonde une puissance « chimérique ».

Mise en garde de « philosophe », d'intellectuel irresponsable ? Pas du tout. Turgot est contrôleur général des Finances, en fait principal ministre, quand il adresse en 1776 au roi Louis XVI ce manifeste anticoloniste :

« La puissance fondée sur ce système de monopole (colonial) est précaire et fragile... L'illusion qui depuis deux siècles berce nos politiques, sera dissipée... alors même qu'on en était le plus ébloui. » Ce qui fait de Turgot le fondateur éclatant de l'anticolonisme économique.

Mais c'est sur un autre terrain que celui de la rationalité économique que s'ouvrira bientôt la dispute majeure à propos de la colonisation – celle qui a trait aux principes, au droit, aux rapports entre les normes juridiques énoncées en métropole et les réalités « sur le terrain » outre-mer. Question qu'a su d'ailleurs poser, comme par allusion, dans son discours d'ouverture des États généraux, le très circonspect M. Necker...

A partir du 7 mai 1791, et pendant plus d'une semaine, l'Assemblée constituante est le théâtre d'un débat fameux entre ceux qu'on appelle alors « colonistes » et « anticolonistes » – vocables à vrai dire plus justes que ceux qui leur ont été substitués par l'usage, à consonance abusivement péjorative. Un tel débat ne surgit pas par hasard des travées de cette prestigieuse assemblée. Depuis des années, les deux partis se disputent, les premiers groupés autour de l'hôtel de Massiac, quartier général des colons de Saint-Domingue, les seconds au sein de la Société des amis des Noirs, dont Brissot, Condorcet, Robespierre, La Fayette, l'abbé Grégoire, Sieyès et Mirabeau étaient les animateurs, et qui fixait pour objectif l'abolition progressive de l'esclavage.

Lors de la séance du 13 mai, après diverses joutes où s'étaient mis en vedette Barnave, avocat des « colonistes », et Robespierre, son antagoniste le plus opiniâtre, Moreau de Saint-Méry, augure des gens de l'hôtel de Massiac, objecta aux abolitionnistes que la suppression de l'esclavage – proposée par le seul et modeste des Essarts – aboutirait inéluctablement à la ruine des colonies, dont le système d'exploitation reposait sur l'utilisation de la main-d'œuvre servile.

C'est alors que retentit la riposte fameuse : « Périssent les colonies, plutôt qu'un principe *! » Lancée par Robespierre, comme le veut la légende complaisamment répercutée par nombre d'historiens? Non. Par une voix plus significative encore, celle du président de l'Assemblée, Dupont de Nemours, l'ami intime de Turgot, l'inventeur des thèses « physiocrates », l'homologue français d'Adam Smith.

Par le truchement de ce monarchiste libéral, de ce modéré dont l'œuvre et la personnalité jouissaient d'un rayonnement international, c'étaient la « philosophie » du siècle, la naissante science économique, l'esprit d'émancipation prôné par les *founding fathers* des « États-Unis d'Amérique », ses amis, qui se dressaient non seulement contre l'horrible système esclavagiste, mais aussi contre la « préférence coloniale », l'« exclusif » dénoncés par Turgot. Une nouvelle stratégie du

* La version originale du discours porte : « Plutôt la perte de la colonie que celle d'un principe. »

développement et des échanges s'affichait ainsi, en même temps qu'était proféré son interdit moral.

C'est surtout de celui-ci qu'allait aussitôt s'emparer Robespierre, paraphrasant le « périssent les colonies » du physiocrate, pour en donner « sa » version, légaliste, logique et à vrai dire démocratique : qu'est-ce qu'une révolution qui, proclamant l'égalité et la liberté, en limite l'application à tel rivage de l'Océan ?

Le réquisitoire de celui qu'on appellera l'« Incorruptible » et qui est déjà l'Intraitable, n'a pas la violence révolutionnaire qu'on a voulu lui prêter mais qui ne ressort pas de la lecture. Dans son *Histoire socialiste de la Révolution*, Jean Jaurès déploie beaucoup d'éloquence pour expliquer la modération provisoire, le pragmatisme, on allait dire l'opportunisme du député d'Arras – éloquence à laquelle d'autres recourront un siècle plus tard pour justifier sa longue prudence, à lui Jaurès, en matière coloniale...

Reste que si Dupont, comme Robespierre, ne pose « au fond » que le problème du servage, non celui de l'hégémonie coloniale, tous deux ouvrent la voie à toutes les interpellations ultérieures à propos de l'égalité des droits, privés et collectifs, des « races inférieures ». Un peuple est-il « libre », qui en domine un autre ? Un citoyen est-il digne de ce nom, s'il n'est le concitoyen que de celui qui, sous le même drapeau, vit en deçà de la mer ?

Une logique est ainsi en marche, que très peu pousseront jusqu'à des conséquences ultimes : tous ceux qui vivent sous les lois de la République doivent être libres et égaux en droit ; l'exercice de cette liberté peut aller jusqu'à la sécession ; au-delà de cette éventuelle séparation, les assujettis d'hier ont la latitude de se former en nations indépendantes. Dans une nation imbue du jacobinisme centripète, bien peu sauront ouvrir ainsi les yeux, et moins encore les bras – hormis, nous le verrons, l'abbé Grégoire qui ne se contentera pas d'être « l'ami des Noirs » mais se fera leur allié et leur témoin lors de la création de la République de Haïti.

 Ainsi s'est formée sous nos yeux, sinon rassemblée en bon ordre, une première escouade d'« anticolonistes » – de Sully le casanier à Turgot l'économiste, de Dupont de Nemours le physiocrate à Robespierre le logicien, de Necker le libéral à Brissot l'égalitaire. A partir de ces types et de quelques autres, on tentera d'établir une sorte de typologie de l'anticoloniste, du plus prudent réformiste au plus fougueux révolutionnaire.

On ne saurait le faire sans rappeler en quelques phrases les arguments de ceux qui tiennent pour fondée, ou justifiable, la mise en valeur de terres périphériques déclarées en friche, accompagnée de la mise en tutelle de peuples supposés inférieurs. Car c'est à ce présupposé idéologique, cette vulgate coloniale, ce nœud de certitudes et de bonne conscience (de bonne foi, même) que se heurteront nos objecteurs, et c'est sur ce mur que s'écrira leur histoire.

Deux arguments, fort différents, arment les « colonistes », si différents qu'ils forment deux groupes qu'il n'est pas toujours facile de distinguer, parce qu'ils ont le plus souvent fait alliance. Le premier use simplement d'un argument machiavélien (mais qui peut assurer que la puissance argumentaire de Machiavel n'est pas faite de sa bonne foi?) : toute nation avancée, dotée de la technique moderne, celle du XVIᵉ comme celle du XXᵉ siècle, a le droit, sinon le devoir, d'exercer son génie créatif sur toute terre peu ou mal exploitée. Il y va de la raison, de la sagesse : au nom de quoi laisserait-on une partie de la terre en friche, ou (pire?) laisserait-on d'autres puissances en tirer le fruit?

Argument déjà double, qui repose sur une logique plus ou moins mondialiste du développement, et sur une philosophie expansionniste, qui aboutit à reconnaître aux uns le « droit de coloniser » (revendiqué notamment vers 1930 par Mussolini mais aussi par de plus respectables) et à le dénoncer chez les autres. On trouverait peu de tribunaux pour trancher en ce sens. Mais en ce genre d'affaires, les tribunaux ne viennent que plus tard...

L'autre fraction des « colonistes » ne se réclame pas de la volonté de jouissance, ou de la logique du développement, mais bel et bien de l'idéalisme. Les « races inférieures », ou (plus finement) les peuples en quête de développement, ont droit à l'assistance des mieux éclairés et mieux pourvus. Parlera-t-on de charité? Certains missionnaires chrétiens le feront, arguant de la nécessité de sauver non seulement les âmes, mais les corps, au besoin par le recours à la force. Les grands laïcs du type de Jules Ferry ou de Rudyard Kipling (qui plaint l'homme blanc d'avoir à porter ce « fardeau ») mettent l'accent sur ce devoir de solidarité. Hypocrisie? Allez le prouver...

L'homme occidental aurait ainsi le devoir de se porter au secours des populations arriérées, analphabètes, en proie à la famine et gémissant sous la férule du despotisme le plus sanguinaire, ou vouées à de féroces et millénaires luttes tribales. Qui, en position de couper court à de telles horreurs, n'irait porter secours à ces malheureux, en attendant de les faire bénéficier des bienfaits de la civilisation, de son hygiène, de ses écoles, de ses techniques de transport? On ne cite pas ces arguments pour en sourire. Qui a lu Jules Ferry, qui a écouté dans la brousse le capitaine Durand, le major Brown ou le père Feliciano, a mesuré la force de ces arguments, leur profondeur, la sincérité de ceux qui les énonçaient...

Donnera-t-on pour ancêtre à nos « anticolonistes » le cher Michel
de Montaigne méditant aux bords de la Dordogne après avoir beaucoup voyagé, beaucoup écouté, beaucoup médité? Tout le discours
des objecteurs de colonisation ne se fonde pas sur le chapitre 31 des
Essais, « Des cannibales ». Mais nos mauvais esprits y trouvent leur
miel, quitte à le transformer en fiel.

Texte admirable où, à propos des peuples d'Amérique du Sud qui
sont les « colonisés » par excellence au temps où il écrit, un siècle
après les voyages de Colomb, le seigneur de La Mothe-Montravel
soutient qu'il ne voit « rien de sauvage et de barbare en cette nation...
sinon que chacun appelle barbarie ce qui n'est pas de son usage ».
Après cela, lequel des lecteurs de Montaigne peut bien rester
convaincu de l'argument primordial des « colonistes », à savoir qu'il
s'agit d'arracher ces peuples à la barbarie pour les civiliser, les
convertir, les fertiliser, eux-mêmes et leurs terres?

Ainsi l'auteur des *Essais* est-il le pionnier, le maître de cette école
qu'illustreront après lui non seulement Diderot aussi bien que les
pères jésuites avocats des rites chinois, mais encore Marcel Griaule
observateur des Dogons ou Claude Lévi-Strauss enquêteur chez les
Bororos. Qu'entendez-vous par « sauvages »? nous disent-ils.
Qu'entendez-vous par civilisation? Sur quoi se fonde votre hiérarchie? De quel droit prétendez-vous substituer à des cultures savoureuses et stables, et pour l'essentiel autosuffisantes, « la » culture
technicienne et productiviste d'un Occident prédateur, nombriliste
ou narcissique, armé de ses formidables matraques?

Argument à la fois décisif et fragile, dès lors qu'il se trouve
souvent contredit par l'observation. Savoureuses et stables, ces
cultures? Dans la mesure où leurs voisines ne les exterminent pas.
Autosuffisantes? Mais de quelle « suffisance » peut-il s'agir?
D'autres enquêteurs n'ont trouvé, sur le Congo ou l'Orénoque, ni les
ressources ni l'harmonie naturelle si brillamment décrites, à propos
d'autres rivages, par le lointain Montaigne et les plus proches Alfred
Métraux ou Georges Balandier.

Mais, trois siècles après l'auteur des *Essais*, un autre grand anticoloniste, Georges Clemenceau, indigné de l'usage fait, pour justifier
telle ou telle intervention en Afrique, du concept de « races inférieures », s'écriait à la tribune de la Chambre : « Je suis bien revenu
de ce type d'argument depuis que je lis dans la presse allemande et
les historiens d'outre-Rhin que si la France a été vaincue et a dû
rétrocéder l'Alsace, c'est parce que nous sommes une race inférieure! »

Aucun de ces arguments n'est sans réplique, bien entendu. Mais

retenons, à l'origine du grand réquisitoire anticolonial, cette revendication d'équivalence des cultures, ce refus en tout cas de dépréciation
radicale de telle ou telle d'entre elles, qui contribue à invalider, à
remettre en cause tout au moins, le projet « coloniste » dans ses fon-
dations les plus nobles – le souci « civilisateur ». Qui sont, nous
demande Montaigne, les vrais cannibales – de ceux qui rôtissent les
cadavres pour apaiser leur faim ou mieux proclamer leur victoire, ou
de ceux qui brûlent les vivants pour avoir différé d'opinion avec leurs
juges ?

*
*

L'humaniste ayant semé le doute (« qu'est-ce que philosopher,
sinon douter ? »), on voit paraître le moraliste, religieux ou laïque. Si
lourde que soit la part de responsabilité des missionnaires dans le pillage colonial souvent béni ou absous par de pieux personnages dont le
dévouement à « leurs » catéchumènes ne peut pas faire oublier la servilité envers les pouvoirs (dès lors que « l'anticléricalisme n'est pas un
article d'exportation », pourquoi le prêtre ne s'allierait-il pas au proconsul ?), les mises en garde contre la rapacité colonialiste sont
souvent venues des divers types de clergé.
　Du dominicain espagnol Bartolomé de Las Casas au jésuite belge
Pierre Charles, des hommes en soutane ont averti, dénoncé, corrigé.
C'est un évêque français du Gabon, Mgr Le Roy, qui écrit :
« L'Afrique a résisté à trois siècles de traite des esclaves; elle ne
résistera pas à cinquante ans de civilisation. » Les protestations du
père Libermann ou de l'abbé Lemire sont vigoureuses, avant celles
de l'archevêque d'Alger, Mgr Duval. Et l'un des plus judicieux procès de la colonisation française jamais instruit le fut non à coups
d'anathèmes mais de questions soigneusement formulées, notamment
par Joseph Folliet, lors des « Semaines sociales » catholiques de Marseille, en 1930. Interrogations à propos de la domination coloniale
que ne peut éluder le chrétien, et que le père de Lubac prit soin
d'approfondir.
　On conviendra tout de même que compte tenu des enjeux spiri-
tuels, des risques immenses de contamination entre évangélisation et
rapine que comporte l'association du prêtre à l'opération coloniale –
risques magnifiquement dénoncés dès le xvie siècle par François-
Xavier dans ses lettres au roi João III du Portugal –, l'Église catholique est restée d'une timidité surprenante dans cette immense, cette
orageuse aventure de la colonisation.
　Il fallut attendre l'encyclique *Maximum illud* de Benoît XV, au

temps de la Première Guerre mondiale, pour que les missionnaires
fussent officiellement mis en garde par le magistère romain contre les
déviations nationalistes, moins contre les violences... On a parlé
d'« Église du silence ». En ce périlleux domaine, ce n'est pas trop
dire.

Jusqu'au réveil catholique manifesté par des hommes comme Massignon, Mounier, Mandouze ou Mauriac, puis par les animateurs de
Témoignage chrétien, tous plus ou moins marginaux, contestés ou
mis en quarantaine par l'institution ecclésiale, c'est beaucoup plus du
parti des « lumières » laïque, socialiste ou franc-maçon, qu'est venue
la protestation dite « des âmes sensibles ». En ce domaine, la Ligue
des droits de l'homme a longtemps donné des leçons de charité à
l'Église du Christ.

La critique morale de la colonisation a pour foyer cette Ligue fondée au temps de l'affaire Dreyfus, qu'animent Francis de Pressensé,
puis Victor Basch, alliés à des pacifistes comme Léon Bourgeois ou
Frédéric Passy, et des porte-parole du parti socialiste comme Gustave Rouanet et Charles Dumas – sans parler bien sûr de Jaurès.

On verra que l'humanisme n'est, en telle occurrence, le monopole
de personne. Face aux tueries d'Algérie ou du Tonkin, face aux horreurs perpétrées par la colonne Voutet-Chanoine ou aux répressions
de Madagascar ou de Casablanca, on verra se dresser aussi bien les
aristocrates de Mun ou Cassagnac que des hommes de gauche. Il faudra attendre les guerres d'Indochine et d'Algérie pour que les tortures prennent une couleur idéologique.

Le refus de l'entreprise coloniale ou sa censure peuvent prendre
une forme connexe : celle du juridisme. D'abord, parce que le
« droit » à coloniser est, du point de vue de la société internationale,
matière à d'innombrables et incessants débats, des théologiens de
l'âge classique comme Francisco de Vitoria (auquel le jeune professeur de droit public Hubert Beuve-Méry avait consacré une thèse
dont les échos se firent entendre plus tard dans les colonnes du
Monde) aux plus modernes juristes, Georges Scelle, Geouffre de La
Pradelle ou Maurice Duverger.

Ensuite, parce que s'entrechoquent ici divers « droits », non seulement ceux que peuvent ou non conférer l'histoire, une longue rési-
dence, une œuvre accomplie, une victoire proclamée « juste » – mais
aussi des concepts ou des traditions contradictoires – droit du sang,
droit du sol – ou incompatibles : le modèle type, ou limite, de ce
genre de situation étant illustré par la tragédie de Palestine. Droits
opposés, dans le sens de la revendication légitime. Droits différents,
dans le sens du corpus des règles fondant la vie en société.

Les problèmes ainsi posés seraient moins inextricables si les colonisateurs ne motivaient leurs initiatives que par le droit du plus fort, ou du plus efficace. Mais, dès lors qu'on appela découverte la plus fameuse des conquêtes, celle de l'Amérique méridionale, on prétendait, par cette « découverte », fonder un droit à l'état pur, original, exercé sur une *res nullius* – ces terres où ne vivaient que des bêtes et des Indiens – ces Indiens à propos desquels l'Église mettra un demi-siècle à reconnaître qu'ils sont dotés d'une âme.

C'est à partir de ce concept du droit fondé sur la « découverte », l'invention d'un monde, que le très réaliste pape Alexandre VI patronne en 1492 le partage des « Indes occidentales » entre les empires portugais et espagnol, signataires du traité de Tordesillas. Et c'est en se fondant sur les mêmes principes que les Européens du XIXe siècle prétendent légaliser à Berlin, en 1885, le découpage en morceaux d'une Afrique réputée (à quelques exceptions près) sans maître ou sans loi *(hic sunt leones)*.

Quel juriste digne de ce nom tiendrait pour légitimes ces textes inspirés par le pape Borgia et le chancelier fondateur du Ier Reich? Qui ferait mine de croire que les revendications françaises sur l'Algérie, à partir d'une dette impayée (par la France...) et d'une gifle donnée (à la France..) avaient la moindre justification? Moins en tout cas que celles des Plantagenêts sur la couronne de France...

La question de droit restera constamment posée au long de l'histoire coloniale. Mais constatons que, pas plus que l'Église catholique, la corporation des juristes n'a manifesté une extrême sollicitude au monde colonisé. Quelques grandes protestations, quelques consultations nobles ou solennelles – celles de professeurs comme Gaston Jèze ou Georges Scelle, ou de magistrats comme Maurice Patin, ou encore de grandes plaidoiries pour les écrasés du système dues à des avocats généreux comme René-William Thorp, Pierre Stibbe, Jacques Mercier, Michel Bruguier (ces deux derniers morts en plaidant cette cause). On ne cite là que quelques noms, à titre indicatif. Mais tous les oubliés seraient-ils appelés à la barre, cela ne ferait pas que la corporation des gardiens du droit ait déployé tout son génie pour mettre en accusation les illégalités coloniales.

L'un des rares thèmes juridiques évoqués au cours de l'histoire coloniale fut celui de l'illégalité de tel ou tel effort militaire au regard des droits du Parlement. La vigilance qui ne se manifestait que par brèves bouffées à propos des droits des peuples ou des personnes d'outre-mer se réveillait au sujet du contrôle par les élus de l'engagement de jeunes citoyens français – fils d'électeurs... – dans des opérations lointaines. Avez-vous consulté les Chambres? Avez-vous obtenu d'elles les crédits? Êtes-vous ou non en état de guerre? Ainsi verra-t-on la Chambre des députés houspiller ou harceler Jules Ferry, Delcassé, Jules Moch ou René Pleven à propos de combats menés en Tunisie, en Indochine, au Maroc ou en Algérie. Mais il s'agit moins alors des droits de l'homme que de ceux du Parlement...

Ce n'est pas en fonction du droit, mais des seuls intérêts de la nation, que se manifeste une école de stratèges méfiants à propos de l'expansion outre-mer. Ces experts de la défense nationale raisonnent en termes de moyens et d'efficacité. Quelques-uns d'entre eux – fort peu – sont hostiles à toutes les implantations outre-mer qui, à leurs yeux, vouent le corps militaire français à une mission qui relève de l'assistanat social, de la mise en valeur agricole ou de la randonnée scoute beaucoup plus que de l'art militaire, et forme un corps d'officiers inapte aux grandes opérations.

Quoi de commun entre la chasse aux pillards sahariens ou annamites et le déploiement des amples unités qu'impliquent la guerre moderne et l'usage des armes sophistiquées qu'elle requiert? Quand vous aurez trucidé à l'arme blanche quelques centaines de « Pavillons noirs » ou de Khroumirs, serez-vous mieux préparés à affronter les divisions de Von Klück?

Un courant parmi ces stratèges – où l'on pourrait ranger, dans la première partie du siècle, aussi bien le général Foch que le colonel Pétain ou le capitaine de Gaulle – ne proscrit pas globalement l'engagement outre-mer. Mais bon nombre de ces spécialistes estiment que la France ne peut s'engager à la fois et durablement sur divers continents. Ainsi l'amiral Castex, théoricien extrêmement brillant que de Gaulle admirait fort, plaidait pour l'abandon de l'Asie et la concentration des forces françaises sur l'Afrique.

Beaucoup plus tard, au lendemain de la Seconde Guerre mondiale, on verra un homme comme Leclerc se ranger à l'idée d'une évacuation à terme de l'Indochine, dès lors qu'elle permettrait un plus vigoureux retranchement sur l'Afrique du Nord. Quelques années encore et, à la veille de Dien Bien Phu, ce sera encore la position prise par un stratège aussi avisé que Juin.

Où est, en tout cela, l'anticolonisme? Le simple effet d'un raisonnement réaliste, utilitaire, qui a peu à voir avec le fond du problème? Entre les mobiles premiers d'une attitude ou d'un choix et les effets qu'il provoque, qui dira les cheminements secrets? Il est de fait que, pour certains militaires, l'action coloniale est l'expression même du génie et de la grandeur de la nation : c'est le point de vue de Faidherbe ou de Gallieni. Et que, pour d'autres, ce type d'implantation est relatif, ou contingent. Qui aurait osé suggérer à Leclerc que, pour mieux « tenir » la Bretagne, il serait bon de « lâcher » la Provence? Pour cette école de militaires, s'il y a un intangible « sanctuaire » national, il n'est pas évident que l'ensemble du domaine colonial en soit partie intégrante, fût-ce l'Algérie. D'où une flexibilité qui sera jugée anathème par certains intégristes de la colonisation.

Autre interaction entre armée et colonisation : le problème des rapports entre le proconsul militaire et l'État. Des débuts de la conquête de l'Algérie aux accords d'Évian, monarchies et républiques n'ont cessé de guetter, en la personne du conquérant d'outre-mer, le prédateur éventuel du pouvoir central : Bugeaud, Saint-Arnaud, Lyautey, Juin, Challe? Ou n'ont cessé de craindre que ces troupes aguerries sous les tropiques ne deviennent les légions dont César peut faire un instrument. Le précédent espagnol de 1936 n'est pas très lointain. Et après tout, le putsch algérois d'avril 1961 a posé, avec une certaine vigueur, le problème. D'aucuns soutiennent même que si la IVᵉ République s'est refusé si longtemps à mettre un terme à la guerre d'Indochine, c'était pour tenir le corps des officiers le plus éloigné possible du général de Gaulle...

Ce thème de l'imperator « africain » prêt à faire marcher ses spahis et ses goumiers sur l'Élysée avait de quoi éveiller les méfiances et susciter les contre-mines. Jusqu'où pouvait conduire la conspiration dite « du bazooka », qui était censée, en 1957, porter le général Cogny de Rabat à Alger – en attendant...

Ce type d'anxiété n'a pas inspiré beaucoup d'articles ou d'ouvrages. Mais il est sous-jacent à beaucoup de comportements politiques : la haine que porte Clemenceau à Lyautey n'est-elle faite que de l'incompatibilité entre le républicanisme de l'un et le monarchisme de l'autre? Le Tigre n'oubliait pas que les grenadiers de Brumaire étaient brunis par le soleil d'Égypte. Maudites soient ces colonies où mûrissent les rêves de Marc-Antoine...

A l'école de pensée des stratèges qui tiennent l'Empire pour un moyen plutôt que pour une fin, peut être rattaché ce puissant courant nationaliste où l'on tient pour suicidaire tout ce qui n'est pas concentré sur la « ligne bleue des Vosges ». Au regard d'un Clemenceau et (longtemps...) de la droite monarchiste, l'engagement outre-mer n'est qu'une aventure ruineuse, coûteuse en hommes et en ressources, qui fait la France captive de l'outre-mer, et désarmée, en Europe, face à ses puissants voisins, à commencer par l'Empire allemand geôlier de l'Alsace-Lorraine.

Ces anticolonistes-là ont beau jeu de citer les mots prononcés par

(ou prêtés à) lord Salisbury qui se serait félicité de voir le coq français « gratter de ses ergots le sable du Sahara ». Le rêve de Bismarck,
selon les mêmes, était de voir la France s'enfoncer dans la brousse
équatoriale. Combien de discours de Clemenceau ne sont-ils pas
émaillés de citations de ce type, qu'il trouvait – ou prétendait découvrir – dans la presse de Berlin ou de Londres?

Accoutumés à classer à droite les avocats de la colonisation, et à
gauche ses contempteurs, nous découvrons avec quelque surprise,
dans les interpellations parlementaires les plus acharnées contre
Ferry ou Delcassé, des élus de l'extrême droite, des hommes que
l'affaire Dreyfus ramènera à une solidarité totale avec l'armée mais
qui, à propos des expéditions coloniales, ne sont pas loin de penser
que l'aventure coloniale est un absurde divertissement face aux
menaces continentales.

N'excluons pas, chez les monarchistes, surtout les légitimistes, une
confusion entre la république drapée dans les trois couleurs et l'aventure coloniale. Pour ces hommes-là, l'engagement de la France au
Tonkin ou en Tunisie est le fait de la « bande gambettiste », de tous
ces usurpateurs qui ne pensent à aller afficher le drapeau tricolore à
travers le monde que pour le rendre légitime en France.

Ne négligeons pas l'influence, en de telles affaires, du parti le plus
étroitement conservateur, le plus casanier, le plus près de ses sous. Il
suffit de feuilleter des revues comme *L'Assiette au beurre* pour gla-
ner anecdotes et caricatures en ce sens. Le « combien ça coûte? » de
l'éternel bourgeois, de quel poids aura-t-il pesé dans ce débat? Les
colonies auront été une excellente affaire pour une certaine couche
de la nation, d'esprit plus moderne, souvent périphérique. Mais de la
Creuse à la Lozère, de la Saône-et-Loire à l'Ariège, combien de partisans de Gambetta ou de Ferry n'auront pas entendu l'objection de
l'électeur de base, qui fera quelques décennies plus tard la fortune du
« cartiérisme » : « Pourriez pas les met' chez nous, ces sous que vous
gaspillez aux colonies? »

Si peu d'affinités qu'on puisse trouver entre ces contempteurs
modestes du grand projet colonial et la nébuleuse révolutionnaire qui
se gonfle d'orages à partir de 1880, et plus encore de 1945, on retrouvera, formulé à peine différemment, ce type d'arguments. A ceci près
qu'à gauche il sera plutôt axé sur le gaspillage des vies humaines que
sur celui de la fortune nationale.

« Le Maroc ne vaut pas la peau d'un travailleur! » Que la phrase
ait été lancée par Gustave Hervé, Merrheim ou plus tard Jacques
Doriot – qu'importe? Elle exprime une révolte, que reprendront à
leur compte des procureurs éloquents comme Léon Bloy, Félicien
Challaye, Daniel Guérin, Claude Bourdet...

La colonisation, qui a sa grandeur et a porté de beaux fruits, des Indes au Maroc, fut la cible de tumultueuses indignations. Ne multiplie-t-elle pas le rapt de souveraineté nationale de l'Autre par les épreuves infligées à soi-même, l'instrument de la conquête, le soldat expédié sous les Tropiques? N'aggrave-t-elle pas l'aliénation du *fellah* ou du *nhâ-qué*, deux fois soumis, à son maître local et à son « protecteur » étranger? Le système est porteur d'injustices propres à susciter tous les réquisitoires. Des plus argumentés aux plus simplistes.

Dans notre typologie des anticolonistes, nous aurons le souci de distinguer ce type d'attitude, émouvante, souvent convaincante, et celle d'hommes qui portent sur le système colonial un regard critique, le considérant comme un moment dialectique d'un processus qui le dépasse. Instrument de la modernité, passage nécessaire entre féodalité et capitalisme? Pour être des emprunts à la phraséologie marxiste, pour être devenus des « clichés », ce ne sont peut-être pas là des contre-vérités.

Le fait est que, moment, phase, période ou époque, l'histoire coloniale proprement dite, celle qui est liée à l'expansion industrielle de l'Occident du XIXᵉ siècle, semble achevée – quitte à retrouver, à partir de l'exercice du « devoir d'ingérence » de la fin du XXᵉ siècle, un avenir. Pour désintéressées et apparemment salutaires que fussent les interventions en Somalie ou au Cambodge au début des années 90, tel historien de la colonisation y a vu une parenté avec certaines expéditions collectives de l'Occident, un siècle plus tôt, en Chine ou en Égypte... Les intentions sont différentes. Les conséquences?

On a choisi ici de présenter des études de cas limitées à une période d'un peu moins de deux siècles, ceux de l' « âge d'or » (ou de plomb) de la colonisation : de 1789 à 1962, des efforts de l'abbé Grégoire et de ses amis en faveur de l'émancipation des Noirs aux démarches du général de Gaulle pour mettre un terme à la domination française en Algérie. Ce qui laisse, en marge de l'épure, aussi bien les grandes aventures canadienne ou indienne que la question néocalédonienne ou l'ensemble des problèmes posés par les « départements d'outre-mer ». Choix arbitraire? Comme tous les autres...

Pour s'en tenir à une période récente, des histoires de la décolonisation française et de l'anticolonialisme ont été écrites par d'excellents auteurs, Charles-Robert Ageron (maître en la matière et que l'on trouvera souvent cité plus loin), Guy Pervillé et aussi Jean-Pierre Biondi, dont on a consulté avec profit *Les Anticolonialistes (1881-1962)*. Ce que nous proposons ici, ce sont quelques figures, et la plupart des thèmes majeurs sur lesquels s'est développé d'abord le nécessaire contrepoint critique de la colonisation, puis accompli (parfois en catastrophe) le démontage du système colonial français.

Charles-André Julien écrivit voici plus de trente ans *Les Artistes de la colonisation* (dont il savait saluer les accomplissements, sans en approuver le principe). Ce qui est présenté ici n'est peut-être que l'esquisse d'un ouvrage symétrique, que l'on aurait pu intituler *Les Artisans de la décolonisation*.

1

Grégoire
et les «Amis des Noirs»

Rien ne dit mieux l'espèce d'indifférence avec laquelle les Français considèrent – jusqu'au milieu du xxe siècle – la « question coloniale », que le peu d'attention accordée par les témoins puis par les historiens à la référence qui y fut faite dans les circonstances les plus solennelles, ce qu'on pourrait appeler le premier grand discours « programmatique » de la Révolution française prononcé le 5 mai 1789 lors de l'ouverture des États généraux, par le principal ministre, Jacques Necker.

Il n'est pas jusqu'à l'historien par excellence de la Révolution et de la nation françaises, Jules Michelet, qui, décrivant ce prélude au grand combat pour la justice et la liberté, ne passe sous silence l'évocation par Necker de « ce malheureux peuple dont on fit tranquillement un barbare objet de trafic ». Il est vrai que l'auteur de *L'Administration des finances de la France* ne passe pas pour un très bon « révolutionnaire » : mais cet ouvrage est tout de même l'un des premiers où les nations étaient invitées à renoncer à la traite de nègres par un pacte collectif.

Fallait-il être, comme Necker, suisse et banquier, pour rappeler ainsi, au seuil de l'immense entreprise, et face à quelques-uns des meilleurs représentants de l'esprit des lumières, que les « droits de l'homme » devaient être défendus d'abord là où ils étaient les plus odieusement brimés et que les principes de liberté et de justice ne se divisent pas ?

Un homme au moins, parmi les 1 139 députés assemblés en trois ordres dans la salle des Menus Plaisirs de Versailles, avait prêté attention à la phrase de Necker, un homme précisément que Michelet allait qualifier d' « illustre », de révolutionnaire « si ferme qu'il ne

mollit jamais » : il s'appelait Henri Grégoire et, membre du clergé,
allait incarner pendant près d'un tiers de siècle l'émancipation des
hommes de couleur et des collectivités aliénées, avec une constance
admirable et la plus riche ambiguïté. Seul? Certes non. Mais souvent
isolé, et toujours vilipendé.

La « question coloniale » se pose, au xviiie siècle, sous deux formes,
dans un double éclairage : la mise en question de l'esclavage et la justification économique et stratégique des colonies encore regroupées
sous l'égide de la couronne de France [1]. Il faut bien marquer cette
dualité d'attitudes. Tel peut être un valeureux combattant anti-
esclavagiste qui reste fort attaché au maintien d'un empire d'outre-
mer; tel peut dénoncer l'absurdité financière ou militaire de la colonisation sans s'émouvoir du statut de servitude. Mais nous verrons
que, poussée à son terme, la destruction du système de servage aboutit à la remise en question radicale de la colonisation telle qu'elle est
vécue par les Français de ce temps-là. Et que beaucoup des critiques
« réalistes » du pacte colonial sont en même temps des dénonciateurs
du servage.

Le premier empire colonial français, esquissé au xvie siècle et
conduit par Richelieu et Colbert à son apogée au début du xviiie,
avait connu un premier effritement en 1713, lors de la signature du
traité d'Utrecht, qui rognait « son » domaine américain.

Quatre mots, observe Jean Martin, résument alors ce résidu
d'empire : ceux de mercantilisme, de plantation, d'exclusif et d'esclavage. Pas question de peuplement, ni de rôle « civilisateur », ni de
points d'appui militaires, qui seront trois des données de base de la
colonisation un siècle plus tard [2]. Les colonies sont des comptoirs, des
plantations, des stations commerciales. « Le but de l'établissement
est l'extension du commerce », écrit Montesquieu dans *L'Esprit des
lois*. Et l'abbé Raynal, que l'on retrouvera comme l'un des premiers
théoriciens – fort ambigu – de l' « anticolonialisme » : « Le commerce
doit en être exclusif aux fondateurs. » D'où ce mot un peu mystérieux
d' « exclusif » qui dit bien que les échanges entre colonie et métropole
sont de caractère monopolistique.

Dans l'esprit d'hommes comme Colbert, « pas un clou, par une
bougie, pas un mètre de drap » ne saurait entrer à Fort-de-France qui
ne vînt de la métropole. Pas un pain de sucre ne saurait en sortir qui
n'aboutît sur le quai de Nantes ou de Bordeaux. Import-export rigoureusement encadré, la plantation là-bas répondant à la manufacture
ici – quelles que soient les arrière-pensées du planteur-colon et des
concurrents anglais ou hollandais.

C'est le caractère furieusement artificiel, contraignant, paralysant de ce système qui dresse contre lui les physiocrates et surtout le plus illustre d'entre eux, Turgot. En 1776, au lendemain de son renvoi du poste de contrôleur général des Finances, après qu'il eut exercé les responsabilités de la Marine, d'où dépendaient les colonies, le ministre-philosophe juge que la charge administrative, militaire et financière des colonies n'est certes pas compensée par l'importation de matières premières souvent superflues en échange de bels et bons produits manufacturés et provoque l'évasion de capitaux plus utiles ailleurs; il écrit que la puissance stratégique de la France n'a rien à gagner de la possession d' « îles à sucre » difficilement défendables et tire ainsi les leçons de la perte du Canada et de la révolte des colonies américaines.

« Oui, il faut consentir de bonne grâce à laisser à ses colonies une entière liberté de commerce en les chargeant de tous les frais de leur défense et de leur administration; à les regarder, non plus comme des provinces asservies, mais comme des États amis, protégés, si l'on veut, mais étrangers et séparés. Voilà où toutes les nations européennes qui ont des colonies arriveront tôt ou tard, de gré ou de force... [3]. »

Un régime d'apartheid

Turgot et ses amis physiocrates mettent donc l'accent sur l'irrationalité et le coût abusif des colonies, sans se désintéresser pour autant de l'aspect moral de l'affaire – trop humanistes et « modernes » pour ne pas se cabrer contre ce que l'esclavage a d'intolérable et d'archaïque.

Depuis 1619 et l'accostage aux Antilles de la première « cargaison » d'esclaves noirs, la plantation s'y était fondée sur le servage – qui assurait la richesse des comptoirs africains. Trafic qui avait pris une grande ampleur pendant la première partie du XVIIIe siècle, en se « régularisant » si l'on peut dire.

Capturés au Sénégal ou en Guinée, puis enlevés en masse des côtes d'Afrique, les « nègres » sont mis en vente par petits groupes à Saint-Domingue, en Guadeloupe, à la Martinique. Les planteurs sont évidemment les principaux acheteurs d'esclaves [4]. Ils emploient une main-d'œuvre immense : à la veille de la Révolution, on compte 450 000 esclaves à Saint-Domingue, 82 000 en Guadeloupe, 81 000 en Martinique. Les esclaves n'ont d'autre statut que celui accordé par le Code noir de 1685. Assimilés aux « meubles », ils ont « droit » à être suffisamment nourris, à travailler entre le lever et le coucher du

soleil. La moindre voie de fait contre leur maître entraîne, après
« jugement », la condamnation à mort. Quant aux fugitifs, ils sont
punis d'abord du fouet, puis de mutilations graduées.

A côté des esclaves, il existe une classe intermédiaire, les « gens de
couleur libres ». Composée de Noirs affranchis mais surtout de
« mulâtres » – parfois possesseurs – , descendant fréquemment de
Blancs et de femmes esclaves noires, tous sont théoriquement des
hommes libres : 80 000 à Saint-Domingue (40 000 Blancs), 18 000 en
Guadeloupe (12 000 Blancs), 4 000 en Martinique (1 100 Blancs).
L'accroissement continu de cette population au xviiie siècle ne va pas
sans multiples mesures de restrictions de leurs droits. Elles culminent
sous Choiseul, en 1767, quand lui est interdit l'exercice de toute fonction publique.

Dans son *Mémoire en faveur des gens de couleur* [5] publié en 1789,
l'abbé Grégoire décrit un véritable régime d'apartheid : « Défense
aux gens de couleur d'exercer certains métiers comme l'orfèvrerie
(...) la médecine et la chirurgie (...). Défense de porter des noms européens, injonction de prendre des noms africains, injonction aux curés,
notaires et autres hommes publics de consigner dans leurs actes les
qualifications de mulâtres libres, sangs mêlés, etc. Défense de man-
ger avec les Blancs, défense de danser après neuf heures du soir (...).
Exclusion de toutes charges et emplois publics, soit dans la judica-
ture, soit dans le militaire; ils ne peuvent plus aspirer aux grades
d'officiers. Quelles que soient leurs vertus, leurs richesses, ils ne sont
pas admis aux assemblées paroissiales. Dans les spectacles, ils sont à
l'écart, le mépris les poursuit jusqu'à l'église où la religion rapproche
tous les hommes qui ne doivent y trouver que leurs égaux. Des places
distinctives leur sont assignées. L'opinion et divers décrets repoussent
des emplois même les Blancs qui épousent des femmes de couleur. »
D'où la condamnation que porte Grégoire contre cet opprobre frappant « des individus dont le crime est d'avoir l'épiderme nuancé différemment ».

Si étroitement imbriqués qu'ils puissent nous paraître aujourd'hui
– et qu'ils eussent été sentis par les plus lucides des chefs du parti
colonial, comme Moreau de Saint-Méry –, servage et colonisation
suscitèrent des réactions, des combats, on pourrait dire des campagnes différentes, dussent-elles converger.

La première en fait le procès de la colonisation en tant qu'aberra-
tion économique : c'est celle dont Turgot s'était fait, on l'a vu, le symbole et le champion. La seconde, qui s'exprime, on l'a dit, par le truchement de Necker, le 5 mai 1789, dénonce non la colonisation, mais
son corollaire, l'esclavage. S'en prendre à celui-ci revient-il à rejeter
celle-là? Tous n'en ont pas conscience, tel Grégoire en ses débuts.

On voit donc se dessiner ainsi deux courants de pensée et d'action :
l'un qui se mobilise sur des thèmes qui relèvent de l'économie politique ; l'autre qui se rassemble à partir de considérations morales.
Déjà le binôme Aron-Sartre de 1960 à propos de l'Algérie. Mais il ne
faut pas systématiser à l'excès : nous trouverons des économistes antiesclavagistes et des moralistes bons comptables...

Ainsi, autour de Turgot, des physiocrates comme Dupont de
Nemours, l'abbé Baudeau, Saint-Lambert ne trouvent pas dans la
seule économie politique le fondement de leur argumentation contre
le système colonial [6]. « L'humanité et la philosophie crient depuis
longtemps qu'il est abominable d'avoir (des esclaves) », écrit Saint-
Lambert à Dupont de Nemours. Non sans ajouter, en réaliste :
« L'arithmétique politique commence à prouver que cela est
absurde [7]. » Sur quoi ce dernier renchérit, arguant que cette main-
d'œuvre servile n'est pas rentable, faute d'être intéressée à son travail, qu'elle est même coûteuse, compte tenu de son prix d'achat et
du taux de mortalité. De là à penser que même les négriers n'y
trouvent pas leur compte...

Observons que ce qu'on pourrait appeler les deux pinces de la
tenaille anticoloniale sont alors spécifiquement françaises, dans la
mesure où ce qui reste de l'Empire est d'une nature fort différente
des possessions anglaises, espagnoles, portugaises ou hollandaises,
beaucoup moins exiguës du point de vue territorial et spécialisées
quant au mode de production.

Il faut introduire en outre dans le débat un argument stratégique :
à l'heure où se lèvent les « deux oppositions », le domaine dont elles
contestent soit le principe, soit la gestion, est, de l'extérieur, fort
menacé : bien que privée depuis six ou sept ans de ce qui vient de se
proclamer les États-Unis d'Amérique, la couronne anglaise domine
les mers, et ne se prive jamais de rappeler que le débat n'est pas seulement franco-français...

A ce concert (dissonant) de protestations « anticolonialistes » au
nom du droit naturel, de la morale et de l'économie politique, il man-
quait une sorte de manifeste : ce fut *L'Histoire philosophique et
politique des établissements et du commerce des Européens dans les
deux Indes* orientales et occidentales – c'est-à-dire l'Asie et l'Amérique, publiée à partir de 1770, sept ans après la perte du Canada et
de l'Inde, et dont les rééditions successives témoignèrent d'un succès
durable, tandis que se durcissait l'argumentation.

Le seul nom d'auteur proclamé est celui de l'abbé Raynal, ancien
jésuite, « écrivain des Affaires étrangères », payé et pensionné à ce
titre. Cet éditeur-auteur intelligent est sensible à la « mode » anti-

esclavagiste, mais placé dans le même temps ses écus dans des affaires de commerce et de traite... Il est l'ami de Malouet, haut fonctionnaire du bureau des colonies, un temps favorable à l'affranchissement progressif des esclaves avant de devenir, sous la Révolution, un doctrinaire de l'esclavagisme...

Éditée en marge de l'*Encyclopédie*, cette « histoire » de la colonisation européenne est un assemblage hétéroclite et contradictoire de récits plus ou moins historiques, de réflexions philosophiques rédigées pour l'essentiel par Diderot, de mémoires officiels et projets de réforme d'administrateurs qui pourraient réclamer des droits d'auteur. Suggérant l'affranchissement progressif des esclaves, elle va jusqu'à contester la colonisation, dans la mesure où elle est synonyme de conquête et d'asservissement de peuples étrangers. Si elle fait aussi écho aux critiques des colons contre « la tyrannie ministérielle », elle reste pour l'essentiel subversive au nom de la Raison, niant l'ordre établi et prônant tranquillement le droit à l'insurrection.

Voici un dialogue imaginaire qu'on est tenté, pour sa verve, d'attribuer à Diderot et qui en dit plus long qu'un manifeste :

— *Mais, dites-vous, ce sont des rebelles...*
— *Des rebelles ? Et pourquoi ? Parce qu'ils ne veulent pas être vos esclaves...*
— *Mais ce sont nos sujets...*
— *Non. L'autorité d'une nation sur une autre ne peut être fondée que sur la conquête, laquelle ne lie pas plus que le vol ; ou sur le consentement général, mais les aïeux ne peuvent engager leurs descendants ; ou enfin sur des conditions proposées et acceptées, mais il n'est de condition qui soit exclusive de la liberté, laquelle ne s'échange pour rien, étant d'un prix à nul autre comparable.*
— *La terre qu'ils occupent est la nôtre...*
— *La vôtre ? C'est ainsi que vous l'appelez parce que vous l'avez prise de force.*
— *Ce sont des ingrats ; nous sommes leurs bienfaiteurs après avoir été leurs défenseurs ; nous nous sommes endettés pour eux...*
— *Dites pour vous autant et plus que pour eux. Ne sont-ils pas acquittés en vous livrant leurs productions, en recevant exclusivement vos marchandises au prix exorbitant qu'il vous a plu d'y mettre... N'ont-ils pas combattu pour vous ? Parce que vous auriez été bienfaisants, avez-vous le droit d'être des oppresseurs ?*
— *Notre honneur est engagé...*
— *Dites celui de vos mauvais administrateurs et non le nôtre...*
— *Ils veulent être indépendants de nous...*

    — Ne l'êtes-vous pas d'eux?

    — Jamais ils ne pourront se soutenir sans nous...

    — S'il en est ainsi, tenez-vous tranquilles; la nécessité vous les ramènera.

    — Nous sommes la mère patrie...

    — Quoi! toujours les noms les plus saints pour servir de voile à l'ambition et à l'intérêt!... au reste les diverses nations qui forment la colonie vous diront : il y a un temps où l'autorité des pères et des mères cesse, le temps où les enfants peuvent se pourvoir à eux-mêmes. Quel terme avez-vous fixé à leurs émancipations?

    — En souscrivant à toutes leurs prétentions, bientôt ils seraient plus heureux que nous...

    — Et pourquoi non [8]!...

Qui dira que l'anticolonisme n'est encore qu'une fiction? Tout semble dit...

Les « philosophes » n'avaient pas le monopole de la critique anti-esclavagiste ou anticoloniale. Certains gouverneurs et intendants des colonies avaient manifesté leur souci d'humanité et leur conscience du bien public, et amorcé un réformisme visant à garantir la présence de l'État face aux intérêts des colons. Parmi eux, aux îles de France et de Bourbon, l'intendant Poivre, auteur d'un *Discours au nouveau conseil supérieur de l'Ile de France à son arrivée dans cette île*, le marquis de La Luzerne, gouverneur de Saint-Domingue, le baron de Bessner, gouverneur de la Guyane qui avait proposé en 1774 un plan d'affranchissement progressif des esclaves.

« On ne peut cependant se cacher qu'un nègre est un homme, et un philosophe qui considérerait l'humanité de sang-froid, dans ce pays-ci, donnerait peut-être la préférence au nègre », écrit le bailli de Mirabeau, gouverneur de la Guadeloupe à son frère, le futur auteur de *L'Ami des hommes* qui, dans ce texte célèbre daté de 1756, avait mis en doute le génie français en matière de colonisation et préfiguré en économiste l'argumentation des physiocrates [9].

On voit donc que, sous ses divers éclairages, la question coloniale est posée, très hardiment, dès le milieu du XVIIIᵉ siècle. Mais c'est surtout sous l'angle de la traite des Noirs qu'elle éveille l'intérêt et suscite les critiques.

Face au « club Massiac »

L'antiesclavagisme peut-il déboucher sur une nouvelle conception de la colonisation « moralisée », « épurée », tendant à l'égalisation des conditions – on dirait aujourd'hui l'assimilation? Le fait est qu'à la fin du xviiie siècle l'esclavage est partie intégrante du système colonial français. S'attaquer à l'un est, par ricochet, viser l'autre. Mais de la protestation humaniste contre la traite des Noirs à la contestation radicale du système colonial, il y a loin. Bien plus que des nuances séparent le Montesqieu de *L'Esprit des lois* du Voltaire de l'*Essai sur les mœurs* et de *Candide*, le Bernardin de Saint-Pierre du *Voyage à l'Ile de France* du Saint-Lambert des *Contes moraux* (comme *Zimeo*) et du Sébastien Mercier de *L'An 2240.*

Ne rêvons pas. La philosophie du xviiie siècle, tout intégrée qu'elle fut du mythe du bon sauvage, ne néglige pas pour autant l'importance des « hiérarchies » de naissance et d'intérêts. Et l'image de l'Africain inintelligent, amoral, misérable, affligé d'un physique rébarbatif, obsède encore nombres d'esprits, fussent-ils éclairés. Les flèches qu'il décoche contre l'esclavagisme n'empêchent pas Montesquieu de s'accommoder d'une théorie des climats fondant la servitude « naturelle ». Voltaire ne se retient pas de penser que ceux qui sont sous l'empire d'un maître sont nés pour en avoir. Le doux Bernardin de Saint-Pierre lui-même avait possédé des esclaves et s'inquiétait surtout en privé de la cruauté de leur sort.

Sous les divers éclairages et à divers degrés, la question coloniale n'en est pas moins hardiment posée à la fin du xviiie siècle. On constate aussi que de la simple pitié pour les « malheureux nègres » à la condamnation globale du système colonial en passant par la dénonciation de la traite, l'humanisme des lumières se conjugue au pluriel. Mais c'est sa composante antiesclavagiste qui domine.

La Société des amis des Noirs, créée en 1788, en sera la vivante et prestigieuse expression. Quelle cause entraîna, en ce temps où fleurirent, avant les « clubs » révolutionnaires, les « sociétés de pensée », de plus éclatantes adhésions? Brissot, qui revenait d'un voyage aux États-Unis où il s'était mêlé à la campagne abolitionniste, en fut l'initiateur avec Condorcet et La Fayette. Très vite se groupa autour d'eux l'élite de ce qu'on pourrait appeler la pré-révolution d'inspiration maçonnique : de grands seigneurs libéraux comme La Rochefoucauld-Liancourt ou Clermont-Tonnerre, aussi bien que l'illustre Necker, le bouillonnant Mirabeau, le « gauchiste » Pétion, le banquier Clavière, l'abbé Sieyès, Lacépède, Mollien, Le Pelletier de Saint-Fargeau, et bientôt Robespierre et l'abbé Grégoire. On dirait déjà un armorial des temps nouveaux.

Le salon de Sophie de Condorcet fut en quelque sorte le berceau de la société – faite d'un certain nombre de membres qui payaient une cotisation, largement inspirée du mouvement quaker de William

Wilberforce, animateur avec Sharp et Clarkson d'un Comité pour l'abolition de la traite. Plusieurs Britanniques s'associèrent aux travaux des hôtes de Mme de Condorcet qui s'occupaient d'abord de littérature, de morale et de philosophie. Mais la réunion des États généraux allait bientôt leur ouvrir d'autres perspectives.

Un tel mouvement ne pouvait manquer de susciter ou provoquer une réplique. Ce fut, en juin 1789, la création du « club Massiac », ainsi appelé – bien que son titre officiel soit Société des correspondants des colons – parce qu'il se réunissait dans l'hôtel du marquis de Massiac, place des Victoires. Ce rassemblement d'armateurs, de riches planteurs, d'administrateurs, de négriers hostiles à toute émancipation des hommes de couleur, constitue le fer de lance de la défense des intérêts des colons [10].

L'idéologue du club Massiac, Moreau de Saint-Méry, avait immédiatement compris que les démarches des Amis des Noirs portaient en elles la mort du système : « Appliquez la Déclaration, a-t-il lancé, et il n'y a plus de colonies. » Ce qui était manifester une lucidité dont beaucoup d'abolitionnistes se révéleront incapables.

La Société des amis des Noirs est, de la part des « Massiac », l'objet d'une véritable fixation, accusée d'être plus anglophile que négrophile – dès lors que l'abolition unilatérale de la traite eut inévitablement profité aux colons anglais. La violence des porte-parole des colons – Saladon, Lamiral – à l'endroit des Amis des Noirs était telle que, publiant ses *Réflexions sur l'esclavage des nègres* avant son *Adresse au corps électoral contre l'esclavage des nègres* qui, au nom, de la Société des amis des Noirs, proposait l'abolition de la traite en attendant celle de l'esclavage, Condorcet crut bon de se couvrir d'un pseudonyme et signa « le pasteur Schwartz ».

Ainsi prise entre deux feux au moment où s'assemblent les États généraux, l'opinion publique est-elle informée, sinon éclairée. Mais on s'aperçoit, à consulter les Cahiers de doléances de 1789, que la question coloniale, sous ses divers aspects, n'occupe pas les pensées de la majorité des futurs citoyens : sur quelque *deux mille cahiers, dix-neuf réclament l'abolition de l'esclavage*, quinze *l'adoucissement* de la condition des captifs, *neuf l'interdiction de la traite*. Quant à ceux qui émanent de Nantes, ils souhaitent que l'État apporte son concours aux négriers...

Quand il s'engage aux côtés des Amis des Noirs dans la lutte pour l'abolition de l'esclavage, l'abbé Henri Grégoire n'est plus tout à fait inconnu. Né trente-neuf ans plus tôt dans un village proche de Lunéville, fils d'artisan entré au séminaire à vingt ans, il s'est vite senti taraudé par l'injustice, aussi bien par celle qui frappe les minorités ethniques ou culturelles que par celle où végète le bas clergé auquel il appartient.

Curé d'un village lorrain d'Embermesnil, il acquiert une sorte de célébrité du fait de l'ardeur de son apostolat, de l'austérité de sa vie et de la rudesse de ses revendications sociales : c'est pourquoi, au moment où sont désignés les députés des provinces aux États généraux, en mars 1789, il est élu au titre du clergé par les Lorrains. Et il s'exprime si vigoureusement au sein de son ordre en tant que porte-parole des petites gens que dans le célèbre *Serment du jeu de Paume*, peint plusieurs mois après l'événement, les personnalités s'étant affirmées, David le situe au premier plan et au centre même, au point focal de sa composition, comme une sorte de symbole du combat pour l'égalité.

Il s'était fait connaître quelques mois auparavant par son *Essai sur la régénération physique, morale et politique des juifs*, composé à l'occasion d'un concours, manifestant ainsi son attachement au sort des minorités opprimées. Du sort des juifs discriminés à celui des Noirs réduits au servage, sa démarche sera tout à fait cohérente, dût-elle être inspirée par la charité chrétienne plutôt que par la « philosophie », comme celle de Condorcet.

Le marquis-philosophe et le curé-citoyen seront ainsi, avec le girondin Brissot, les figures de proue de la Société des amis des Noirs, Grégoire au sein de l'Assemblée constituante, Condorcet en tant que porte-parole des « intellectuels » libéraux dont le salon de sa femme Sophie est un des foyers les plus ardents. C'est au nom de la Société que Condorcet écrit : « Nous espérons que l'Assemblée nationale, qui a décrété tous les hommes libres et égaux en droits, ne souffrira pas plus longtemps l'achat et la vente d'aucun individu de l'espèce humaine. Nous croyons que l'on pourrait par la suite abolir entièrement l'esclavage et supprimer dès à présent la traite sans ruiner les colonies. »

De son côté, Grégoire fait ainsi écho aux travaux de la Société : « Nous fûmes d'avis unanime que les Nègres et les mulâtres libres devraient être assimilés aux Blancs pour les droits politiques et civils, et que, quant aux esclaves, il ne fallait pas brusquer leur émancipation, mais les amener graduellement aux avantages de l'état social. D'après le plan que nous avions conçu, nous travaillâmes d'abord à éclairer l'opinion. »

A cet effet, ses amis se chargent de présenter un *Mémoire en faveur des gens de couleur ou sang-mêlé de Saint-Domingue et des autres îles françaises de l'Amérique*. Intrépide, insoucieux de s'attirer les haines des colons, Grégoire rédige un texte où il ne se contente

pas de manifester des sentiments empreints de charité chrétienne
pour les Noirs; il rappelle aux Blancs si fiers de leur race que leurs
origines (pères flibustiers, boucaniers, « engagés » vendus par la
Compagnie des Indes, mères recrutées dans certains carrefours de
Paris) devraient les conduire à un peu plus d'humilité. Et il propose
le décret suivant :

« Les gens de couleur de Saint-Domingue et des autres colonies
françaises, y compris les Nègres libres, sont déclarés citoyens dans
toute l'étendue du terme et en tout assimilés aux Blancs; en conséquence, ils peuvent exercer tous les arts et métiers, émigrer des Isles,
fréquenter les écoles publiques et aspirer à tous les emplois ecclésiastiques, civils et militaires. » Et au sujet des esclaves : « Les maîtres
pourront (les affranchir) sans rien payer, les esclaves pourront se
racheter en payant seulement leurs maîtres. » Le député lorrain propose même d'établir une législation contre ceux qui reprocheront aux
« sang-mêlé » leur origine et compte sur les curés « pour user de tout
le crédit que leur donne leur ministère pour effacer le préjugé et
concourir à l'exécution du présent décret ».

S'il ne rejette pas *a priori* l'idée qu'il peut être « utile à la France
d'avoir des colonies », Grégoire ose formuler les hypothèses d'avenir
les plus tragiques : « La métropole peut perdre ses colonies ou parce
qu'elles seront conquises, ou parce que les Blancs se sépareront, ou
parce que les sang-mêlé feront scission ou enfin parce qu'une révolte
des Nègres causera aux colonies une secousse qui les démembrera de
la France. »

Les calomnies qui pleuvent sur les Amis des Noirs visent particulièrement l'abbé Grégoire, qui en fait état dans un additif à son
Mémoire : « Lecteurs, je vous confie sous le plus grand secret une
anecdote sur mon compte que le colons blancs se soufflent à l'oreille :
" Il défend les sang-mêlé; rien d'étonnant en cela, son frère a épousé
une femme de couleur... " Puisqu'on gratifie d'une belle-sœur un
homme qui est fils unique, il n'en coûtait guère plus de lui composer
une famille entière, de lui donner par exemple un père juif, une mère
suisse, etc. » Il ajoute dans ses *Mémoires* : « J'avais même, selon quelques planteurs, touché des millions, joints à d'autres millions de la
part des juifs... »

Un premier débat de fond se déroula à l'Assemblée en
novembre 1789. Les Amis des Noirs ayant, par les voix de Brissot, de
Mirabeau, de Grégoire, essayé d'obtenir une condamnation de principe de la traite et la reconnaissance de leurs droits politiques aux
mulâtres, se voient mis en minorité par une Assemblée que dominent
les mandataires des colons de Saint-Domingue et les hommes du

« comité Massiac ». D'où cette notation de Condorcet dans son Journal à propos de la Déclaration des droits de l'homme – qui ne fait aucune allusion à l'esclavage : « Ajouter un mot à l'article premier de la Déclaration des droits : Tous les hommes blancs naissent libres et égaux en droits. Donner une méthode pour déterminer le degré de blancheur... »

Les efforts des Amis des Noirs avaient été compromis par une violente agitation aux îles. Les mulâtres de Saint-Domingue, indignés d'être exclus de toute représentation, s'étaient soulevés en octobre provoquant une répression terrible : leur chef, Ogé (qui pendant l'été, s'était entretenu à Paris avec Grégoire), avait été roué vif. Un mois plus tard, c'étaient les Noirs de la Martinique qui passaient à l'insurrection : la « question coloniale » ne relevait plus des seuls bons sentiments.

Comme l'histoire coloniale le montrera souvent, les colons, inquiets des initiatives parisiennes, cédaient à la tentation séparatiste. En mars 1790 est « élue » une « Assemblée générale de la partie française de Saint-Domingue » qui se déclare affranchie de la métropole et dote l'île d'une constitution. Cette déclaration d'indépendance subordonne les décrets parisiens à l'approbation de l'Assemblée de Saint-Domingue, en particulier ceux qui visent les mulâtres ou les esclaves, « propriété, base de toutes les autres »... Mais cinq mois plus tard, le colonel de Mauduit, à la tête de troupes loyalistes et avec l'appui de l'Assemblée du Nord et des paroisses de l'Ouest, oblige à la fuite 85 membres de l'Assemblée de Saint-Marc.

A Paris, Barnave, ami de la liberté mais porte-parole des colons, fait adopter un décret spécifiant qu' « aucune loi sur l'état des personnes ne sera décrétée pour les colonies que sur la demande précise et formelle des assemblées coloniales »... Grégoire tente de protester. En vain. Alors il reprend sa plume et dans une *Lettre aux philanthropes sur le malheur, les droits et les réclamations des gens de couleur à Saint-Domingue*, il évoque puissamment la frustration du Noir et de leurs amis. « J'ai vu des infortunés de cette classe, à la galerie, le jour où l'on prononça leur nullité civile, leur réprobation politique ; ils fondirent en larmes quand ils entendirent le préambule du décret (...). *On n'extirpera pas les abus sur le vœu direct de ceux qui en vivent, qui en sollicitent la prolongation* [11]. »

L'abbé-citoyen insiste « pour que les gens de couleur (soient) désignés nominativement sans référence à leur origine ». Les colons se récrient : ce serait « reconnaître d'une manière irréfutable aux sang-mêlé la plénitude des avantages de citoyens [12] ». Deux députés coloniaux demandent que « la discussion soit fermée sur la proposition indiscrète de M. l'abbé Grégoire ». La question ne sera pas posée...

Comment s'étonner que la situation s'aggrave dans les îles? A la Martinique, notamment, s'installe une guerre civile larvée. Au cours de l'année 90, on y lynche des mulâtres, on s'organise, armes à la main. Des milices blanches se lèvent, des mutineries militaires éclatent, des propriétaires ruraux blancs et royalistes se dressent contre d'autres Blancs, négociants « révolutionnaires » se proclamant antimulâtres, tandis que s'affirment les prétentions autonomistes de l'Assemblée, inspirées de celles de Saint-Domingue...

« Voulez-vous avoir des colonies? »

Le premier grand débat « colonial » des Assemblées révolutionnaires commence le 11 mai 1791, devant une Constituante alarmée par les nouvelles venues des Antilles, d'où proviennent les rumeurs les plus inquiétantes.

C'est Henri Grégoire, élu quelques mois plus tôt évêque constitutionnel de Blois, et tenu désormais pour le symbole de la cause des Noirs autant que du catholicisme « citoyen », qui ouvre la discussion :

« La première cause des troubles, c'est la lettre incendiaire des députés des colonies du 12 août 1789, semant des alarmes, effarouchant les imaginations sur des vaisseaux anglais qui sont toujours en station dans les parages, sur des milliers et des milliers de fusils envoyés par les Amis des Noirs. Cette lettre suivie d'une foule d'autres a déchaîné les troubles : alors a commencé une espèce de conspiration universelle contre les hommes de couleur, alors on les a rejetés avec mépris des assemblées primaires; on les a armés; on a coupé la tête d'un Blanc, le juge Ferrand de Baudière, qui s'était montré leur défenseur. Assassinats, vols, massacres s'ensuivirent. Voilà la première cause des troubles funestes aux colonies qu'on ne cesse d'attribuer aux Amis des Noirs [13]. » En conclusion de cette intervention capitale, Grégoire demande que soit explicitement reconnue l'éligibilité des gens de couleur et des « nègres libres » – proposition soutenue par La Fayette, Pétion, Lanjuinais et Robespierre. Les interruptions se multiplient, des cris émaillent la discussion.

Alors intervient l'avocat de la colonisation, Barnave, qui va d'emblée au fond des choses. « L'Assemblée n'a donc qu'une véritable question à résoudre : Voulez-vous avoir des colonies? N'en voulez-vous pas avoir? Si la Constitution coloniale n'est point placée sous ce point de vue-là, si elle n'accorde pas à l'humanité autant qu'il est possible, sans perdre et sans anéantir nos colonies, elle est vicieuse...

Il faut alors ou l'adopter, ou renoncer à nos colonies. Il faut alors dire : l'existence de notre commerce, l'existence de la marine, de nos avantages commerciaux, ne nous sont point chers; leur conservation nous est moins précieuse que la consécration des principes. »

Voilà qui est parler! Voilà qui est poser la question dont la réponse restera en suspens pendant près de deux siècles. La première réponse, non moins décisive, non moins digne du sujet, des circonstances, des hommes qui firent de la Constituante un des moments de la culture française, ce n'est pas, en dépit de la légende, Robespierre qui la donna.

C'est le sage Dupont de Nemours qui lança l'apostrophe fameuse : « Périssent les colonies, plutôt qu'un principe! » Mais Robespierre se saisit de cette formule décisive pour en tirer les conséquences : « ... Le plus grand intérêt dans une discussion est de rendre un décret qui n'attaque pas d'une manière *trop* révoltante et les principes et l'honneur de l'Assemblée. Dès ce moment où, dans un de vos décrets, vous aurez prononcé le mot " esclaves ", vous aurez prononcé et votre déshonneur et le renversement de votre Constitution... Je croirais que l'on a cherché à se ménager un moyen d'attaquer toujours avec succès nos décrets pour affaiblir vos principes, afin qu'on puisse vous dire un jour, quand il s'agira de l'intérêt direct de la Métropole : vous nous alléguez sans cesse la Déclaration des droits de l'homme, les principes de la liberté, et vous y avez si peu cru vous-mêmes que vous avez décrété constitutionnellement l'esclavage... C'est un grand intérêt que la conservation de vos colonies; mais cet intérêt même est relatif à votre Constitution; et l'intérêt supérieur de la nation et des colonies elles-mêmes est que vous conserviez votre liberté et que vous ne renversiez pas de vos propres mains les bases de cette liberté.

« Et périssent les colonies s'il faut leur sacrifier votre bonheur, votre gloire, votre liberté. Je le répète : périssent vos colonies! Si les colonies veulent par les menaces vous forcer à décréter ce qui convient de plus à leurs intérêts, je déclare, au nom de l'Assemblée, au nom de ceux des membres de l'Assemblée qui ne veulent pas renverser la Constitution, je déclare, au nom de la nation entière, qui veut être libre, que nous ne sacrifierons pas, aux députés des colonies, ni la nation, ni les colonies, ni l'humanité entière... [14]. »

Si excédé qu'il soit par le chantage exercé par les Blancs, Robespierre n'est pas pour autant disposé à abandonner les colonies. Il voudrait pouvoir les ménager. Barnave oppose les principes à l'intérêt national. Robespierre rêve de les concilier. Ainsi apparaît la querelle de fond. Pour les Blancs, la préservation des colonies est synonyme de celle de leurs privilèges. La seule réforme qu'ils envisagent réside

dans une autonomie accrue de ces territoires et dans l'abolition de
l'exclusif métropolitain : elle sert donc leurs intérêts. Pour les amis
des hommes de couleur, les colonies vont à leur perte si on ne rétablit
pas sur leur sol un minimum d'égalité. La Révolution et ses principes
sont garants de la présence française. Faute d'opérer les réformes qui
s'imposent, les colonies sont vouées à l'anarchie et au déclin.

« Un jour, des députés de couleur... »

Dans la suite du débat, Moreau de Saint-Méry, l'idéologue du
parti des colons, retire le mot « esclaves », mais réussit à faire passer
la revendication majeure de ses amis : « Aucune loi sur l'état des personnes non libres (sic) ne pourra être faite par le Corps législatif,
pour les colonies, que sur la demande formelle et spontanée des
Assemblées coloniales. » Ce texte qui maintient en fait l'esclavage et
l'arbitrage du parti colonial, n'est pas contesté d'emblée par les Amis
des Noirs. Robespierre et Grégoire jugent plus habile de dissocier
cette question de celle des droits des mulâtres et des nègres libres.
C'est sur ces droits qu'ils vont concentrer leur défense. Mais cette
modération n'est guère payante : l'article 2 du décret adopté le
15 mai prévoit que seuls les gens de couleur nés de père et mère
libres seront admis dans toutes les assemblées « paroissiales » et coloniales à venir s'ils ont « les qualités requises », c'est-à-dire s'ils payent
l'impôt.

Pour reprendre une expression du très bon spécialiste qu'est Yves
Benot, c'est « la seconde génération » qui est seule gagnante [15].
Compte tenu de l'état civil souvent défectueux des affranchis, la
mesure concerne par exemple à Saint-Domingue environ 400 personnes sur 25 000 mulâtres. Maigre succès! Grégoire s'enflamme
donc à trop bon compte dans sa Lettre aux citoyens de couleur de
nègres libres de Saint-Domingue et des autres îles françaises :
« Amis, vous étiez hommes, vous êtes citoyens et réintégrés dans la
plénitude de vos droits; vous participez désormais à la souveraineté
du peuple. » C'est confondre la souris et la montagne...

Mais la suite de son apostrophe est prophétique : « Un jour, des
députés de couleur franchiront l'Océan pour venir siéger dans la
diète nationale et jurer de vivre et de mourir sous nos lois. Un jour le
soleil n'éclairera parmi vous que des hommes libres; les rayons de
l'astre qui répand la lumière ne tomberont plus sur les fers des
esclaves. L'Assemblée nationale n'a point encore associé ces derniers
à votre sort parce que les droits des citoyens, concédés à ceux qui

n'en connaissent pas les devoirs, seraient pour eux un présent funeste; mais n'oubliez pas que, comme vous, ils naissent et demeurent libres et égaux. Il est dans la marche irrésistible des événements, dans la progression des lumières, que tous les peuples dépossédés du domaine de la liberté récupèrent enfin cette propriété [16]. »

Grégoire a raison de rappeler que la question coloniale ne peut être résolue en faisant abstraction de l'esclavage. Mais il lui faut beaucoup d'imagination pour le dire ainsi, et en ces circonstances... Comment croire vraiment que les sang-mêlé vont pouvoir, comme le pense l'évêque de Blois, « goûter le plaisir délicieux de faire du bien à (leurs) oppresseurs »? Il faudrait que ceux-ci fussent épris de douceur évangélique. Ce n'est pas le cas. Les députés coloniaux décident de ne plus siéger et, par le truchement de leurs amis, font campagne pour l'annulation du décret. Le gouverneur de Saint-Domingue attend le pire de son application. De même les négociants et capitaines de Bordeaux et du Havre.

Toutes leurs adresses sont habilement montées en épingle, au nom du Comité colonial, par Barnave. Le 23 septembre, une semaine avant que l'Assemblée constituante ne se sépare, les coloniaux font une dernière tentative. Barnave évoque le risque de la perte de Saint-Domingue, et ses comparses raillent les « philosophes en chambre ». Le débat est très vif. Grégoire s'oppose à ce qu'« on détruise en un seul jour un décret tel que celui du 15 mai (voté) après la discussion la plus solennelle ». Mais, le lendemain, la proposition des colons est adoptée : « Les lois concerneront l'état des personnes non libres et l'état politique des hommes de couleur et nègres libres (...) seront faites par les Assemblées coloniales (...) sans qu'aucun décret antérieur puisse porter obstacle au plein exercice de ce droit... »

C'en est trop, vraiment trop! Alors Grégoire change de ton : « L'acharnement des planteurs et des commerçants prouve qu'il serait plus aisé de blanchir les Nègres que de convertir l'orgueil et la cupidité des Blancs [17]. » Mais ce n'est plus sur les bancs de l'Assemblée qu'il intervient. Inéligible comme tous ses collègues de l'Assemblée constituante qui vient de se séparer, c'est à la tribune du club des Jacobins (qu'il quittera en 1792) qu'il s'adresse ainsi, le 26 septembre 1791, à la représentation nationale. Renouvelant ses avertissements sur le risque de révolte des sang-mêlé, il conclut : « Ainsi dans sa caducité l'Assemblée nationale laisse échapper la balance de la justice pour n'en conserver que le bandeau; elle survit à son honneur. Ainsi les hommes les plus infâmes peut-être depuis les parricides, les marchands de chair humaine ont leur décret, leur affreux décret; mais nous, nous avons notre honneur. »

Ce ton n'est pas tout à fait nouveau chez lui. Dans son *Mémoire* de juillet 1789 il écrivait déjà : « Oui, le cri de la liberté retentit dans les deux Mondes, il ne faut qu'un Othello, un Padre Jean * pour réveiller dans l'âme des nègres le sentiment de leurs despotes; ils tourneront peut-être leurs fers contre tous, une explosion soudaine fera soudain tomber leurs chaînes; et qui de nous osera les condamner? »

La révolte des esclaves

La révolte ainsi prophétisée éclate dans la nuit du 22 au 23 août 1791 à Saint-Domingue où 50 000 Noirs du Nord, sous la conduite de Bouckman (cocher et, à ses heures, prêtre du culte vaudou), sèment la terreur. Les mulâtres de l'Ouest se mettent de la partie au même moment et obtiennent en septembre un concordat garantissant les décrets de mars 90 et mai 91. Mais, la plupart des Blancs répugnant à cette concession, le concordat n'est pas appliqué : les mulâtres reprennent les armes en novembre avant de s'allier un mois plus tard avec les esclaves guidés par un des leurs, Jean-François. Ils proposent en vain une amnistie générale. L'Assemblée n'apprend la révolte des esclaves qu'avec huit semaines de retard, le 22 octobre 1791 (décalage perpétuel qui ne fait qu'aggraver la confusion des débats).

Au nom du Comité colonial Tarbé met en cause, le 10 décembre, les libelles des Amis des Noirs et dénonce la lettre de Grégoire sur Saint-Domingue. Et l'on voit défiler des délégations « spontanées », dénonçant la Société de Condorcet et Grégoire, ces « bourreaux des colons ».

Le 17 janvier 1792, néanmoins, Brissot appuyé par Vergniaud et Gensonné, chefs des Girondins **, propose de ratifier le concordat passé entre Blancs et mulâtres, dont la violation par les premiers est, dit-il, la cause principale des troubles. Le débat reprend le 29 février. Face à Tarbé qui prône l'attentisme, Garran de Coulon demande qu'on reconnaisse aux hommes de couleur la liberté, l'égalité et la fraternité.

Plusieurs fois reportée, la discussion s'ouvre le 21 mars. Les nouvelles rapportées par une commission d'enquête envoyée à Saint-Domingue sont encore plus alarmantes. Gensonné propose l'attribu-

---

* Le « prestre Jean », censé avoir converti l'Éthiopie.
** Qui ont le courage de ne pas tenir compte des intérêts du grand négoce bordelais.

tion aux mulâtres et Noirs libres des droits des Blancs, électorat et
éligibilité, et la nomination de commissaires dotés des pleins pouvoirs
et de troupes pour les mettre en œuvre. Son projet de décret est défi-
nitivement adopté le 28 mars et Louis XVI le sanctionne le 4 avril.

En attendant l'abolition de l'esclavage, Mgr Grégoire a ainsi gagné
la bataille pour la reconnaissance des droits des hommes de couleur.
Il est si populaire alors, Grégoire, que des chansons lui sont consacrées, des poèmes composés en son honneur « Prends ton fusil, Grégoire, et ta gourde pour boire ! » Plus étonnant encore : dans un dessin
satirique évoquant le grand « débat colonial » de mai 92, on voit, au-
dessus de la mêlée des porte-parole des colons (Barnave et Lameth
surtout) et des antiesclavagistes, planer trois divinités, l'Humanité, la
Justice et la Raison, incarnées par Robespierre, Pétion et Grégoire.
Mais le plus drôle, c'est que ces déités, non seulement féminines,
mais dévêtues (et Grégoire plus que les autres) étalent les charmes
les moins ecclésiastiques du monde *.

Depuis le 21 septembre 1792, date de la première séance de la
Convention, Grégoire est membre du Comité de salut public, du
comité des Colonies et de celui de l'Instruction publique. Mais dès
novembre, il part en mission pour six mois en Savoie. Il est donc
absent lors du procès et de la condamnation de Louis XVI. C'est par
écrit qu'il se prononce contre le roi – non sans avoir très énergiquement plaidé pour l'abolition *préalable* de la peine de mort (ce qui ne
lui évitera pas d'être souvent traité de régicide par ceux qui voudront
déconsidérer ses thèses abolitionnistes).

Dès son retour à Paris, il s'emploie à reprendre le combat pour les
Noirs. Le 4 juin 1793, une bannière peu ordinaire flotte dans
l'enceinte de l'Assemblée. Sur le drapeau tricolore figurent un Blanc,
un mulâtre et un Noir armés de piques surmontées de bonnets de la
liberté et entourés de la légende « Notre union fait la force ». C'est
l'étendard d'une délégation d'« Américains libres », Noirs affranchis,
mulâtres venus des Antilles, qui vient déposer sur le bureau de la
Convention une adresse présentée « au nom des Nègres détenus en
esclavage dans les colonies françaises ». Une vieille négresse « de
114 ans » *(sic)* fait partie de la petite troupe et la Convention se lève à
sa vue, le président vient l'embrasser. Le metteur en scène, ou à tout
le moins l'inspirateur, de cette opération de charme n'est autre que
l'évêque de Blois, dont l'éloquence, alors, ne se contient plus :

« Lorsque, dans l'Assemblée constituante, un vieillard de 120 ans
vint du Jura la remercier à la barre d'avoir brisé le joug féodal sous

* Voir le cahier d'illustrations de ce volume.

lequel la tête de ses frères avait été si longtemps courbée, l'Assemblée, par respect pour ce citoyen vénérable, s'est levée tout entière. Vous avez imité ce beau mouvement. Le respect pour la vieillesse est une vertu qui, mère de toutes les autres, ne vous est point étrangère... J'ai une autre demande à soumettre à votre humanité et à votre philosophie. Il existe encore une aristocratie, celle de la peau; plus grands que vos prédécesseurs, dont les décrets l'ont pour ainsi dire consacrée, vous la ferez disparaître.

« J'espère bien que la Convention nationale appliquera les principes d'égalité à nos frères des colonies qui ne diffèrent de nous que par la couleur; j'espère que cette pétition déposée sur votre bureau, dont la lecture serait trop longue à cette heure, ne restera pas enfouie comme tant d'autres dans un Comité, et qu'incessamment on vous fera un rapport sur lequel vous prononcerez la liberté des Noirs [18]. » Après cette envolée lyrique, la Convention renvoie l'adresse aux comités réunis des Colonies et de Législation... Et le 27 juillet, sous l'influence de Grégoire, l'Assemblée décrétera (ce qui est bien le moins!) la suppression des primes versées aux navires négriers...

Entre-temps, les événements se sont précipités à Paris. Le 31 mai 1793, des sectionnaires demandent à la Convention de proscrire les Girondins; après six mois d'absence, Grégoire assure momentanément la présidence de l'Assemblée. Lui qu'on a vu si courageux dans la défense des juifs et des Noirs l'est moins pour la préservation de ses amis. Mais s'il acquiesce aux critiques visant la Gironde, il appelle à la concorde et désapprouvera l'expulsion de Vergniaud et de vingt-huit de ces hommes qui ont combattu à ses côtés, avant de condamner sévèrement cette Assemblée dont il dira : « Divisée en factions, qui tour à tour s'envoyaient à l'échafaud et, qui, suivant l'expression de Danton l'avaient mise en coupe réglée, la Convention n'avait plus de régulateur [19]. »

Cette Assemblée déréglée n'en recherche pas moins les responsables des troubles de Saint-Domingue, officiers royalistes, administrateurs. Lorsque ses commissaires Sonthonax, Polverel et Ailhand [20] sont arrivés aux Antilles le 19 septembre 1792, la situation s'est encore aggravée. Armés depuis le début de l'année par les Espagnols, les esclaves sont en passe de gagner la partie et, en août, imposent une défaite cuisante aux troupes régulières. L'arrivée de renforts de la métropole permet d'obtenir quelques succès éphémères début 1793. Mais l'étranger s'en mêle. L'exécution de Louis XVI provoque l'irruption des deux autres puissances coloniales, l'Angleterre et l'Espagne, dans le drame de Saint-Domingue : le gouverneur et les colons avaient fait appel à la solidarité blanche. Les Espagnols voisins s'y étaient refusés, préférant armer les insurgés noirs – non sans flatter les sentiments monarchistes de beaucoup d'entre eux. Sontho-nax pourra bien rallier à la cocarde tricolore quelques milliers d'esclaves, très vite il doit se résigner à anticiper sur l'affran-chissement général exigé par Jean-François, le chef des esclaves rebelles.

Sa proclamation du 26 août 1793 abolit donc l'esclavage sous la réserve que les nouveaux citoyens continuent à travailler pour leurs maîtres. Mais cette mesure déclenche un nouvel appel des Blancs, cette fois aux Anglais de la Jamaïque. Les comités de colons de Saint-Domingue, mais aussi de la Martinique – qui avec la Guade-loupe a fait sécession en septembre –, cèdent les Antilles à l'Angle-terre jusqu'à la restauration des Bourbons : car tel est leur patrio-tisme... Seule la ville de Port-au-Prince demeure sous contrôle français.

Mais un coup de théâtre se produit à Paris en novembre : Robes-pierre dénonce à l'Assemblée les « brissotins »... pour avoir soulevé les esclaves contre la République. Par une étrange métonymie, Brissot étant dénoncé comme contre-révolutionnaire, l'antiesclavagisme le devient aussi ! L'arrestation de Sonthonax et Polverel, suspects de « brissotisme », a été décidée trois mois plus tôt. La Terreur n'épargne pas les grandes figures de la Société des amis des Noirs : Brissot est guillotiné le 24 octobre, Clavière, arrêté, se suicide et Condorcet meurt en prison.

Les députés envoyés par Saint-Domingue, un Blanc, un mulâtre et un Noir protégés de Sonthonax, auront plus de chance. Arrêtés en janvier 1794 comme conspirateurs, ils seront finalement relâchés et leurs pouvoirs acceptés. Le 3 février 1794, l'un d'eux, Dufay, relate les événements, justifie la politique des commissaires et rappelle le courage des esclaves pour la défense de la patrie. Il conclut à leur affranchissement. La discussion est brève et quelques orateurs, dont Levasseur, appuient la proposition au nom des Droits de l'homme et de la République. Elle est adoptée par acclamation le 5 février, alors que l'Assemblée est aux deux tiers vide...

« Maintenant, rugit Danton, l'Angleterre est perdue ! » Si la Convention s'est aussi rapidement déterminée, en effet, c'est que beaucoup voient d'abord, dans cette proclamation « humaniste », une arme politique. Les esclaves vont se ranger aux côtés de la France libératrice. L'abolition est un appel à la révolte des esclaves des colo-nies anglaises et espagnoles, qui causera la ruine de leur commerce... La Commune de Paris applaudit et organise à Notre-Dame – rebapti-sée temple de la Raison – une cérémonie solennelle. Fleurissent alors chansons, romances et gravures à la gloire du décret. Périssent les colonies...

Mais où est Grégoire dans cette allégresse universelle? L'évêque de Blois ne s'est pas montré à la Convention les 4 et 5 février. Son amitié pour Brissot et les volte-face récentes des Montagnards à propos de l'antiesclavagisme ont peut-être contribué à cette absence. Dans ses *Mémoires*, publiés sept ans plus tard, Henri Grégoire soutient qu'« il ne fallait pas brusquer l'émancipation, mais amener graduellement (les esclaves) aux avantages de l'état social ». C'était bien résumer la doctrine des Amis des Noirs, de Brissot ou de Pétion, c'est la thèse qu'il a toujours professée : « L'émancipation subite prononcée par le décret du 16 pluviôse an II (...) nous parut une mesure désastreuse; elle était en politique ce qu'est en physique un volcan [21]. »

On voit que, dans sa candeur apparente, l'évêque de Blois savait ne pas confondre la mise en œuvre des principes avec la stratégie, ni le court terme avec le long terme. Sa « timidité » en la matière allait se révéler judicieuse.

Racisme biologique et négrophilie

Le 9 thermidor, cinq mois après l'éruption « volcanique » apparemment libératrice, Robespierre, l'ancien « ami des Noirs », a été guillotiné. Bien que son nom ait été souvent associé à celui du vaincu, Henri Grégoire, toujours évêque de Blois, est « récupéré » par les vainqueurs, et élu au Conseil des Cinq-Cents – dont il a dessiné les étranges costumes – y siégeant jusqu'en 1798. Entre-temps, il s'est fait remarquer en pleine campagne de déchristianisation par sa fidélité à son sacerdoce; il est le seul ecclésiastique de la Convention à refuser de se « déprêtriser », montant à la tribune en soutane violette pour affirmer que la République ne vivrait que si elle était chrétienne, non sans être un des adeptes de la séparation de l'Église et de l'État et de la renaissance de la liberté des cultes.

Aux séances du Conseil des Cinq-Cents, il préfère d'ailleurs celles de l'Institut national des sciences et des arts (qu'il a contribué en 1795 à créer) et participe à l'invention de maintes institutions qui portent son empreinte : le Conservatoire des arts et métiers, le Bureau des longitudes et l'Observatoire. Promoteur de l'instruction publique, il se préoccupe de tout ce qui contribue à protéger bibliothèques, collections, monuments historiques. A l'Institut, il siège au sein de la section des Sciences morales, où il retrouve Lakanal et cet autre ami des Noirs qu'est Bernardin de Saint-Pierre.

Ce croyant révère la science. Il fréquente les grands savants de son temps comme Cuvier et Lacépède. Dans une communication à l'Institut, il rappelle que la plupart des savants « admettent l'unité de type primitif dans la race humaine. Ainsi la physiologie se trouve ici d'accord avec (...) l'étude des langues et de l'histoire, avec les faits que nous révèlent les livres sacrés des juifs et des chrétiens... [22] ». En 1796, sa *Notice sur la Sierra Leone et sur une calomnie répandue à son sujet*, publiée dans la Décade philosophique, organe de la Société des idéologues à laquelle il est lié, est encore une apologie de la philanthropie, un plaidoyer pour les Noirs et leur libération – dont il rendra compte devant la petite Assemblée en 1797.

A cette date, l'esclavage est pourtant loin d'avoir disparu. En avril 1794, l'application du texte abolitionniste a été suspendue dans l'océan Indien à la demande des députés des Mascareignes. En mai 1795, le commissaire de la Guyane a été autorisé à établir le travail forcé, mesure prise aussi par Toussaint Louverture à Saint-Domingue... Et ce n'est qu'en janvier 1798 que le Directoire organise l'entrée progressive des affranchis dans la vie civile.

Après le 18 brumaire, Grégoire ne s'oppose pas au nouveau pouvoir. Mais, devenu membre du Corps législatif, il joue, dans cette Assemblée servile, le rôle du perturbateur, votant contre le Consulat à vie, puis, l'Empire proclamé, contre la loi autorisant le divorce avec Joséphine et, surtout, protestant contre les mesures discriminatoires prises par l'Empereur au détriment des juifs. Il faut aussi quelque audace pour publier en 1808 *De la littérature des nègres* (avec la bienveillance de Fouché, soucieux d'avoir des amis partout...).

Qu'y a-t-il dans cet opuscule? Pour mieux combattre le préjugé racial dont sont victimes les Noirs, Grégoire publie une longue liste (d'allure nécrologique) de ceux qui ont illustré « la cause des malheureux Noirs et sang-mêlé ». On y retrouve à peu près tous les noms célèbres déjà cités ici... Il s'attache à démontrer, notices biographiques à l'appui, que nombreux sont les hommes de couleur qui se sont illustrés « par leurs talents et leurs ouvrages ». Il convient certes que Toussaint Louverture fut « cruel, hypocrite et traître, ainsi que les nègres et mulâtres associés à ses opérations. Mais les Blancs? Ne jugeons pas une cause sur l'audition d'une seule partie [23] ».

Henri Grégoire s'en prend aussi au racisme biologique qui émerge à la fin du XVIIIe siècle et trouve ses fondements dans quelques « sciences » comme la physiognomonie ou la phrénologie. La première voit dans la couleur noire des Africains la marque d'une condition inférieure. Dans *De la noblesse de la peau* [24], l'ami des Noirs dénonce le préjugé des Blancs contre la couleur de peau comme « une

invention merveilleuse pour étayer leur domination ». Pour l'évêque
de Blois, le corps ne saurait dévoiler les secrets de l'âme. La seconde
« science » – appelée à l'époque crânologie, systématisée par l'Allemand Gall qui avait dressé une carte des régions du cerveau, repé-
rant sans mal celles de l'amour, de la créativité, de l'intelligence –,
soutenant que le crâne épousait les formes du cerveau et qu'on pouvait déceler les capacités du second en examinant le premier, en
déduisait l'infériorité congénitale des nègres [25].

Gall ayant tenté de lui démontrer que l'examen des bosses des
nègres révèle l'absence des « organes » non seulement des mathéma-
tiques mais de la musique(!), Grégoire lui objecta que l'un des carac-
tères les plus saillants des nègres était précisément « leur goût invin-
cible » pour cet art. L'autre, convenant du fait, lui oppose « leur
incapacité à perfectionner ce bel art ». L'évêque-citoyen se refuse
certes à ne trouver chez les Noirs que des qualités estimables ; mais,
ajoute-t-il, « nous autres Blancs, avons-nous le droit d'être leurs
dénonciateurs [26] ». L'ouvrage soulève l'ire des colons, mais la polémique reste confidentielle. Finis les grands éclats des Assemblées
révolutionnaires : Henri Grégoire doit se contenter des paisibles
séances de l'Institut impérial où il lit en 1811 une communication
traitant de l'influence du christianisme sur l'abolition de l'esclavage.

L'abdication de Napoléon, en mai 1814, entraîne des négociations
de paix conclues par la signature du traité de Paris. En même temps
qu'elle doit se replier sur ses frontières du début de 1792, La France
récupère une partie de ses colonies. « Les puissances chrétiennes »
s'engagent par ce texte à prononcer l'abolition de la traite des Noirs,
mais Talleyrand a obtenu qu'un délai supplémentaire de cinq ans soit
accordé à la France pour l'appliquer. Singulière exception diplomatique, que Grégoire commente ainsi : « Nous convenons que la traite
est un crime, mais trouvez bon que nous la commettions encore pendant cinq ans ! » Comment la Grande-Bretagne qui, sous l'impulsion
du mouvement abolitionniste conduit par William Wilberforce, a mis
fin à la traite, ne contesterait-elle pas cette disposition favorisant la
France dans le commerce colonial ?

Nouveaux coups de théâtre : de retour de l'île d'Elbe, Napoléon, se
découvrant libéral, abolit la traite et interdit l'introduction d'esclaves
dans les colonies par un décret de mars 1815. Mais voici Waterloo :
l'acte final du congrès de Vienne, du 9 juin, condamne la traite, mais
laisse à chaque puissance le soin de fixer la date pour y mettre un
terme...

La conférence n'est pas achevée que paraît un opuscule intitulé :
De la traite et de l'esclavage des Noirs et des Blancs par un ami des

hommes de toutes les couleurs. Grégoire n'a pas signé ce texte, mais chacun y a reconnu sa main, maudite par le nouveau pouvoir des Bourbons, moins en tant que celle d'un « négrophile » patenté que parce que l'auteur est tenu (à tort, on l'a vu) pour régicide, et que l'Église redevenue toute-puissante ne lui pardonne pas de s'être fait le champion de la Constitution civile du clergé. Elle lui en veut si obstinément que, près de deux siècles plus tard, elle refusera de s'associer à la cérémonie du transfert des cendres d'Henri Grégoire au Panthéon !

Évincé de l'évêché de Blois, il est aussi chassé de cette institution républicaine qu'est l'Institut. Son appel anonyme aux puissances européennes en vue de proscrire le commerce des esclaves contient aussi une adresse dans le même sens aux « représentants de la Nation ». Louis XVIII, soucieux de se ménager l'Angleterre, ratifiera finalement le décret abolitionniste napoléonien. Mais l'esclavage persiste.

Pas plus qu'à Paris, Grégoire, ancien évêque constitutionnel n'est en odeur de sainteté au Saint-Siège. Il écrit en décembre 1818 au président de la Congrégation de la Propagande, le cardinal Fontana, pour qu'un « décret solennel publié dans toutes les régions réitère à tous les missionnaires l'injonction de prêcher contre le crime de vendre les hommes [28] ». Un premier décret en ce sens avait été en effet rendu (en 1683) par un prédécesseur de Fontana. Mais il ne semble pas que l'ancien évêque de Blois ait reçu la moindre réponse.

En 1822, Henri Grégoire fait paraître *Des peines infamantes à infliger aux négriers* et préface un livre du quaker anglais Clarkson, *Histoire du commerce homicide appelé traite des Noirs* [29]. A la même époque, le mouvement abolitionniste français, muselé sous l'Empire, renaît timidement par le truchement de la Société de la morale chrétienne – ou comité pour l'abolition de la traite des Noirs – dont le programme réside dans l'abolition très progressive de l'esclavage. Ce groupe assez conservateur marqué par le protestantisme est une pâle copie de la Société « évangélique » formée à Liverpool. Dans sa préface à l'ouvrage de Clarkson, Grégoire signale la faiblesse de l'écho que suscite en France la cause antiesclavagiste, populaire en Angleterre.

Le thème du « bon Noir » n'en devient pas moins à la mode et fleurit en littérature avec Mme de Staël (fille de Necker) et le jeune Victor Hugo. Signe des temps, l'Académie française choisit pour sujet de son prix de poésie l'abolition de la traite des Noirs. Si la négrophilie est à l'honneur dans quelques salons parisiens, les pétitions et adresses abolitionnistes déposées devant les Chambres n'ont pas le même succès : tout au plus renforce-t-on en 1825 les peines contre les négriers.

La Convention thermidorienne ne s'était pas séparée, en octobre 1795, sans avoir rédigé une nouvelle Constitution disposant que « les colonies françaises sont parties intégrantes de la République et sont soumises à la même loi constitutionnelle ». Disposition toute théorique, compte tenu de la situation qui prévalait alors dans les îles... La souveraineté française avait été rétablie à la Guadeloupe en 1794 sous l'impulsion de l'implacable commissaire Victor Hugues, mais la Martinique resta occupée par les Anglais jusqu'à la paix d'Amiens (1802).

L'émancipation des « frères haïtiens »

A Saint-Domingue, un ancien esclave lettré, Toussaint Louverture, soulevé contre Paris, avait été promu « lieutenant-général » par le roi d'Espagne à la tête de 4 000 insurgés noirs. Mais tirant les conséquences de l'abolition de l'esclavage, Toussaint se rallie à la France, est fait général de l'armée française, et va contribuer, au côté du général Laveaux, à renverser une situation militaire presque désespérée : les Espagnols, défaits au nord, devaient céder provisoirement leur partie de l'île à la France par le traité de Bâle. En 1797, Toussaint promu général de division par Roume, l'un des commissaires français envoyés de Paris, porte un coup décisif aux Anglais : le général Maitland doit négocier avec lui l'évacuation de ses troupes, sous réserve d'un traité de commerce exclusif avec l'Angleterre.

Au début de 1798, l'ancien rebelle est devenu le maître de l'île. Il se préoccupe alors du sort des âmes : le départ des Espagnols ayant entraîné la désorganisation des cultes, il demande en ces termes aux autorités françaises l'envoi de missionnaires de l'Église ralliés à la République (dont Grégoire est l'illustration) : « Ô vous, Ministre supérieur du plus saint des cultes, vous, digne pasteur du troupeau fidèle, vous dont la philanthropie prépara la révolution des libertés politiques dans ces contrées, aidez-moi dans le projet de faire régner aussi de concert des vérités morales [30]. » Mais coïncidant avec l'époque où « la persécution désolait encore la mère patrie, écrit Grégoire, ces tentatives furent longtemps infructueuses [31] ». C'est seulement en août 1800 que Grégoire parvint à faire sacrer évêque de Saint-Domingue Mgr Mauviel, à Notre-Dame et en présence du Premier Consul.

Sa mission évangélique ne s'arrête pas là. Avec les évêques Desbois et Saurine, il a adressé une *Épître aux pasteurs et fidèles des colonies françaises*. Évoquant « la foule de prêtres » qui va s'élancer vers les mers, il formule une suggestion qui semble alors provocante : « Pourquoi ne verrait-on pas (les Noirs et les sang-mêlé), comme aux îles du Cap-Vert, servir (la messe) et monter à l'autel ? » Une fois de plus, Grégoire anticipe – et, sur ce point, d'un peu plus d'un siècle *. Mais lorsqu'il voit l'Église de France « porter la lumière de l'Évangile à tant de peuples qui sont encore plongés dans les ténèbres de la mort », en Afrique notamment, sa vision est cette fois proche d'une réalité qui bientôt prendra corps.

En 1801, Bonaparte réunit une soixantaine de ministres, sénateurs, hauts fonctionnaires – et Mgr Grégoire, membre du Corps législatif – afin de débattre de l'opportunité d'une expédition à Saint-Domingue. Nombreux sont les interlocuteurs du général qui plaident pour la solution de force qui pourrait préluder à un rétablissement de l'esclavage.

L'évêque tardant à opiner, le Premier Consul l'interpelle : « Qu'en pensez-vous, Grégoire? – Je pense qu'un aveugle, entendant de tels discours, serait assuré qu'ils sont tenus par des Blancs. Si ces messieurs changeaient à l'instant de couleur, ils tiendraient probablement un tout autre langage. » Et Bonaparte, dans un rire qui dissimulait à coup sûr quelque humeur : « Vous êtes incorrigible... Vous êtes toujours un homme! » Mais ce n'est pas de ce type d'hommes que s'entoure un dictateur [32].

Le Premier Consul vient d'apprendre que Saint-Domingue s'est donné une Constitution, datée de juillet 1801, qui proclame Toussaint Louverture gouverneur à vie : le maître de l'île a écarté peu à peu les reliquats de la souveraineté française en la personne de ses fonctionnaires. En fait l'expédition contre lui est décidée par Bonaparte depuis janvier et l'annonce qui en est faite en juillet ne fait qu'accélérer sa préparation : en janvier 1802 le général Leclerc, beau-frère du Premier Consul, débarque à la tête de 12 000 hommes. Quatre mois plus tard, Toussaint, trahi, doit se soumettre; il est arrêté en juin et transporté en France où il débarque en rade de Brest le 9 juillet; et meurt en prison l'année suivante.

La politique coloniale du Consulat s'inspire de moins en moins de l'« homme incorrigible ». Le Premier Consul qui avait solennellement déclaré en 1801 qu'à Saint-Domingue et à la Guadeloupe « il n'est plus d'esclaves, tout y est libre, tout y restera libre », rétablit l'esclavage et la traite six mois plus tard afin de « rassurer les

* En Asie, des prêtres indigènes sont ordonnés depuis le XVIIᵉ siècle.

colons ». Cette politique de force ne tardera pas à ruiner la présence française. Toussaint avait compté sur l'épidémie de fièvre jaune pour venir à bout du corps expéditionnaire français. La maladie fait en effet des ravages dans les troupes régulières et le général Leclerc en est victime. Le rétablissement de l'esclavage à lui aussi des effets meurtriers : les unités coloniales font défection.

A partir de février 1803, Dessalines, adjoint de Toussaint Louverture, dirige ce qui est devenu une immense insurrection noire et mulâtre. En juin, les Anglais coupent les forces françaises de leurs communications avec la mère patrie... En novembre, Rochambeau, successeur de Leclerc, capitule devant les insurgés alors que la France contrôle encore pour quelques années la partie espagnole. Dessalines proclame le 1er janvier 1804 l'indépendance de Saint-Domingue, devenu Haïti. S'ensuit un véritable massacre des Français restés dans l'île.

« La République haïtienne, par le fait de son existence, aura peut-être une grande influence sur la destinée des Africains dans le Nouveau Monde (...). Haïti libre est un phare élevé sur les Antilles par lequel les esclaves et leurs maîtres, les opprimés et leurs oppresseurs tourneront leurs regards, ceux-là en soupirant, ceux-ci en rugissant [33]. » Grégoire n'écrit pas – ne peut écrire – ces lignes sous l'Empire. Elles datent de 1815 mais résument ses sentiments à l'égard de Haïti.

Quelques années plus tôt, commentant la vie politique pour le moins mouvementée de l'île, il écrivait : «... on objectera peut-être encore que les nègres de Haïti n'ont pu, jusqu'à présent, asseoir parmi eux une forme stable de gouvernement, et qu'ils se déchirent de leurs propres mains. Mais, dans le cours orageux de notre révolution, sacrée dans ses principes, calomniée par ceux dont les efforts sont parvenus à la dénaturer dans sa marche et ses résultats, n'a-t-on pas vu tous les genres de cruauté? N'avait-on pas (...) mis la nation en coupe réglée [34]. »

En fait, l'île connaît deux gouvernements, l'un dirigé par Pétion, homonyme du maire de Paris, l'autre par le « roi Christophe », avant que le général Boyer réunifie en 1820 le territoire et devienne président de la République.

« Les Haïtiens, lui écrit Grégoire en août 1821, ont sur mon cœur des droits inaltérables. Comme moi à l'école de l'adversité, ils ont bravé ses rigueurs; au milieu des tourmentes, leur caractère a pris une trempe énergique, et qui leur assure la jouissance d'une liberté d'autant plus chère qu'elle est leur conquête, et récemment encore vous y avez puissamment contribué [35]. » Grégoire sera le plus ferme soutien en France de la liberté d'Haïti. Quand en 1814 Louis XVIII fait promettre secrètement au « roi Christophe », deuxième successeur de Toussaint Louverture, qu'il se verrait délivrer en échange de sa soumission des « lettres de Blancs » donnant aux individus, de quelque couleur qu'ils soient, l'état d'un individu blanc, Grégoire note : « Ne désespérons pas d'apprendre un jour que des rois africains voulant honorer des Européens leur accorderont des lettres de Noirs... [36]. »

L'ancien évêque suit avec attention les négociations qui aboutiront à la reconnaissance, par la France de Charles X, de l'indépendance de la République haïtienne (moyennant finances...). Vénéré en Haïti – où on lui propose de venir finir ses jours – il est tenu à l'écart des négociations sur les instances du gouvernement du successeur de Louis XVIII. Lors de l'arrivée des émissaires français dans l'île, on doit même décrocher son portrait en pied qui trône dans la salle du Sénat. En 1827 il écrit son *Épître aux Haïtiens* [37] : « Pour ne pas vous compromettre et pour être conséquents avec vous-mêmes depuis l'Ordonnance royale, le parti le plus sûr sinon en morale, du moins en politique, c'est de l'oublier, ce vétéran. »

La pathétique émancipation de Saint-Domingue devenu Haïti lui a inspiré un autre texte qui montre bien que cet apôtre dont on a voulu faire un nigaud était doté d'une puissante imagination historique :

« On a calomnié les nègres, d'abord pour avoir le droit de les asservir, ensuite pour se justifier de les avoir asservis, et parce qu'on était coupable envers eux. Les accusateurs sont simultanément juges et exécuteurs, et ils se disent chrétiens! Maintes fois ils ont tenté de dénaturer les livres saints pour y trouver l'apologie de l'esclave colonial, quoiqu'on y lise que tous les enfants du père céleste, tous les mortels se rattachent par leur origine à la même famille. La religion n'admet entre eux aucune différence; si, dans les temples des colonies, quelquefois on vit les Noirs et les sang-mêlé relégués dans des places distinctes de celles des Blancs, et même séparément admis à la participation eucharistique, les pasteurs sont criminels d'avoir toléré un usage si opposé à l'esprit de la religion (...)

« Ce continent américain, asile de la liberté, s'achemine vers un ordre de choses qui sera commun aux Antilles et dont toutes les puissances combinées ne pourront arrêter le cours. Les nègres réintégrés dans leurs droits par la marche irrésistible des événements seront dispensés de toute reconnaissance envers ces colons auxquels il eût été également facile et utile de s'en faire aimer (...) Qui sait si l'Amérique ne se vengera pas alors des outrages qu'elle a reçus, et si notre vieille Europe, placée dans un rang de puissance subalterne, ne deviendra pas une colonie du Nouveau Monde? »

On verra de l'évangélisme dans cette passion pour Haïti dont il veut faire un modèle d'émancipation des colonies. Aussi bien a-t-il publié en 1823 un *Manuel de piété à l'usage des hommes de couleur et des Noirs*, particulièrement destiné à Haïti [38]. C'est au nom du christianisme qu'il prône l'égalité entre les hommes, qu'il prodigue ses conseils à la jeune République, stigmatisant le divorce au nom de la condamnation du libertinage européen transporté outre-mer... C'est toujours au nom des mêmes principes qu'il invite ses « frères haïtiens » à la tolérance à l'égard des méthodistes [39]. Sa sollicitude religieuse à l'endroit de la jeune République n'est pas pour autant aveugle : « Chez vous, lit-on dans son *Épître aux Haïtiens*, prédomine encore le régime militaire qui ne fut et ne sera jamais celui de la liberté. » Mais ce message est l'adieu d'un homme épuisé. Sa mort, en 1831, donnera lieu à d'immenses manifestations à Haïti.

En 1839, conformément aux dispositions testamentaires de Grégoire, la Société pour l'abolition de l'esclavage, présidée par le duc de Broglie, organise un concours ayant pour thème : « Quels seraient les moyens d'extirper le préjugé injuste et barbare des Blancs contre la couleur des Africains et des sang-mêlé [40]? » Parmi les candidats au prix, un nommé Victor Schœlcher...

NOTES

1. On renverra notamment à Yves Benot, *Diderot, de l'athéisme à l'anticolonialisme*, Paris, Maspero, 1970; Michèle Duchet, *Anthropologie et histoire au siècle des Lumières*, Paris, Maspero, 1971. Gaston-Martin, *Histoire de l'esclavage dans les colonies françaises*, Paris, PUF, 1948; Carl Ludwig Lokke, *France and the Colonial Question*, New York, Columbia University Press, 1932; J. Saintoyant, *La Colonisation française pendant la révolution*, Paris, La Renaissance du livre, 1930; Edward D. Seeber, *Antislavery Opinion in France during the Second Half of the Eighteenth Century*, Baltimore, The John Hopkins Press, 1937; Hans Wolpe, *Raynal et sa machine de guerre : L'histoire des deux Indes et ses perfectionnements*, Stanford (Calif.) 1957.
Sur l'abbé Grégoire, on lira avec profit la biographie assez complète mais un peu romantique de P. Grunebaum-Ballin, *Henri Grégoire, l'ami des hommes de toutes les couleurs, 1789-1831*, Paris, SEFI, 1948; sans se dispenser des *Mémoires* de Grégoire, précédés d'une notice historique sur l'auteur par H. Carnot, Paris, Yonet, 1840.
2. Jean Martin, *L'Empire renaissant*, Paris, Denoël, 1989, p. 10.
3. *Mémoire sur la manière dont la France et l'Espagne devraient envisager la suite de la querelle entre la Grande-Bretagne et ses colonies, 6 avril 1771, œuvres de Turgot*, Paris, Guillaumin, 1844, t. II, pp. 551 et suiv.
4. X. Gaston-Martin, *op.cit.*
5. Abbé Grégoire, *Mémoire en faveur des gens de couleur*, Paris, décembre 1789.
6. H. Sée, *Les Économistes et la question coloniale*, R.H.C., 1929, pp. 381-392.

7. Cité par E. Seeber, *op. cit.*, p. 42.

8. Abbé Raynal, *Histoire philosophique et politique des établissements du commerce des Européens dans les deux Indes*, 1770, cité par Marcel Merle, *L'Anticolonialisme européen de Las Casas à Marx*, Paris, PUF, 1969, pp. 112-113.

9. Cité par Michèle Duchet, *op. cit.*, p. 149.

10. G. Debien, *Les Colons de Saint-Domingue et la Révolution, essai sur le Club de Massiac (août 1789-août 1792)*, Paris, 1953.

11. Abbé Grégoire, *Lettre aux philantropes sur les malheurs, les droits et réclamations des gens de couleur à Saint-Domingue et des autres îles françaises de l'Amérique*, Paris, octobre 1790.

12. *Ibid.*

13. Cité par H. Grunebaum-Ballin, *op. cit.*, p. 42.

14. Cité par J. Saintoyant, *op. cit.*, p. 317.

15. Sur ces débats, Yves Benot, *op. cit.*

16. *Lettre aux citoyens de couleur et Nègres libres de Saint-Domingue et des autres îles françaises de l'Amérique*, Paris, 1790.

17. Adresse aux députés de la seconde législature du 26 septembre 1791.

18. Cité par M. Grunebaum-Ballin, *op. cit.*, p. 62.

19. Henri Grégoire, *Mémoires, op. cit.*, p. 424.

20. Sur les événements de Saint-Domingue, Jean-Pierre Biondi et François Zucarelli, *16 Pluviose An II, Les colonies sous la Révolution*, Paris, Denoël, 1990, pp. 105 et 52. H. Grunebaum-Balin, *op. cit.*, p. 77.

21. *Ibid.*

22. Grégoire, *Réflexions sur les moyens de perfectionner les sciences*, lecture faite à l'Institut en l'An II, p. 33.

23. *De la littérature des nègres ou recherches sur leurs facultés intellectuelles, leurs qualités morales, suivies de notices sur la Cie et les ouvrages des nègres qui se sont distingués dans les Sciences, les Lettres et les Arts*, par Grégoire, Paris, 1828.

24. *De la noblesse de la peau ou du préjugé des Blancs contre la couleur des Africains et celle de leurs descendants noirs et sang-mêlé*, Paris, 1826.

25. William B. Cohen, *Français et Africains, Les Noirs dans le regard des Blancs, 1530-1880*, Paris, Gallimard, 1980, p. 311.

26. Grégoire, *De la littérature des nègres..., op. cit.*, p. 127.

27. Henri Grégoire, *De la traite et de l'esclavage par un ami de toutes les couleurs*, Paris, 1815.

28. Grégoire, *Des peines infamantes à infliger aux négriers*, Paris, 1822, p. 27.

29. Abbé Grégoire, « *Observations préliminaires* », préface de Thomas Clarkson, *Histoire du commerce homicide appelé traite des Noirs ou cri des Africains*, Paris, 1822.

30. Henri Grégoire, *Annales de la religion*, août 1797, t. 5, p. 429.

31. Henri Grégoire, *Mémoires, op. cit.*, p. 397.

32. Notice historique sur Grégoire, par H. Carnot, *op. cit.*, pp. 119-120.

33. *De la traite et de l'esclavage des Noirs et des Blancs par un ami des hommes de toutes les couleurs, op. cit.*, p. 42.

34. *De la littérature des Nègres... op. cit.*, p. 161.

35. Cité par H. Carnot, *op. cit.*, p. 207.

36. *De la noblesse de peau... op. cit.*

37. *Épître aux Haïtiens*, qui sera imprimé par les soins de l'Imprimerie du gouvernement, à Port-au-Prince en 1827.

38. Henri Grégoire, *Manuel de piété à l'usage des hommes de couleur*, Paris, 1818.

39. Abbé Grégoire, *De la liberté de conscience et des cultes à Haïti*, Paris, 1824.

40. Le testament de Grégoire est reproduit dans ses *Mémoires, op. cit.*, pp. 306-307.

2

Schœlcher
et l'abolition de l'esclavage

Le nom de Victor Schœlcher se confond, en France, avec l'abolition de l'esclavage. Né en 1804 dans une famille bourgeoise, il adhère très tôt à la franc-maçonnerie et affiche ses sympathies républicaines. Son père, marchand de porcelaine, inquiet de cet engagement politique, l'envoie en 1828 en voyage d'affaires au Mexique, en Floride, en Louisiane et à Cuba. Le goût du jeune homme pour le commerce ne le détournera jamais de son intérêt primordial pour la chose publique. C'est d'ailleurs ce périple de deux années qui va lui faire prendre conscience de l'esclavage et décider de sa vocation [1].

Parmi les articles qu'il envoie à la *Revue de Paris* au cours de son voyage, on retient ses quatre *Lettres sur le Mexique* publiées de mai à novembre 1830, suivies d'un article qui deviendra fameux – « Les Nègres », rédigé à Cuba. C'est là que tout commence... Il n'y réclame rien moins que l'émancipation des Noirs par la suppression de la traite, la libération immédiate des jeunes enfants et celle de leurs aînés – progressive, étalée sur quinze à vingt ans, délai qu'il estime nécessaire pour l'apprentissage de la liberté. Prise de position « réaliste » qui lui sera reprochée quinze ans plus tard [2].

Cette très relative prudence de Schœlcher – qui n'entend pas mettre en péril l'activité des colons – traduit d'abord l'esprit du temps, encore marqué, on l'a vu, par la crainte des conséquences d'une abolition immédiate. Mais l'évolution de la pensée de Schœlcher, en harmonie avec les thèses abolitionnistes du moment, permet de mesurer l'accélération de l'histoire, la modification des équilibres et des rapports de forces qui aboutiront à la solution radicale de 1848 et feront du réformiste un révolutionnaire.

« Une variété de l'espèce d'animaux dénommés hommes »

Voici comment le jeune Schœlcher évoquait l'esclavage en 1830
dans un de ses articles, de la *Revue de Paris* (t. 20, nº 2). « ... On ne
peut se faire une idée de l'énorme démarcation qui existe aux colonies entre les Noirs et les Blancs. (...) Nulle part les Noirs ne sont
admis dans la société des Blancs; aux champs et à la ville, on les
traite comme de véritables animaux domestiques; on leur refuse le
titre d'hommes et il n'est pas d'Européen qui n'ait frissonné d'horreur et de honte en voyant les esclaves traînés sur les marchés ou
dans les ventes comme nous y conduisons les bœufs.

« (...) L'esclave acheté appartient sans restriction à son acheteur,
et les droits de ce dernier s'arrêtent à peine à celui de vie ou de
mort. Il y a des gens, même aux États-Unis du Nord, qui ne vivent
et n'entretiennent leur luxe qu'avec un trafic de nègres aussi singu-
lier que rebutant. Ils les prennent à bas prix, jeunes et sans talents,
pour les revendre bien cher après les avoir dressés à un métier quelconque.

« (...) Ces monstrueux usages qui nous révoltent, sont regardés
aux colonies comme tout naturels, tant il est vrai que les impressions
que reçoit l'esprit de l'homme le façonnent et le modifient selon le
temps où il vit, le pays qu'il habite et l'éducation qu'on lui donne. Il
n'y a pas de conscience universelle.

« (...) Ce régime a dépouillé quelques-uns de ceux qui le subissent
de tout ce qu'ils avaient d'humain. Conseils, douceur, bons traitements, privations de toutes espèces, châtiments sans exemple, rien
ne peut plus les soumettre, et il faut les abandonner à eux-mêmes
car, privés de nourriture, épuisés de besoins, ou déchirés par le fouet
le plus cruel, leur calme prodigieux, leur œil sec, leur figure impas-
sible, l'expression de leurs traits infernalement satiriques, au milieu
des plus atroces douleurs, vous prouvent qu'ils sont plus forts que la
barbarie même. Ceux que la nature a doués d'un si grand courage
ou d'une telle puissance de caractère, s'ils ne se déterminent à aller
vivre en marrons dans les bois, comme des bêtes fauves, restent
séparés de l'habitation, libres à faire ce qu'ils veulent, autant néanmoins que leur fainéantise n'est préjudiciable qu'à leur maître et à
eux-mêmes. Le propriétaire ne pouvant ni les vendre, ni les
contraindre au travail, se résoudrait, s'ils devenaient autrement cou-
pables, à les sacrifier à l'intérêt général. J'ai vu quelques-uns de ces
indomptables Noirs qui eussent sans doute été de grands hommes
dans le monde civilisé. On en cite qui se sont tués sans autre but

que celui de faire tort à leur maître. Plusieurs fois 7 ou 8 esclaves se
sont pendus ensemble, suppliant les autres de les imiter afin de ruiner leur propriétaire. (Un esclave qui sait travailler se paye jusqu'à
3 000 francs.)

« (...) Les plus grands obstacles s'opposent à ce qu'un esclave
devienne libre. Il faut pour y parvenir qu'il soit de ces hommes
habiles, industrieux, énergiques, comme il y en a si peu, qui savent
acquérir par mille moyens divers avec une puissance de volonté que
n'ébranlent pas dix ans de privations et d'un travail tenace.

« (...) Munis dès lors d'une carte de liberté, ils vivent sous le joug
dont nous avons parlé plus haut; et l'existence de ceux qui ont quelque noblesse dans l'âme est toujours abreuvée d'amertume par la
surveillance à laquelle ils restent soumis, et les vexations de l'autorité, qui est en droit de se faire représenter cet acte partout où elle
les rencontre.

« Disons en passant que l'on voit beaucoup plus de négresses que
de nègres libres. Il est inutile d'indiquer la source où elles puisent
les moyens d'acquérir leur liberté.

« Certains hommes nous disent : " Les Noirs ne méritent pas que
l'on s'occupe d'eux; l'intérêt qu'ils inspirent meurt sitôt que l'on
peut observer leur caractère vindicatif, méchant et vicieux. Ce sont
de véritables animaux, paresseux et stupides, plus difficiles à
conduire que les mules, enclins au vol, et qui détestent le travail.
Leur infériorité sous le rapport intellectuel est incontestable. Parmi
eux, point de vertu soit réelle, soit de convention; nul sentiment
d'attachement, ni de reconnaissance. " Et voilà que dès lors les
esclaves sont aux yeux de leurs ennemis des brutes faites pour travailler, par droit de conquête, comme les bœufs et les chevaux.

« (...) Quant à moi, il me reste démontré qu'en fait les nègres sont
une variété de l'espèce d'animaux appelés hommes, et que, par la
seule raison générale qu'ils sont hommes, ils sont libres de droit.
Mais le colon qui se croit au bord de sa ruine, l'Europe qui craint
déjà de manquer de toutes les superfluités qui lui sont devenues
nécessaires, s'écrient à la fois : " ... Eux-mêmes, (...) veulent rester
dans l'avilissement; abandonnez-les donc : s'ils aiment la liberté, ils
n'auront pas à la conquérir, ils n'auront qu'à repousser les fers dont
ils se chargent. Accourez, Européens, ajoute le planteur; restez seulement un jour avec moi et vous verrez que mes nègres sont loin
d'être aussi malheureux que vous le pensez. (...) Mon intérêt même,
cette considération, de tous les temps si puissante, mon intérêt
même ne me défend-il pas d'en user avec la barbarie que vous me
supposez? Si j'accablais mon nègre de coups, si je le martyrisais, ne

me ferais-je pas tort, puisqu'en l'affaiblissant je me priverais de ses forces, qui me sont indispensables? Je me ruinerais en sacrifiant la vie de mes Noirs à une féroce brutalité, puisque je les achète. (...) Parmi vos plus honorables philanthropes, en est-il beaucoup qui perdraient volontiers les 2 ou 3 000 francs que vaut mon esclave? »

« Ce sont là d'affreux raisonnements. *humaine / être humain par excellence*

« Il est avéré aujourd'hui que l'humanité et la liberté peuvent s'allier avec la conservation des colonies, et par conséquent de leurs produits. Les nègres ne sont point indispensables sur une plantation [1]. Tous les colons de bonne foi en ont convenu avec nous. Quelle que soit la chaleur du climat, un Blanc peut le supporter. Puisqu'il est forgeron, comment ne pourrait-il pas y être cultivateur? Nier ce serait faire mentir à l'évidence.

« Il n'est point nécessaire de rester courbés sous le soleil depuis le matin jusqu'au soir : nous savons tous qu'un homme salarié fait plus en une heure qu'un prisonnier en quatre. Les champs se cultiveront avec des travailleurs à la journée ou à l'année, blancs ou noirs toujours égaux. Mais alors les produits coloniaux subiront sans doute quelque augmentation. C'est à l'Europe à la supporter; c'est au consommateur à accomplir la grande œuvre de l'émancipation des esclaves.

« Et ce n'est point un acte pareil que je demande, c'est une convention européenne, c'est une alliance que l'on pourra sans mentir appeler sainte, c'est une alliance de tous les peuples qui déclareront la traite abolie pour toujours.

« (...) Loin de nous cependant la pensée de bouleverser le monde, de compromettre les intérêts et la vie de tant de colons attachés à l'esclavage. Ceux qui veulent l'émancipation des Noirs actuelle et spontanée parlent et agissent dans un esprit d'humanité bien honorable sans doute; mais, soit ignorance, soit entraînement, ils ne tiennent pas compte d'une circonstance qui présente à l'affranchissement immédiat des difficultés insurmontables. Cette circonstance, c'est l'état moral de nos protégés. Que faire des nègres affranchis? Pour quiconques les a vus de près, cette question est impossible à résoudre. Les nègres sortis des mains de leurs maîtres avec l'ignorance et tous les vices de l'esclavage, ne seraient bons à rien, ni pour la société, ni pour eux-mêmes.

« Je ne vois pas plus que personne la nécessité d'infecter la société active (déjà assez mauvaise) de plusieurs millions de brutes décorés du titre de citoyens qui ne seraient en définitive qu'une vaste pépinière de mendiants et de prolétaires. Quant à cela, laissons faire le grand maître, laissons faire le temps. La mort et les affranchissements successifs feront disparaître peu à peu les restes de l'esclavage; mais la seule chose dont on doive s'occuper aujourd'hui, c'est d'en tarir la source, en mettant fin à la traite.

« Envisager la question autrement, c'est faire du sentiment en pure perte. »

Un révolutionnaire réformiste

De retour en France en 1830, avant les Trois Glorieuses, Schœlcher reprend son activité dans l'entreprise familiale, la porcelaine étant fort appréciée en Amérique latine. Mais, à la mort de son père en 1832, il vend l'entreprise, préférant la fréquentation des artistes parisiens à celle des marchands : Marie d'Agoult, Legouvé, Eugène Sue, ouvrent leurs portes à cet aimable jeune homme. Il y rencontre Chopin, Liszt, Berlioz, tout ce que Paris compte de talents.

Schœlcher apprécie aussi les sociétés de pensée qui fleurissent à l'approche de la Révolution de 1830. Ainsi adhère-t-il notamment au cercle « Les Droits de l'homme », devenu en 1832 le fer de lance du parti républicain. D'Arago à Louis Blanc, de Ledru-Rollin à Paul Leroux, à Victor Considérant ou Raspail, aucune des figures du combat républicain ne lui sera étrangère. Parmi cet aréopage qui vise à la reconnaissance du suffrage universel et la promotion des ouvriers, Schœlcher est peut-être le seul qui se préoccupe autant de la France du dehors que de celle de l'intérieur. Il étudie Fourier, mais semble peu attiré par ce qu'on nommera le socialisme français, qu'il juge fumeux. Cet idéaliste a bien les pieds sur terre.

Schœlcher travaille, prend des notes, suit de près le mouvement abolitionniste à l'étranger et publie en 1833 son premier livre d'envergure sur son sujet favori, *De l'esclavage des Noirs et de la législation coloniale,* ouvrage marqué du style de l'époque : citations des Anciens et envolées lyriques. Il y développe l'idée – empruntée à Grégoire? – selon laquelle la solution de la question noire est étroitement liée à l'avènement de la République. Sans ce régime, point d'espoir pour les amis de la liberté...

Mais ce « révolutionnaire » à l'intérieur demeure un réformiste à l'extérieur. L'abolition immédiate de l'esclavage n'aurait-elle pas des conséquences désastreuses, nuisant à son objectif même? Ce pédagogue veut convaincre ses lecteurs du réalisme de son analyse. En attendant que tous les Noirs puissent être libérés, il s'agit d'autoriser le mariage entre esclaves – mais aussi les unions mixtes–, de sanctionner les violences dont ils sont victimes et même d'instituer des médiateurs habilités à recevoir leurs plaintes, non sans avoir reconnu d'abord, et solennellement, leur dignité d'homme.

Pour Schœlcher, la réforme peut être apportée pacifiquement et reçue de même, sans quoi elle amènerait de déplorables conflits. Point de bataillons venus à grands frais d'Europe pour protéger les nouvelles lois, mais des hommes sages, éclairés, dont le caractère et l'esprit soient tels qu'ils suppléent à l'apparence même de la force matérielle, exerçant une influence morale ou psychique plus puissante sur la multitude : des hommes convaincus de la nécessité de détruire l'esclavage, véritables apôtres de la liberté, ardents à convertir les propriétaires, inaccessibles à leurs séductions.

« (...) Nous ne voulons point de mal aux Blancs, nous ne voulons que la liberté des Noirs.

« Mais qu'ils y prennent garde, qu'ils réfléchissent, leur avenir se teint de sang; et, nous n'avons pas peur de le répéter, s'ils se refusent à abolir l'esclavage, ils mourront de la main de leurs esclaves; ceux-ci comprendront leurs droits tôt ou tard, et il y aura de terribles massacres. Oui, je le dis, en vérité, de terribles massacres : si la génération présente ne les voit pas, c'est qu'ils sont réservés à nos enfants. Dès aujourd'hui la population noire s'agite et complote; elle procède selon sa nature, brutalement, torche et poignard à la main. Des ferments de révolte éclatent à la Martinique, à La Havane, à la Trinité, à Saint-Fernando, à Pernambouc, à Rio, à Tortola, à la Jamaïque, à Berbice, PARTOUT : la France, l'Espagne, le Portugal, le Danemark, l'Angleterre, aucune nation n'est exempte, et le sang de ces hommes dévoués qui s'en vont mourir sur l'échafaud en criant avec enthousiasme : " Vive la liberté ! " rejaillit sur tous, et porte le feu de l'indépendance dans le cœur des plus timides.

« En vain les Blancs assassinent juridiquement les conspirateurs sur le moindre soupçon, comme ils viennent de le faire à Saint-Pierre; en vain, dans leur terreur, ils exécutent 30 condamnés au mépris de la loi. Ces atroces violations du code qu'ils ont fait eux-mêmes dans leur toute-puissance, ne justifient que trop les meurtres à venir; et celui qui voit les choses de haut reconnaît dans ces précipitations sanguinaires les terreurs prophétiques d'un tyran qui demande le calme à la hache du bourreau. Malheur aux Blancs s'ils persistent à repousser les conseils des amis des Noirs; ils ne pardonnent pas, ils ne seront pas pardonnés, et l'heure de la vengeance sera l'heure de la justice ! »

Sucre de canne et betteraves

C'est en 1834, année capitale pour le mouvement abolitionniste, que naît la Société pour l'abolition de l'esclavage qui regroupera bientôt, autour de La Fayette et de Lamartine, Odilon Barrot, protégé de Guizot, Béranger, Gasparin, chef de la gauche libérale, La Rochefoucauld-Liancourt, fils d'un célèbre grand seigneur philanthrope de la première révolution, Ledru-Rollin, Montalembert, Molé, Hippolyte Passy, Rémusat, Destutt de Tracy, le fils de l'idéologue.

Certains de ces représentants du peuple peuvent considérer que la négrophilie n'est pas incompatible avec les intérêts de leurs électeurs. Ainsi d'Odilon Barrot, vice-président et député de l'Aisne, département betteravier riche en entreprises sucrières où l'on ne verrait pas d'un mauvais œil l'abolition de l'esclavage qui entraînerait la raréfaction du sucre de canne... Schœlcher, toujours prompt à tenter de concilier les intérêts antagonistes, ira jusqu'à se déclarer plus tard « ennemi du sucre de betterave » *(sic)* pour atténuer la perte que les colons pourraient subir !

Ce club abolitionniste, qui choisit pour président le prestigieux duc de Broglie, fait progresser les idées : le débat a pénétré les assemblées et ira en s'amplifiant. En 1831 est supprimée la taxe limitant le nombre des affranchis, qui sont réellement « libres » à compter d'une ordonnance de juillet 1832. A partir de 1837, la question est débattue chaque année par les Chambres. En 1840, c'est une commission « pour l'examen des questions relatives à l'esclavage et à la constitution politique des colonies » qui est créée : Tocqueville en sera l'un des principaux animateurs.

Victor Schœlcher se tient à l'écart du débat jusqu'à ce qu'en 1838, il décide de participer au concours que les amis des Noirs organisent conformément au testament de l'abbé Grégoire. Il s'agit de répondre à la question : « Quels seraient les moyens d'extirper le préjugé injuste et barbare des Blancs contre la couleur des Africains et des sang-mêlé ? » Thème sur lequel Schœlcher rédige cent quarante pages intitulées : « Abolition immédiate de l'esclavage : examen critique du préjugé contre la couleur des Africains et des sang-mêlé. » Son manuscrit sera publié deux ans plus tard.

L'auteur s'attache à démontrer que la race noire n'est en rien prédestinée à l'esclavage. Il va même jusqu'à soutenir la thèse très aventureuse de Volney selon laquelle les Noirs africains sont les fondateurs de la civilisation égyptienne. Récits de voyage à l'appui,

Schœlcher affirme que c'est l'esclavage qui les place dans un état de sous-développement intellectuel et moral, non leur nature. Et de critiquer, à l'exemple de Grégoire, ou de Tocqueville, les thèses pseudo-savantes sur l'infériorité des nègres. Supprimer la cause de leur « pathologie » ne serait-ce pas la réduire à néant? La quadrature du cercle?

Le candidat ne convainc pas le jury. On lui reproche d'avoir « négligé les moyens et de s'être attaché à la fin... [3] ». « Mal centré et en partie hors du sujet », aurait dit un professeur... Mais ce n'est pas l'opinion de ce jury qui compte, c'est la radicalisation des positions de Schœlcher, dans le sens de l'abolition immédiate. L'abolition, en effet, est « dans l'air ». L'Angleterre y procédera le 1er août 1838, donnant ainsi l'exemple. Est-ce suffisant pour convaincre les esclavagistes?

« Une chose criminelle n'est pas nécessaire »

S'il est un argument rituel dans la bouche des partisans de l'esclavage, c'est bien celui de la méconnaissance qu'ont les partisans de l'abolition de la situation concrète des colonies. A la thèse idéaliste, on répond par le réalisme, le « concret ».

Que connaît Schœlcher des colonies? Lui qui n'a jamais visité les Antilles françaises ne sait rien de la spécificité, dirait-on aujourd'hui, de ces territoires. Ses projets, généreux, ici, ne seraient-ils pas nocifs ailleurs? Lorsqu'il quitte Paris en 1840 pour les Antilles, puis les Caraïbes, c'est pour juger sur place, et sur pièces. Il ne répond à aucune invitation. Mais pendant la traversée un certain Perrinelle, un ancien condisciple de Louis-le-Grand, rentrant à la Martinique, lui propose de lui faire connaître la « bonne société » coloniale qui jouera du charme des Antilles pour le convaincre que tout n'y est pas si mauvais...

De Tocqueville à de Gaulle, les colons d'outre-mer ont souvent déployé leur talent pour « chambrer » leurs invités rétifs. Et lorsque Schœlcher publiera en 1842 *Colonies françaises, abolition de l'esclavage*, complété l'année suivante par *Colonies étrangères et Haïti,* la dédicace du premier à ses hôtes des colonies françaises en dit long sur cette entreprise de séduction : « Vous connaissiez mes principes et, quoique vous regardiez comme vos ennemis tous ceux qui les professent, partout vous m'avez ouvert vos portes. Vous avez tendu la main au voyageur abolitionniste, et il a longtemps vécu sous votre toit comme on est chez un ami [4]. »

Simple politesse de l'hôte à l'hôte. S'il tempère son jugement sur les pratiques esclavagistes en louant l'humanité de certains colons, Schœlcher n'a rien cédé sur le fond. Nous avons déjà signalé son constant souci de conciliation, le goût de convaincre plus que d'imposer et aussi de séduire à son tour, jouant de cette vive intelligence des autres dont il est doué. Humaniste avant tout, éloigné de tout dogmatisme, Schœlcher, fort de ses certitudes, s'attache toujours à comprendre avant de se faire entendre.

Son périple, qui dure plus d'un an, ne le mène pas seulement à la Martinique mais aussi à la Jamaïque, la Dominique, la Guadeloupe, Antigua, Sainte-Croix, Porto Rico et Haïti. Des deux ouvrages qui en résultent, seul le premier connaîtra une certaine postérité. *Des colonies françaises* développe son mémoire de 1840 et rassemble une multitude d'observations classées et documentées sur la traite, le « marronnage * », les châtiments corporels, les conséquences du travail libre, et résume surtout sa thèse principale : la prospérité des colonies françaises (et qui doit persister) n'est pas incompatible avec l'émancipation des Noirs, qui demeure « le premier de ses vœux ». Selon lui, les Européens sont propres en effet à assurer par eux-mêmes les travaux coloniaux avec le concours des Noirs libres. L'émancipation est une exigence principielle, qui conditionne l'existence des colonies. Qu'elles périssent, plutôt que ce principe...

« Que l'esclavage soit ou ne soit pas utile, il faut le détruire; une chose *criminelle* ne doit pas être *nécessaire*, écrit-il dans *Des colonies françaises*. La raison d'impossibilité n'a pas plus de valeur pour nous que les autres, parce qu'elle n'a pas plus de légitimité. Si l'on dit une fois que ce qui est moralement mauvais peut être politiquement bon, l'ordre social n'a plus de boussole et s'en va au gré de toutes les passions des hommes. La violence commise envers le membre le plus infime de l'espèce humaine affecte l'humanité entière; chacun doit s'intéresser à l'innocent opprimé, sous peine d'être victime à son tour, quand viendra un plus fort que lui pour l'asservir. La liberté d'un homme est une parcelle de la liberté universelle, vous ne pouvez toucher à l'une sans compromettre l'autre tout à la fois.

« Autant que qui que ce soit nous apprécions la haute importance politique et industrielle des colonies, nous tenons compte des faits, nous n'ignorons pas la valeur attribuée à ce qui se passe autour de nous, et cependant c'est notre cri bien décidé, *pas de colonies si elles ne peuvent exister qu'avec l'esclavage.* (...) Nous acceptons

---

* Évasions d'esclaves.

dans son entière portée un mot célèbre, et nous disons nous aussi : " Périssent les colonies plutôt qu'un principe. " Oui, car un principe en socialisme c'est le cerveau en physiologie, c'est l'axe en mécanisme ; sans principes respectés il n'y a plus d'ordre, plus de société, plus rien, il ne reste qu'anarchie, violence, misère, chaos et dissolution. »

De 1842 à 1848, Schœlcher ne cesse de publier : *Coup d'œil sur la question d'affranchissement* en 1843, qui reprend une de ses lettres de décembre 1812, déjà reproduite dans *Colonies étrangères*. Puis, en janvier 1844, il fait rédiger et adresser aux deux Chambres une *Pétition des ouvriers de Paris pour l'abolition de l'esclavage*, suivie d'une seconde pour le 1ᵉʳ mai. Les idées socialistes ont progressé en France, Schœlcher n'est pas insensible à la communauté de sentiments qui pouvait unir les « opprimés », esclaves et prolétaires.

Contre l'émancipation progressive

Dès son retour à Paris, il se met en rapport avec la Société pour l'abolition de l'esclavage (désormais présidée par Lamartine) où l'accueillent de nouveaux venus, Victor Hugo, Edgar Quinet, Louis Blanc, Geoffroy Saint-Hilaire, Ledru-Rollin, Godefroy Cavaignac. Lamartine donne le ton en écrivant une « Marseillaise noire », après avoir tiré une pièce de théâtre du drame de Toussaint-Louverture (1840) et prononce en février 1842 ce discours-programme :

« Nous ne sommes pas, nous ne voulons pas être des tribuns de l'humanité, des agitateurs de philanthropie, et d'ici, où nous sommes en sûreté, où nous vivons à l'abri des lois de la force publique, lancer dans nos colonies je ne sais quels principes absolus, chargés de désordres et de catastrophes, pour emporter à la fois colons, maîtres et esclaves (...). Nous ne voulons pas faire, mais prévenir une révolution, restaurer un principe et conserver notre société coloniale. Nous voulons introduire graduellement, lentement, prudemment, le Noir dans la jouissance des bienfaits de l'humanité auxquels nous le convions, sous la tutelle de la mère Patrie, comme un enfant, pour le compléter, et non pas comme un sauvage pour le ravager !

« (...) Nous disons aux colons : ne craignez rien, notre justice et notre force sont là pour vous garantir vos biens et votre sécurité. Nous disons aux esclaves : n'essayez pas de rien conquérir par d'autres voies que ce sentiment public. Vous n'aurez de liberté par elle que nous vous aurons préparée, que celle qui s'associera avec le bon ordre et avec le travail [5]. »

Parallèlement aux tournées de conférences qu'il fait en France pour défendre le programme de la Société, Schœlcher tente, à partir de 1843, de relancer avec Ledru-Rollin un petit journal, *La Réforme*. Il y publie des chroniques coloniales où se multiplient les notations sur la question ouvrière. Décidément, le prolétariat est indivisible.

On ne rendrait pas justice au personnage si l'on ne relevait ses campagnes pour le droit des femmes [6], allié au fragile mouvement féministe qui naît à l'époque sous l'impulsion de Flora Tristan qui rêve de fédérer ouvriers et ouvrières de tous les pays...

En novembre 1844, il quitte la France pour l'Égypte. De ce séjour, il tirera, comme à l'accoutumée, un ouvrage, *L'Égypte en 1845* [7]. Ce copieux « pavé » de trois cents pages rend hommage à la présence française qui s'étiole lentement (au bénéfice de l'anglaise), mais non à son allié le vice-roi Méhémet-Ali, « tyran et négrier ». Quant à l'islam, il le rend responsable du sort injuste fait aux esclaves et aux femmes si belles sous leurs voiles...

Rentré en France en avril 1845, Schœlcher publie une *Histoire de l'esclavage pendant les deux dernières années* où il a collationné les articles publiés dans *La Réforme, Le Siècle, Le Journal des économistes, L'Atelier*, assortis de commentaires sur les débats coloniaux du moment. Cet athée passionné par les religions et dont les pages ont des accents d'homélie n'est pas tendre pour le clergé colonial, coupable selon lui de tolérer l'esclavage. Le ton se durcit, jusqu'à la sommation : l'abolition ne saurait plus attendre.

En juillet 1845, la loi Mackau rend obligatoire la libération de l'esclave qui s'est constitué un pécule en vue de son rachat [8]. En 1846 et 1847, tous les esclaves du domaine sont déclarés libres par le roi. Demi-mesures? Schœlcher, dont on a dit qu'il en était jadis partisan, condamne la politique de l'émancipation progressive : sous couleur d'« améliorations », elle ne fait que retarder « l'heureux jour... ».

C'est là le thème qu'il développe dans son *Histoire de l'esclavage pendant les deux dernières années*.

« Les 34 000 libertés prononcées dans nos colonies depuis 1830 ne doivent faire illusion à personne. A les prendre pour ce qu'elles sont, il est impossible de leur prêter la valeur qu'on cherche à leur donner. Voici pourquoi : une ordonnance du 1er mars 1831 a supprimé toute taxe sur les concessions de liberté; un autre décret royal du 12 juillet 1832 a pourvu à la régularisation de toutes les libertés, qui n'avaient pas encore reçu la sanction légale. C'est en vertu de ces 2 actes que le nombre des affranchis de 1830 est devenu si considé-

rable; prouvons-le. Dans les 34 000 libertés reconnues, la Martinique, au moment où nous nous y trouvions (avril 1841), entrait
pour 20 426; or, un relevé des affranchissements martiniquais établit de la manière la plus irréfragable que, sur les 20 426 nouveaux
libres, il y en a 15 174 qui ne sont que des libres de fait, dont la
position n'était pas auparavant déterminée.

« (...) La position de tous ces libres de fait a été régularisée,
comme nous le disions par l'ordonnance de 1831, c'est-à-dire qu'on
leur a donné un titre de liberté en règle, en vertu duquel ils sont
devenus citoyens français reconnus. Ils étaient si nombreux que l'on
en voit encore tous les jours sur les listes des nouveaux émancipés
publiées officiellement. Le chiffre de 15 174 est considérable sans
doute, mais il faut penser que l'existence de ces affranchis remonte
à la création des colonies, que nombre d'entre eux étaient des
mulâtres, fils de Blancs, et que tous ne devaient point leur indépendance à la libéralité des colons, car plusieurs s'étaient payés de leur
argent, enfin il faut en outre comprendre dans le total beaucoup
d'enfants dont la naissance avait suivi l'irrégularité du sort de leur
père. (...)

« Mais pourquoi tous ces calculs? Il y a une chose sans réplique
possible qui les rend inutiles, c'est que la population esclave aug-
mente d'année en année dans nos colonies; ce qui constate, comme
nous l'avons fait remarquer, les améliorations introduites dans le
régime des ateliers par l'humanité des maîtres; mais ce qui ne laisse
aucun espoir de voir l'esclavage se fondre peu à peu dans leurs lar-
gesses.

« Un autre moyen de juger ce qu'il faut attendre de l'avenir, en
laissant le soin de l'abolition aux vices et aux vertus des créoles,
serait de comparer par année le nombre des affranchissements. On
verrait que, de 1837 à 1840, il est tombé successivement de 898 à
380. Jugés d'après cette échelle de proportion, les habitants ont
chaque année moins de vices et de vertus, et l'on trouverait qu'ils
n'en auraient plus du tout avant deux lustres, si l'on voulait appliquer à cette décroissance les calculs de probabilité. Décidément ils
ne peuvent rien sous ce rapport, et ce serait une folie d'autant plus
grande d'espérer laver par cette voie la tache qui souille encore leur
société, que la loi elle-même recommence déjà à faire obstacle aux
généreux.

« On s'est aperçu que de méchants maîtres profitaient du bon
principe pour se débarrasser des invalides, et que plusieurs nouveaux affranchis, en raison de leurs infirmités, se trouvaient hors
d'état de pourvoir à leur subsistance.

« (...) Si l'affranchissement sans garantie n'est pas une bonne chose, exiger trop de garantie est une chose pire encore; obliger le manumissionnaire à assurer les moyens d'existence du manumissionné, c'est lui demander un sacrifice dont peu d'hommes sont capables; aussi voilà déjà les libres de fait qui reparaissent. Il existe sur les habitations, à l'heure qu'il est, des esclaves auxquels le maître, en récompense de leurs services, laisse tout leur temps et ne demande plus rien, mais qu'il n'affranchit point d'une manière légale, parce qu'il ne veut pas prendre un engagement qui dépasse les forces de qui que ce soit. Dans les mauvaises institutions, les améliorations mêmes souvent portent des fruits amers. »

« Il y a une grande exaltation dans ses actes toutes les fois qu'il est question des Noirs, auxquels il a voué depuis bien des années toutes ses pensées, mais je l'ai toujours considéré comme un homme plein de conviction et de loyauté. Je crois, en somme, qu'il aura pu recueillir ici les éléments d'un ouvrage intéressant et nullement dangereux [9]. »

Ainsi le gouverneur Baudin juge-t-il, dans un rapport à son ministre, le 4 janvier 1848, le Victor Schœlcher qu'il a accueilli au Sénégal au début de l'été 1847. Mais ce voyage, pour une fois, l'abolitionniste ne tirera aucun livre. Pourquoi? Parce que, désormais, il ne s'agit plus pour lui de décrire, mais de participer à l'histoire qui se fait, et qu'accélère quelques semaines plus tard, en février, l'avènement de la République.

Le 4 mars 1848 en effet, le Gouvernement provisoire de la République, « considérant que nulle terre française ne peut plus porter d'esclaves, décrète : Une Commission est instituée auprès du ministre provisoire de la Marine et des Colonies pour préparer, dans le plus bref délai, l'acte d'émancipation immédiate dans toutes les colonies de la République ».

Un rêve d'intégration?

Rentré la veille du Sénégal, Schœlcher est appelé auprès de François Arago, ministre de la Marine. C'est lui qui a rédigé au cours de la nuit du 3 au 4 mars ce texte célèbre. Nommé « sous-secrétaire d'État chargé spécialement des colonies et des mesures relatives à l'abolition de l'esclavage », il préside la commission chargée de préparer le décret du 27 avril 1848 abolissant l'esclavage, amnistiant les mineurs et rétablissant la représentation des colonies à l'Assemblée nationale – supprimée sous la monarchie de Juillet. Les propriétaires, dont l'indemnisation est prévue, auront trois mois pour se conformer au décret. Victor Schœlcher a gagné sa bataille.

Le séisme économique annoncé ne se produira qu'en Guyane où le travail ne reprendra pas et qui s'en trouvera ruinée. La crise affecte d'autant plus les territoires que le régime de l'esclavage y était plus rigoureux. Ainsi la transition s'opère sans difficulté à l'île Bourbon (la Réunion) ou au Sénégal, plus lentement à la Martinique, mal en Guadeloupe [10]. Les îles à sucre exportent, dans les années suivantes, trois fois moins qu'avant 1848.

Arrêtons-nous un instant sur la politique coloniale de la jeune république. Assimilationniste à tout va, elle ambitionne d'abolir toute distinction entre Français métropolitains et Français d'outre-mer. Les colonies sont déclarées « territoires français », tandis que les commissaires de la République remplacent les gouverneurs. La République tend donc à rapprocher les colonies de la France. Le territoire civil – distingué du territoire militaire – est divisé en départements avec, à leur tête, un préfet, un conseil de préfecture et un conseil général, et en dessous des arrondissements et communes. Le gouverneur ne contrôle plus que le territoire militaire.

Ce régime durera moins de trois ans, jusqu'au coup d'État du 2 décembre 1851 qui supprime la représentation coloniale dans les chambres métropolitaines. Mais il fonctionnait mal depuis février 1849, l'autorité militaire ayant repris son ascendant, les conseils généraux ne s'étant jamais constitués.

C'est dans cet esprit qu'il faut lire la conclusion du rapport adressé au ministre de la Marine et des Colonies par la commission instituée pour préparer l'acte d'abolition immédiate de l'esclavage, présidée par Schœlcher. Rêve d'intégration?

« Le travail a porté, jusqu'à présent, parmi les Noirs, le stigmate de l'esclavage; nous devons en faire un signe d'honneur à leurs yeux. Il faut qu'il sache que l'homme a reçu la liberté pour l'employer au profit de ses semblables par l'utile usage de son activité. Il faut qu'ils voient que ceux qui accomplissent le mieux ce devoir social sont aussi les plus dignes du premier rang dans la société. Voilà pourquoi la Commission vous propose d'instituer une fête du travail, fête dont la célébration se fera aux anniversaires du jour où le travail sera devenu libre par l'émancipation. On y décernera des prix aux ouvriers les plus laborieux; et ceux qui auront obtenu les premières récompenses auront désormais une place d'honneur dans toutes les cérémonies publiques.

« Nous ne craignons pas, Citoyen Ministre, d'emprunter à l'Antiquité ces usages simples et sacrés. Il est temps de reprendre le bien et de laisser à jamais le mal parmi les institutions qu'elle nous a léguées. La France, aujourd'hui, vient d'en donner aux nations un éternel exemple. Elle a reconquis la forme du Gouvernement républicain sous laquelle la civilisation prit autrefois possession du monde, et elle repousse l'esclavage qui jeta sur ce nom une ombre si fatale parmi les peuples anciens. Cet acte est le signe le moins équivoque de l'esprit qui préside à sa régénération. La République n'entend plus faire de distinction dans la famille humaine. Elle ne croit pas qu'il suffise, pour se glorifier d'être un peuple libre, de passer sous silence toute une classe d'hommes tenue hors du droit commun de l'humanité. Elle a pris au sérieux son principe. Elle répare envers ces malheureux le crime qui les enleva jadis à leurs parents, à leur pays natal, en leur donnant pour patrie la France et pour héritage tous les droits du citoyen français ; et, par là, elle témoigne assez hautement qu'elle n'exclut personne de son immortelle devise : *Liberté, égalité, fraternité.*

Le sous-secrétaire d'État président de la Commission :
V. SCHŒLCHER.
Le secrétaire de la Commission :
H. WALLON.

LE DÉCRET D'ABOLITION

Le Gouvernement provisoire,

Considérant que l'esclavage est un attentat contre la dignité humaine ;

Qu'en détruisant le libre arbitre de l'homme, il supprime le principe naturel du droit et du devoir ;

Qu'il est une violation flagrante du dogme républicain : Liberté, Égalité, Fraternité.

Considérant que si des mesures effectives ne suivaient pas de très près la proclamation déjà faite du principe de l'abolition, il en pourrait résulter dans les colonies les plus déplorables désordres,

Décrète :

ARTICLE PREMIER. – L'esclavage sera entièrement aboli dans toutes les colonies et possessions françaises, deux mois après la promulgation du présent décret dans chacune d'elles. A partir de la promulgation du présent décret dans les colonies, tout châtiment corporel, toute vente de personnes non libres, seront absolument interdits.

ART. 2. – Le système d'engagement à temps établi au Sénégal est supprimé.

ART. 3. – Les gouverneurs ou commissaires généraux de la République sont chargés d'appliquer l'ensemble des mesures propres à assurer la liberté à la Martinique, à la Guadeloupe et dépendances, à l'île de la Réunion, à la Guyane, au Sénégal et autres établissements français sur la côte occidentale d'Afrique, à l'île Mayotte et dépendances et en Algérie.

ART. 4. – Sont amnistiés les anciens esclaves condamnés à des peines afflictives ou correctionnelles pour des faits qui, imputés à des hommes libres, n'auraient point entraîné ce châtiment. Sont rappelés les individus déportés par mesure administrative. *paiements*

ART. 5. – L'Assemblée nationale réglera la quotité de l'indemnité qui devra être accordée aux colons. *le montant lpart.*

ART. 6. – Les colonies, purifiées de la servitude, et les possessions de l'Inde seront représentées à l'Assemblée nationale.

ART. 7. – Le principe que le sol de la France affranchit l'esclave qui le touche est appliqué aux colonies et possessions de la République.

ART. 8. – A l'avenir, même en pays étranger, il est interdit à tout Français de posséder, d'acheter ou de vendre des esclaves, et de participer, soit directement, soit indirectement à tout trafic ou exploitation de ce genre. Toute infraction à ces dispositions entraînera la perte de la qualité de citoyens français.

Néanmoins les Français qui se trouvent atteints par ces prohibitions, au moment de la promulgation du présent décret, auront un délai de trois ans pour s'y conformer. Ceux qui deviendront possesseurs d'esclaves en pays étrangers, par héritage, don de mariage, devront, sous la même peine, les affranchir ou les aliéner dans le même délai, à partir du jour où leur possession aura commencé.

ART. 9. – Le ministre de la Marine et des Colonies et le ministre de la Guerre sont chargés, chacun en ce qui le concerne, de l'exécution du présent décret.

Fait à Paris, en Conseil du Gouvernement, le 27 avril 1848.

Les Membres du Gouvernement provisoire.

L'ambiguïté d'une synthèse

« La société a bien des plaies à guérir. (...) Dans la mesure de mes forces, je me suis consacré à l'une des grandes réparations que l'humanité se devait à elle-même. J'ai provoqué l'émancipation de nos frères, les hommes noirs, de cette race que les gouvernements monarchiques ont mise en esclavage et que la République va bientôt mettre en liberté. Cette tâche n'a point été exclusive pour moi, et n'a jamais empêché de songer à mes frères blancs; dès que l'âge me l'a permis, j'ai travaillé à défendre les intérêts du pauvre, du prolétaire, des classes laborieuses, des opprimés. »

Cet extrait de la profesion de foi du candidat Schœlcher aux élections d'avril 1848 synthétise clairement le dessein de ce libéral, grand bourgeois, plus humaniste que socialiste, plus philanthrope que dogmatique. Les électeurs de Paris lui refuseront de siéger à l'Assemblée. Le nouveau ministre de la Marine, l'amiral Cazy, lui propose de conserver son poste de sous-secrétaire d'État dans le nouveau ministère, au sein duquel s'atténue l'influence socialiste originelle. Il refuse, se jugeant désavoué par le suffrage universel.

Après un second échec lors d'élections complémentaires en janvier 1848, il se décide à se présenter outre-mer. Élu « triomphalement » en août à la Martinique, puis à la Guadeloupe, Schœlcher opte pour la première, faisant accéder son suppléant – noir – Louisy Mathieu à la représentation de l'autre île : « C'est à mon avis un trop beau spectacle et trop digne de la République, écrit-il, que de voir un nègre siéger dans la première assemblée nationale du monde [11]. » L'effet est saisissant...

Entre-temps, les journées de Juin ont ensanglanté Paris et les résultats des élections d'avril 1851 manifestent le déclin de la jeune démocratie. Le 10 décembre, Louis-Napoléon Bonaparte devient président de la République. L'Assemblée législative sera élue le 13 mai 1849. Schœlcher siège à « la Montagne », c'est-à-dire à l'extrême gauche. Parmi cette petite soixantaine de représentants du peuple, on trouve pêle-mêle les noms de quelques vétérans des barricades de 48 ou des personnages comme Victor Hugo, Lamennais, Pierre Leroux ou Barbès. Grands bourgeois et ouvriers, avocats et prolétaires. Schœlcher participe activement à ses travaux : il réclame la clémence pour les insurgés de juin, plaide pour l'abolition de la peine de mort en matière de droit commun et approuve au nom de la Montagne, en 1850, la loi Gramont contre les mauvais traitements infligés en public aux animaux domestiques [12]. Il proteste aussi contre l'intervention française à Rome en faveur du pape Pie IX.

Mais il ne siège que par intermittence. Élu le 5 juin 1849 à la Guadeloupe (et battu à la Martinique), son mandat est annulé le 17 octobre, compte tenu des événements qui s'y sont déroulés le jour du scrutin. En fait, la campagne a été vive et les nombreux ennemis de Schœlcher prennent prétexte des violences et des menaces proférées contre les colons pour faire invalider le député. Mais il sera réélu le 13 janvier 1850 contre des concurrents parmi lesquels figure un certain Alexandre Dumas!

Proscrit par l'Empire, Schœlcher refuse l' « amnistie » proposée
par ce régime. Réfugié à Bruxelles puis à Londres, il condamne une
politique coloniale marquée selon lui par la réaction : suppression de
la représentation parlementaire des îles, installation du « régime des
amiraux » qui peut favoriser ici ou là l'arbitraire des colons. Mais
l'abolition de l'esclavage reste un fait acquis.

De retour en France en août 1870, Schœlcher est élu député à
l'Assemblée nationale en février 1871, et siège à l'extrême gauche,
au côté d'Edgar Quinet. Il participe à la Commune de Paris tentant
avec Clemenceau de trouver une entente avec les hommes de Versailles afin d'éviter le bain de sang : ce qui ne l'empêchera pas
d'être arrêté pendant trois jours par ordre de la Commune qui le
soupçonne de « trahison »...

Sa lutte contre le préjugé de couleur continue : il publie plusieurs
articles dans la presse, mais aussi un petit essai sur *Le Jury aux
colonies* en 1873 [13] afin d'en promouvoir l'institution, combattue par
un délégué de la Martinique. Mais c'est surtout au moment de l'éla-
boration de la Constitution de 1875 qu'il interviendra pour garantir
la représentation parlementaire des colonies.

Élu sénateur inamovible au titre des républicains, le 18 décembre
1875, Schœlcher n'en finit pas d'écrire et de publier sur une multitude de sujets : *Le Vrai Saint Paul, sa vie, sa morale*, une biographie de Toussaint Louverture, en passant par *Modernité de la
musique*. Il rassemblera dans deux épais ouvrages, *Polémique coloniale*, parus en 1882 et 1886 [14], ses discours et articles depuis 1851.
Il intervient au Sénat en 1880 pour protester contre les atteintes au
droit d'émancipation des esclaves au Sénégal et publie un livre sur
ce sujet.

En 1889, l'Exposition universelle est aussi celle des colonies et
doit représenter « brillamment » ces fleurons de la France d'outre-
mer. Une commission consultative pour cette mise en valeur des territoires fançais est constituée à l'occasion de cette manifestation.
Elle est présidée par Eugène Étienne, sous-secrétaire d'État aux
Colonies et principal animateur du « parti colonial » à la Chambre,
assisté de Félix Faure et Victor Schœlcher! Avec Paul Leroy-
Beaulieu, il préside même aux destinées d'une « Société française
pour la protection des indigènes des colonies », notamment les
musulmans d'Algérie – idée qui séduit Jules Ferry... Héritier de la
Seconde République, il voit dans l'assimilation des colonisés à la
mère patrie la condition première de l'égalité entre Blancs et
hommes de couleur.

Le 1er février 1880, Victor Schœlcher reçoit l'hommage solennel d'un comité rassemblant des hommes de couleur de la Martinique, de la Guadeloupe et de Cochinchine, en hommage à celui qui avait été leur défenseur. Dans le discours qu'il prononce à cette occasion, l'émancipation montre comment on peut être à la fois un ferme adversaire du préjugé de couleur et un adepte fervent de la colonisation. Il est assez lucide pour souligner l'ambiguïté de cette synthèse qui résume sa vie.

A la différence d'Henri Grégoire, Victor Schœlcher n'a pas franchi la frontière qui sépare l'émancipation du colonisé et celle de sa communauté nationale.

NOTES

1. Jeanine Alexandre-Debray, *Victor Schœlcher,* Paris, Perrin, 1983, pp. 31-60.
2. Maurice Satineau, *Schœlcher*, Paris, Mellotte, 1948, p. 20.
3. Jeanine Alexandre-Debray, *op. cit.*, p. 71.
4. Cité par Jeanine Alexandre-Debray, *op. cit.*, p. 80.
5. Cité par Maurice Satineau, *op. cit.*, pp. 28-29.
6. Jeanine Alexandre-Debray, *op. cit.*, pp. 106-107.
7. Paris, Pagnerre, 1846.
8. Denise Bouche, *Histoire de la colonisation française,* Paris, Fayard, t. II, 1991, p. 103.
9. Rapport du gouverneur Baudin au ministre de la Marine du 4 janvier 1848, cité par Denise Bouche, *Un voyage d'information bien dirigé : Victor Schœlcher au Sénégal* (septembre 1847-1848).
10. Annie Rey-Goldzeiguer, *Histoire de la France coloniale*, Paris, Armand Colin, 1991, t. I, p. 413.
11. Cité par Jeanine Alexandre-Debray, *op. cit.*, p. 144.
12. Maurice Agulhon, *1848 ou l'apprentissage de la République. 1848-1852,* Paris, Le Seuil, 1973, p. 120.
13. Victor Schœlcher, *Le Jury aux colonies*, Paris, Le Chevalier, 1873, 1879.
14. Victor Schœlcher, *Polémique coloniale*, Paris, Dentu, 1882. On trouvera l'essentiel des textes cités dans ce chapitre dans Victor Schœcher, *Esclavage et colonisation*, avant-propos par Charles-André Julien, introduction par Aimé Césaire, textes choisis et annotés par Émile Tersen, Paris, PUF, 1948.

3

Tocqueville,
ou les incertitudes d'un libéral

Si ambigus que puissent être, à propos de la question coloniale, la plupart de nos « montreurs de conduite », de Montaigne à Voltaire et de Robespierre à Raymond Aron (les exceptions, de Raynal à Sartre, ne seront pas oubliées!), nul ne l'est plus profondément qu'Alexis de Tocqueville.

Non que l'auteur de *L'Ancien Régime et la Révolution* ait sous-estimé la gravité de la question posée ou qu'il ait été cantonné sur des marges par l'histoire ou sa propre biographie. Tant à propos de l'esclavage que de l'Algérie, les deux problèmes majeurs que posent, en son temps, les rapports entre communautés dominantes et dominées, et où se manifestent tous les éléments techniques, politiques, militaires et moraux du débat, il fut un intervenant notoire et efficace, jouant moins le jeu de l'intellectuel donneur de leçons lointaines que celui de l'expert, voire de l'enquêteur responsable – avant d'être ministre des Affaires étrangères. Ni tout à fait Sartre ni tout à fait Soustelle, mais peut-être plus comparable à celui-ci qu'à celui-là...

Sur l'ambiguïté spontanée et réfléchie de ce penseur normand, personne n'a été plus perspicace que son maître Royer-Collard qui, dans une lettre à la duchesse de Duino, écrivait : « Il se sert de ses deux mains, donnant la droite à la gauche, la gauche à nous, regrettant de ne pas en avoir une troisième qu'il donnerait invisiblement... »

Peut-on associer dans une même formule les vocables de colonisateur et de libéral? L'histoire nous répond que oui, à partir du modèle britannique. A propos de Tocqueville, on est tenté, pour compléter cette définition, d'évoquer les « lumières » et de parler de « coloniste éclairé ».

Le fait est qu'en quête d'une pensée anticoloniale cohérente, on ne saurait retenir celle du plus grand « politologue » du XIXe siècle, quelles que soient les objections formulées dans son œuvre contre toute espèce de domination fondée sur les origines, et contre les méthodes inhérentes à l'expansion coloniale. Si ardemment que l'on souhaite la nuancer ou la compléter, on ne peut que citer cette formule due à l'un de ses meilleurs biographes, André Jardin.

« Les idées de Tocqueville sur l'expansion française sont, à tout prendre, plus proches de celles des impérialistes français de la IIIe République que des regrets d'Empire continental napoléonien qui continuent à chagriner la gauche de son temps [1] » (à ceci près que le général Foy et Ferry ne vivent pas à la même époque). Est-ce la raison pour laquelle on compte sur les doigts d'une main les écrits en langue française consacrés à sa pensée coloniale [2]? Mais ses anciens hôtes d'outre-Atlantique ne semblent pas voir malice, eux, à lui en faire grief et à le mettre en contradiction avec lui-même [3]. Le talent prophétique que l'on se plaît à reconnaître à l'auteur de *La Démocratie en Amérique* serait-il ici sans emploi? Son intelligence aiguë, sa véritable science des choses et des gens, ne trouveraient-elles aucun point d'application en ce domaine?

Tout se tient pourtant dans la démarche intellectuelle de l'auteur de *L'Ancien Régime et la Révolution* et de *De la démocratie en Amérique*. Et pour en mesurer toute la portée, il faut se livrer à une enquête et citer les textes propres à éclairer les cheminements et les contradictions d'une pensée aiguisée. Si on ne peut faire passer Tocqueville pour un penseur de l' « anticolonisme », bien loin de là, on constatera que certains de ceux qui ont adopté cette façon de voir et d'agir peuvent trouver chez lui des munitions. Surtout s'ils tiennent compte, en historiens, de l'évolution des mentalités et des points de vue.

Contre le racisme

« Ce monde-ci nous appartient, se disent-ils tous les jours; la race indienne est appelée à une destruction finale qu'on ne peut empêcher et qu'il n'est pas à désirer de retarder. Le ciel ne les a pas faits pour se civiliser, il faut qu'ils meurent. Du reste je ne veux point m'en mêler, je me bornerai à leur fournir tout ce qui doit précipiter leur perte. Avec le temps, j'aurai leurs terres et serai innocent de leur mort. Satisfait de son raisonnement, l'Américain s'en va dans le temple où il entend un ministre de l'Évangile répéter chaque jour que tous les hommes sont frères et que l'Être Éternel qui les a tous faits sur le même modèle leur a donné à tous le devoir de se secourir [4]. »

Des « trois races » qui peuplent les États-Unis, indienne, blanche et
« nègre », la première est appelée à disparaître graduellement estime
Tocqueville. L'idée n'est pas neuve et on l'avait trouvée aussi sous la
plume d'un Chateaubriand, de son compagnon Gustave de Beaumont[5]. Les lecteurs des carnets de voyage de l'auteur de *De la démocratie enAmérique* éprouvent quelque tristesse à lire des descriptions
glacées du génocide des Indiens[6]. L'intérêt de l'analyse réside dans
l'idée que le peuple indien, qu'il reste enraciné dans ses croyances et
son mode de vie ou qu'il accepte la tutelle « civilisatrice » des conquérants, est perdu – qu'il « abandonne pour toujours le sol sur lequel,
depuis mille ans peut-être, ont vécu ses pères » ou qu'il aille « s'établir dans un désert où les Blancs ne le laisseront pas dix ans en
paix[7] ».

Tocqueville constate la dépravation de certaines tribus indiennes
dont les autorités américaines ont acheté les terres en échange de
quelque argent promptement dépensé en hardes, eau-de-vie et armes.
Cet homme dont toute l'œuvre est sous-tendue par une réflexion sur
le déclin de l'aristocratie s'étonne sans doute de voir l'abaissement de
ces individus naguère si fiers de leur race. D'autres tentent de préserver, pour combien de temps? leur place et leur dignité : « Ce n'est pas
toutefois que l'aptitude naturelle manque à l'indigène du Nouveau
Monde, mais sa nature semble repousser obstinément nos idées et nos
actes. Couché sur un manteau au milieu de la fumée de sa hutte,
l'Indien regarde avec mépris la demeure commode de l'Européen[8]. »
Mais son orgueil n'aura pas raison contre le cours des choses.

La condition du peuple noir réduit à l'esclavage n'éveille pas seulement sa pitié, mais aussi son inquiétude :

« Jusqu'ici, partout où les Blancs ont été les plus puissants, ils ont
tenu les nègres dans l'avilissement ou dans l'esclavage, partout où les
nègres ont été les plus forts, ils ont détruit les Blancs[9]. » L'auteur de
De la démocratie enAmérique découvre pour les réprouver le maintien dans certains États de l'esclavage mais aussi celui, plus général,
de la ségrégation raciale. En tous lieux, à l'école, à l'hospice, dans les
temples et jusque dans les cimetières, règne la séparation. Faut-il la
justifier au nom de l'inégalité des races?

C'est beaucoup plus tard que Tocqueville aura l'occasion d'exposer
ses théories à ce propos, à l'occasion de la parution de l'ouvrage de
son ami Gobineau, *Essai sur l'inégalité des races humaines* en 1853-
1855.

« Quel intérêt, lui écrit-il, peut-il y avoir à persuader à des peuples
lâches qui vivent dans la servitude, qu'étant tels de par la nature de
leur race, il n'y a rien à faire pour améliorer leur condition, changer

leurs mœurs ou modifier leur gouvernement? Ne croyez-vous pas que
de votre doctrine sortent naturellement tous les maux que l'inégalité
permanente enfante, l'orgueil, la violence, le mépris des semblables,
la tyrannie et l'abjection sous toutes ses formes [10]? » Et d'ajouter fiè-
rement que « la destinée de l'homme soit comme individu soit comme
nation est ce qu'il veut la faire ».

Et à Beaumont : « Gobineau vient de m'envoyer un gros livre de sa
composition pour prouver que tous les événements de ce monde
s'expriment par la différence des races, système de maquignon plutôt
que d'homme d'État; je n'en crois absolument rien. Et cependant je
pense qu'il y a dans chaque nation, soit que cela vienne de la race ou
plutôt de l'éducation des siècles, quelque chose de très tenace, peut-
être de permanent qui se combine avec tous les incidents de sa destinée et s'aperçoit au travers de toutes ses fortunes à toutes les époques
de son histoire [11]. »

Arthur de Gobineau, ethnologue aventureux, diplomate de second
rang affublé du titre de « comte », mais romancier et conteur inspiré
(qui n'aimerait les *Nouvelles asiatiques?*), n'eut pas beaucoup de
lecteurs, hors son ancien ministre dont il fut le chef de cabinet. Son
ouvrage est cependant symptomatique du racisme à prétention
« scientifique » de l'époque qui attend Darwin. Il attribue la décadence des civilisations à un « ignoble » mélange des races [12]. Pour ce
légitimiste, le sort « funeste » de la race blanche s'apparente à celui
de l'aristocratie. On comprend dès lors son hostilité à l'expansion
européenne outre-mer, qui prépare l'avènement des barbares et
réserve à son pays le sort des Grecs et des Romains. En tout état de
cause, pense-t-il, la race blanche qui a créé l'Histoire et fait rayonner
la civilisation, est condamnée, et avec elle l'humanité. Romantisme
crépusculaire qui contredit la foi dans le progrès affichée par les libéraux dont Tocqueville est l'archétype.

Croisade contre l'esclavage

Le 14 mai 1833, le Parlement britannique proclame l'émancipation de tous les esclaves vivant sous le drapeau de Sa Gracieuse
Majesté. La décision sera mise en application le 1er août 1833 : un
million de Noirs recouvreront alors leur qualité d'homme. Cette
mesure n'est pas sans conséquence pour la France et ses îles à sucre
proches des colonies britanniques. On n'a pas oublié qu'au moment
où la Convention avait proclamé l'abolition de l'esclavage en 1793,
Danton s'était écrié : « L'Angleterre est perdue! »

Certes, en 1832 et 1833, Paris a décidé de supprimer la mutilation et la marque au fer pour les rebelles et déclaré obligatoire le recensement des esclaves... Mais la décision de la « perfide Albion » – qui avait déjà aboli la traite en pleine guerre avec Napoléon (1807) – pose la question en d'autres termes.

Du coup s'est créée, à Paris, en 1834, une Société pour l'abolition de l'esclavage dont on a parlé précédemment, présidée par le duc de Broglie, plus académique et « de bon ton » que la défunte Société des amis des Noirs de Grégoire, Brissot et Mirabeau. Pour aristocratique qu'elle soit, cette association ne se contente pas de donner des banquets, de publier des brochures ; elle dispose d'une influence certaine dans le monde politique.

C'est tout naturellement que Tocqueville devait s'associer à ces efforts. Il était revenu deux ans plus tôt de son voyage en Amérique (avril 1831-février 1832), convaincu que l'esclavage pervertit aussi bien ceux qui l'infligent que ceux qui le subissent. Son ami et compagnon de route Gustave de Beaumont avait rapporté de leur séjour un ouvrage certes moins fameux que *De la démocratie en Amérique*, mais dont le titre *Marie ou l'esclavage* dit bien le thème, traité sur le ton d'une ardente compassion. Sur ce point, l'ambigu Tocqueville sera clair : sans idéaliser à tout prix le monde noir et moins sentimental à coup sûr que Grégoire ou même que Schœlcher, il sera un militant résolu de l'abolitionnisme.

En avril 1835, Tracy, Isambert et Lamartine interviennent à la Chambre des députés pour réclamer au gouvernement un projet d'abolition de l'esclavage. En 1836, à l'occasion de la discussion du budget des colonies, les trois députés posent à nouveau la question et cette fois Lamartine demande l'abolition immédiate. En février 1838, c'est le vice-président de la société, Hippolyte Passy, qui présente un texte de loi, instituant l'émancipation progressive en commençant par l'affranchissement de tous les enfants nés de parents esclaves. Un rappel de l'idée de « seconde génération * »... Une commission présidée par Guizot approuve le rapport de Rémusat, conviant le gouvernement à régler la question sans tarder. La Chambre étant dissoute le 2 février 1839, le débat est ajourné.

En juin, une nouvelle commission est désignée : Tocqueville, devenu entre-temps le célèbre auteur de *La Démocratie* et élu député de Valognes en mars, en est le rapporteur [13]. Son projet tend à l'émancipation immédiate des esclaves, placés pendant quelques années sous le contrôle de l'État [14]. Les nouveaux affranchis conti-

* Voir chapitre 1er.

nueront à travailler durant cette période transitoire pour leurs
anciens maîtres et verront prélever sur leur salaire une somme destinée à payer le remboursement des indemnités versées par la puissance publique aux anciens propriétaires.

Tocqueville ouvre son rapport en ces termes : « On a prétendu
quelquefois que l'esclavage des nègres avait ses fondements et sa justification dans la nature elle-même. On a dit que la traite avait été un
bienfait pour la race infortunée qui l'a subie, et que l'esclave était
plus heureux dans la tranquille paix de la servitude qu'au milieu des
agitations et des efforts que l'indépendance amène. La commission
n'a pas, Dieu merci, à réfuter ces fausses et odieuses doctrines.
L'Europe les a depuis longtemps flétries; elles ne peuvent servir la
cause des colonies, et ne sauraient que nuire à ceux des colons qui la
professeraient encore [15]. »

Le rapporteur n'oppose pas seulement à l'esclavage les enseignements du christianisme ou de la simple humanité. Il voit dans son
abolition un impératif politique. L'évolution des esprits, la proximité
des colonies anglaises, la rendent inévitable. S'y refuser ne ferait
qu'accroître le malaise qui s'est emparé des colons voués à l'incerti-
tude. Faut-il « préparer les esclaves à l'indépendance » comme
semble le prôner la raison et préférer l'émancipation graduelle suggé-
rée par Tracy à celle, « simultanée », réclamée par Rémusat? Tocqueville pense qu'un changement complet est à tout prendre moins
dangereux : « Alors la société entière se transforme en même temps
et il n'est pas impossible d'y introduire de nouvelles maximes de gouvernement, une nouvelle police, de nouveaux fonctionnaires, de nouvelles lois. Ces lois s'appliquant à tout le monde, personne ne se sent
particulièrement blessé et ne résiste [16]. »

Déposé le 23 juillet 1839, le rapport du député de Valognes, publié
par la Société pour l'abolition de l'esclavage comme d'ailleurs tous
les rapports analogues, ne vint pas en discussion. Mais Tocqueville
reviendra à la charge. En mai 1840, le gouvernement Guizot désigne
en la personne de Thiers une commission bicamérale dont le pré-
sident-rapporteur est le prestigieux duc de Broglie. Son rapport,
remis en 1843, fouillé et nourri d'une solide documentation, propose
en fait deux politiques au pouvoir du moment. L'une est l'émancipation, simultanée mais non immédiate, prônée par Tocqueville.
L'autre, minoritaire parmi les membres de la commission, se résume
à une abolition progressive.

Ces conclusions sont présentées par le journal Le Siècle, précédées
de l'avertissement suivant : « Un homme qui ne doit qu'à ses travaux
consciencieux sa pure rénommée et sa haute position dans les lettres

et la politique... nous adresse sur la question de l'émancipation des esclaves une série d'articles que nous recommandons à toute l'attention de nos lecteurs [17]. » Ainsi présenté (par lui-même) au lecteur, Tocqueville lui propose une série d'analyses fouillées, sévères à l'endroit des colons toujours partisans de l'immobilisme : « Quand, il y a treize ans, il s'est agi d'abolir l'infâme trafic de la traite, la traite à les entendre était indispensable à l'existence des colonies. Or, la traite a été, Dieu merci, abolie dans nos possessions d'outre-mer, et le travail n'en a pas souffert. » (A ceci près qu'en 1837, selon Thomas Buxton, auteur de *The African Slave Trade and its Remedy* (1839), on avait transporté cette année-là trois fois plus d'esclaves que trente années plus tôt...)

« Les colons ont l'air de croire, poursuit Tocqueville, que s'ils parvenaient à réduire au silence les hommes qui prononcent en ce moment en France le mot d'abolition, ou s'ils obtenaient du gouvernement l'assurance positive que toute idée d'abolition est abandonnée, l'esclavage serait sauvé et avec lui la vieille société coloniale. C'est se boucher les yeux pour ne point voir [18]. » Persuadé que « c'est le statu quo qui perdra les colonies », le signataire anonyme met dans la balance la conservation des territoires de la France outre-mer. Et à ceux qui voient dans la politique anglaise d'émancipation des arrière-pensées, notamment l'idée de refaire les colonies des autres pays, s'assurant ainsi le monopole du sucre, Tocqueville répond : « La vérité est que l'émancipation des esclaves a été, comme la réforme parlementaire, l'œuvre de la nation et non celle des gouvernants. Il faut y voir le produit d'une passion et non le résultat d'un calcul [19]. »

Suit une longue démonstration, assez convaincante, sur les conséquences heureuses non seulement du point de vue économique mais aussi quant à l'adoption par les « nègres » des goûts « civilisés ». A ceux qui avaient prophétisé le désordre et l'anarchie, l'exemple britannique apporte un cinglant démenti, affirme le député de Valognes. Quant au rapport de Broglie, écrira-t-il à Beaumont, « c'est un chef-d'œuvre. Cependant la mise en œuvre est confuse, ce qui explique pourquoi l'effet qu'il produit n'est pas plus grand. Et puis il respire dans toute œuvre un sincère amour de l'humanité, cette grande et noble passion que les momeries des philantrophes sont parvenues à rendre presque ridicule [20] ». Dans ses articles du *Siècle*, Tocqueville appuie les conclusions abolitionnistes de la majorité de la commission. Mais il ne se fait guère d'illusions sur leur adoption et laisse entendre qu'en dépit de sa bonne volonté Guizot se pliera aux décisions de son maître, le roi Louis-Philippe, très sensible aux pressions du lobby colonial.

A l'image de leurs prédécesseurs de la période révolutionnaire, la plupart des colons se répandent en solennelles protestations contre l'idée même d'une émancipation. Les Conseils coloniaux de la Martinique et de la Guadeloupe – et leurs représentants à Paris – agitent comme de coutume les spectres de l'ouragan nègre et de la ruine. Pourquoi d'ailleurs les Chambres métropolitaines s'arrogeraient-elles le droit de décider du sort des colonies et de leurs propriétés? Et selon un scénario qui sera un perpétuel recommencement, le gouvernement formé par l'abolitionniste Guizot en octobre 1840 laisse la question en suspens. Ce n'est qu'à la fin de l'année 1843 que le nouveau ministre de la Marine, l'amiral de Mackau, se saisit du problème.

Le projet de cet ancien membre (minoritaire) de la commission de Broglie est prudent, pour ne pas dire anodin au regard du sujet de fond. Le ministre envisage d'aménager sensiblement le statut des esclaves, en leur conférant en quelque sorte la personnalité civile, mais non morale. La possibilité de rachat grâce à la constitution d'un pécule éclaire l'économie réelle du projet. Celui-ci sera discuté par les Chambres en avril et mai 1845. Le débat est très vif comme toujours dès qu'il s'agit des colonies. Les représentants des colonies font valoir, par la voix de Jollivet, qu'adopter le texte serait mettre déjà le doigt dans l'engrenage. Les abolitionnistes intransigeants comme Ternaux-Compans accueillent avec ironie la réforme dont seuls, soutient-il, des octogénaires solides pourront bénéficier, compte tenu du pécule exigé.

Tocqueville intervient dans le débat. Il considère ce texte, si mince soit-il, comme un premier pas. S'il partage le scepticisme des abolitionnistes à propos des mesures de rachat, il voit dans la vocation arbitrale de l'État posé en principe dans le règlement des conflits entre Noirs et colons la condition de la rénovation : « La loi met sous la main de l'État cette grande question de l'abolition de l'esclavage, elle place l'État entre les deux races dans une position supérieure à l'une et à l'autre, en état par conséquent de nommer l'une et l'autre, de plier de la même main, et dans leur intérêt commun, les Blancs et les Noirs, et après, d'amener graduellement à son terme la grande résolution qu'on a en vue [21]. » La brèche ainsi ouverte s'élargirait jusqu'à l'abolition de l'esclavage.

L'orateur qui, dans son rapport, mettait en avant l'intérêt politique des colonies, insiste cette fois sur les principes d'humanité et rappelle que la France, fille aînée de l'Église, est aussi la patrie de la Révolution...

« A mes yeux, la question d'abolition de l'esclavage n'est pas seulement une question d'intérêt pour la France, mais encore une question d'honneur. On a beaucoup dit qu'on ne devait qu'au christianisme l'abolition de l'esclavage. Dieu me garde de m'écarter du respect que je dois à cette sainte doctrine, mais il faut bien pourtant que je le dise, Messieurs, l'émancipation telle que nous la voyons même dans les îles anglaises, et le produit d'une idée française; je dis que c'est nous qui, en détruisant dans tout le monde le principe des castes, des classes, en retrouvant, comme on l'a dit, les titres du genre humain qui étaient perdus, c'est nous qui, en répandant dans tout l'univers la notion de l'égalité de tous les hommes devant la loi, comme le christianisme avait créé l'idée de l'égalité de tous les hommes devant Dieu, je dis que c'est nous qui sommes les véritables auteurs de l'abolition de l'esclavage. » Tocqueville, émule de Grégoire?

L'argumentaire du discours de Tocqueville vaut qu'on s'y arrête car on y retrouve un concentré de sa pensée. Et d'abord cette réflexion sur le déclin de l'aristocratie : « Les colons n'obéissent dans cette circonstance qu'à des sentiments fort naturels : ils suivent les exemples qu'ont donnés de siècle en siècle toutes les aristocraties qui ont perdu dans l'histoire. L'effet le plus funeste de l'inégalité des conditions, quand elle dure longtemps, Messieurs, c'est de persuader réellement au maître lui-même que cette inégalité est un droit, de telle sorte qu'il peut rester tyran et demeurer honnête homme. Tel est le phénomène intellectuel, moral que toutes les aristocraties ont montré. Est-ce que l'état d'esprit dans lequel se traînent les possesseurs d'esclaves dans nos îles leur est particulier? Eh non, Messieurs, non; j'ai vu de semblables opinions, de pareils préjugés dans un pays que j'ai pu visiter et vu de très près, les États-Unis d'Amérique. J'y ai vu ces extrémités singulières : j'ai vu des hommes qui aimaient l'égalité avec un tel emportement qu'ils ne veulent même pas se laisser manifester les inégalités et les différences naturelles qui naissent des fortunes, de l'éducation, des goûts, des mœurs; et ces mêmes hommes trouvaient tout naturel de tenir à côté d'eux et sous leur pied des millions de leurs semblables dans une éternelle et irrémédiable servitude [22]. »

L'auteur de *De la démocratie en Amérique* n'éprouve aucune détestation à l'endroit de ces hommes. Il les plaint. En France même, si l'on avait cru bon d' « abandonner aux classes privilégiées le soin de diminuer les privilèges, de relever les classes moyennes de la société jusqu'à leur niveau, est-ce que vous croyez qu'elles l'auraient fait? Assurément non. Il faut prendre les hommes pour ce qu'ils sont : une telle révolution ne se fait jamais que par ceux qui en profitent et alors elle se fait violemment et cruellement; ou bien elle se fait par un pouvoir dominateur qui, étant placé tout à la fois au-dessus de ceux qui jouissent des privilèges et de ceux qui veulent en jouir, pût ramener les uns vers les autres vers le niveau, comme élever les autres vers ce même niveau, sans qu'il y ait pour les uns ni pour les autres, ni déchirement, ni ruine [23] ».

La loi est votée, suivie en 1846 de plusieurs ordonnances, améliorant la condition matérielle des esclaves. En 1847, le gouvernement de Louis-Philippe procédera à l'affranchissement des esclaves du domaine public des îles à sucre. Il faudra, nous l'avons vu, attendre le décret Schœlcher du 4 mars 1848 pour que soit proclamée « l'émancipation immédiate (des esclaves) dans toutes les colonies de la République », opération chirurgicale qui n'ira pas sans douleur ni massacres de part et d'autre. Mais le sentiment s'était, dès 1845, sous l'impulsion de Tocqueville, accordé avec la raison.

Dans toute cette affaire, on a vu se déployer progressivement, rationnellement et en accord constant avec l'évolution des esprits, la pensée et l'action d'Alexis de Tocqueville. Nous sommes bien là sur la crête de la pensée libérale, soucieuse, en restant proche de l'opinion publique, de la précéder en l'éclairant. Ce mélange d'exigence et de respect, de moralisme et de réalisme, qu'il avait décelé chez les pères fondateurs de la démocratie américaine, inspire cette campagne proprement politique, qui fraye la voie au plus grand acte de la décolonisation française avant celui du 18 mars 1962, et qui restera lié, on l'a dit, au nom de Schœlcher.

Aimée et souffrante Algérie

Au commencement est le légendaire coup de chasse-mouches donné, le 29 avril 1827 [24] par le dey Hussein d'Alger au consul français Deval, soupçonné d'avoir détourné le remboursement d'une créance de l'État français. Rebondissement d'une longue affaire à laquelle est tristement mêlé le nom de Talleyrand, avec la complicité de négociants d'Alger. Médiocre incident saisi par le ministère Villèle pour exiger « réparation » des « Barbaresques ». Le timide blocus d'abord opéré par la France fera office de « casus belli » : un vaisseau battant pavillon de Sa Majesté très Chrétienne Charles X est tiré à vue par les canons algérois. Alors que le libéral Martignac, successeur de Villèle, avait tenté de régler l'affaire à l'amiable, Polignac, le nouveau premier ministre, y trouve l'occasion de détourner par un coup d'éclat extérieur les menaces qui pèsent sur la couronne. Une expédition fera l'affaire. Un mois après le débarquement du 14 juin à

Sidi-Ferruch, le dey capitule. S'en tiendra-t-on à une occupation limitée? N'est-elle qu'une amorce? A l'exception des commerçants de
Marseille, qui se préoccupe de cette contrée?

En fait, la Régence d'Alger est assez prospère. Ses échanges avec
la France, mais aussi avec l'Espagne ou les États d'Italie, ne sont pas
négligeables. Issu d'une caste de quinze mille janissaires, souvent le
couteau à la main, qui l'investissent, le dey ne tient qu'Alger et sa
périphérie. Trois beys contrôlent en son nom les régions de Constantine, Oran et Médéa, capitale du Tetteri. La population de ce territoire est à l'image de son gouvernement, composite. Maures, bourgeois et citadins, minorité juive forte d'une élite et commerçants et
d'intellectuels, tribus nomades ou semi-nomades, fellahs kabyles de
la montagne, pirates, cette mosaïque a vécu longtemps sous la férule
turque. Mais celle-ci est de plus en plus aléatoire, très évanescente,
comme l'Empire lui-même.

Que faire de cette Algérie que l'on croit avoir domptée en un coup
de main? Polignac hésite, pris entre l'hostilité turque et surtout britannique et l'attitude des Américains, des Russes, des Italiens et des
Hollandais qui applaudissent à la liquidation des pirates, tandis que
Metternich concède volontiers cette fois à la France le droit du plus
fort. Le régime de Charles X ne va-t-il pas tirer son salut de cette
expédition? Les illusions ne durent pas un mois.

A la fin de juillet, Charles X rejoint l'homme d'Alger dans les
oubliettes de l'histoire. Louis-Philippe, accédant au trône, pare au
plus pressé en substituant à Bourmont, inconsistant conquérant
d'Alger, le général d'Empire Clauzel, personnage d'une autre
trempe, après avoir coupé court aux menées d'officiers légitimistes
(dont le cousin de Tocqueville, César de Kergolay) qui tentent de
faire d'Alger un tremplin pour la résurrection des fleurs de lys, cet
ambitieux sans scrupule écrase les tentatives dispersées de résistance
algérienne, et loin de s'en tenir à la simple occupation militaire de la
zone d'Alger, crée l'irréversible en amorçant une stratégie de domination étendue et à long terme. Sa brutalité et sa vénalité donnent le
ton. La longue tragédie algérienne trouve là sa source.

Expropriations, occupations de fait, maisons de culte bafouées,
Alger et ses alentours sont livrés non seulement à une occupation
militaire sans contrôle, mais aussi à une spéculation sauvage dont le
général en chef sait tirer profit. En dix ans, le Sahel et la Mitidja
seront des propriétés européennes. Vétéran de la campagne de Saint-
Domingue, Clauzel rêve-t-il d'y transposer l'économie de plantations? Et d'imaginer des champs de café, de canne à sucre et de
cacao... Le proconsul jette aussi les bases d'une armée indigène, dont

les pionniers sont issus de la tribu des Zoua-Oua (d'où le nom de
zouaves).

Pour protéger les domaines, les officiers du génie réinventent la
muraille de Chine. La plaine de la Mitidja devra être entourée de
vastes fortifications, contrôlées par des hommes en armes. Ce système est censé protéger des « rebelles » petits et grands colons dont
les légitimistes qui tentent de transférer leurs espoirs déçus en Algérie en y devenant grands propriétaires. Espoir vite brisé.

La tutelle sauvage de Clauzel ne dure que six mois, jusqu'en
février 1831. Mais son empreinte restera ineffaçable : commence une
guerre de représailles réciproques, vraies boucheries qui n'épargnent
aucun civil. Le scandale est tel que Clauzel doit être relevé par Berthezène, officier scrupuleux hostile à la colonisation sauvage. Mais,
peu aimé des troupes et dénoncé par un lobby colonial que rebute son
honnêteté, il aura pour successeur Savary, duc de Rovigo et ancien
ministre de la Police de Napoléon. Le bourreau du duc d'Enghien
sera aussi celui de l'Algérie jusqu'en septembre 1834. Non content
de ressusciter le « style » de Clauzel, il l'aggrave de méthodes policières bien à lui. S'il fait tracer de belles routes, c'est au mépris des
sépultures; les expéditions qu'il déclenche sont particulièrement san-
glantes. Fourbe et sanguinaire, il se fait haïr des Arabes, qui verront
dans sa mort cruelle (un cancer de la langue) le jugement de Dieu.

A Paris, la « question algérienne » se pose sous toutes ses formes.
La plupart des économistes comme le baron de Lacuée ou Maurice
Allard mettent en doute l'intérêt de la colonisation. Les producteurs
de betteraves se voient déjà menacés par la concurrence de la canne à
sucre; Le Havre et Bordeaux craignent l'hégémonie de Marseille. A
la Chambre des députés, le débat se ranime à intervalles réguliers,
entre « colonistes » et « anticolonistes ». Clauzel, qui s'est fait élire
député, incite à presser l'Algérie comme un citron. Chef du gouvernement, le maréchal Soult tergiverse, comme Casimir-Périer, son
successeur.

En mars 1833, le débat parlementaire s'anime à propos du budget
de la guerre. Xavier de Sade, qu'inspire Hippolyte Passy, économiste
libéral, dénonce le gaspillage. Clauzel réplique en se disant assuré de
la prospérité présente et à venir du territoire. Bien que « coloniste »,
le marquis de La Rochefoucauld-Liancourt dénonce, lui, le « système
de terreur » pratiqué outre-mer. A la Chambre des pairs, Berthezène
rappelle le 17 avril 1833 que « toujours les établissements d'outre-
mer furent onéreux pour la France [25] », non sans avoir dressé un
tableau pessimiste de la situation de la Régence. A quoi, deux jours
plus tard, son rival Clauzel répond par une description d'un opti-

misme grandiose, appuyé en cela par François Arago. Les crédits de
la guerre sont votés, mais le gouvernement reste indécis sur la politique à long terme.

Une commission d'enquête fortement escortée est envoyée en
Algérie, en juillet 1833. Le rapport présenté l'année suivante contient
de sévères critiques envers l'administration, mais conlut que l'« honneur et l'intérêt de la France lui commandent de conserver ses possessions sur la côte septentrionale d'Afrique ». En juillet 1834, un gouvernement général dépendant du ministre de la Guerre est institué
pour administrer les territoires conquis. Désormais, l'Algérie (en tout
cas les zones occupées), c'est la France.

Un homme résume en lui toutes les forces que l'Algérie oppose à la
colonisation ; il centuple l'énergie des individus, les difficultés du sol
et du climat, la force agonisante du sentiment religieux : Abd el-
Kader enfin s'élève tellement au-dessus de ses compatriotes que selon
l'ardent « coloniste » Louis Veuillot, « nous ne pourrons rien tant que
ce seul homme ne sera pas abattu » *(Les Français en Algérie)* [26]. C'est
en novembre 1832 qu'il est proclamé sultan par les tribus de Mascara
et commence d'animer la « guerre sainte » à laquelle son père, alors
chef de la tribu des Hachem, a d'abord appelé.

Clauzel que Thiers, nouveau chef du gouvernement, a jugé bon de
remettre en selle à Alger, appelle à ses côtés, en juillet 1836, le général Bugeaud, qui inflige un échec au sultan lors de la bataille de la
Sikkak. Mais la piteuse défaite de Clauzel sur les hauts plateaux du
Constantinois permet à Abd el-Kader – bien que harcelé en Oranie
par le général Desmichels – de se faire reconnaître comme souverain
indépendant.

Entre-temps Thiers est tombé et avec lui l'idée d'une occupation
complète. Son successeur, Guizot, est peu favorable à une implantation en profondeur. « Le principal objet que la France doit se proposer dans ses possessions au nord de l'Afrique, soutient-il, c'est son établissement maritime, c'est la sécurité et l'extension de son commerce,
c'est l'accroissement de son influence dans la **Méditerranée**. La
guerre est un obstacle à tous ces résultats [27]. »

Le 30 mai 1837, Bugeaud signe avec Abd el-Kader le traité de la
Taina. Les provinces de Titteri, d'Alger (sauf Alger), la Mitidja,
Blida, la région d'Oran (sauf Oran, Mostaganem et Mazagran),
relèvent de l'autorité de l'émir qui reconnaît à demi-mot la suzerai-
neté française.

On en est là quand Tocqueville entre en scène.

Son intérêt pour l'Algérie tient peut-être d'abord à l'amitié. Les
récits de son cousin Kergolay qui a pris part, on l'a vu, à l'expédition

d'Alger et au complot des officiers rêvant de rétablir Charles X, ont
excité son intérêt. Tous deux envisagent même en 1833 d'acquérir un
domaine dans le Sahel. En proie à des difficultés sentimentales,
Alexis espère trouver outre-mer quelque consolation. Il pense à
apprendre l'arabe et se documente auprès de voyageurs d'Afrique.
C'est dire que lorsqu'il publie deux lettres sur l'Algérie en août
1837 [28], il a déjà quelques idées sur la question [29]. Son intervention
dans le domaine colonial, exprimée dans l'obscure feuille dont il est
actionnaire, *La Presse de Seine-et-Oise*, n'est d'ailleurs pas fortuite :
le journal est publié à Versailles, dont il voudrait se faire élire député.
Il est bon de faire entendre aux électeurs initiés que leur candidat
sait parler de questions graves, de celles notamment dont débat alors
la Chambre en juin 1837.

« Si l'Empereur de Chine... »

Comme à son habitude, Tocqueville s'attache à une mise en perspective de la question plutôt qu'à un commentaire d'actualité. Dans
le premier article, l'auteur dresse un tableau de l'Algérie avant la
conquête. S'il ne démontre pas son originalité en distinguant Arabes
et Kabyles, il a le mérite de mettre l'accent sur le caractère religieux
de cette société. Dans la seconde lettre, l'écrivain anonyme s'essaie à
poser les principes d'une politique française en Algérie. Critiquant la
liquidation brutale des autorités turques, il transpose la situation en
France, avec une audace qui fait de lui, d'emblée, un prophète du
protectorat lyautéen. Texte magnifique :
« Je suppose, Monsieur, pour un moment que l'Empereur de la
Chine débarque en France à la tête d'une puissante armée, se rende
maître de nos plus grandes villes et de notre capitale. Et qu'après
avoir anéanti tous les registres avant même de s'être donné la peine
de les lire, détruit ou dispersé toutes les administrations sans s'être
enquis de leurs attributions diverses, il s'empare de tous les fonctionnaires depuis le chef du gouvernement jusqu'aux gardes champêtres,
des pairs, des députés et en général de toute la classe dirigeante; et
qu'il les déporte tous à la fois dans quelque contrée lointaine. Ne pensez-vous pas que ce grand prince, malgré sa puissante armée, ses for-
teresses et ses trésors, se trouvera bientôt fort embarrassé pour administrer le pays conquis [31]. »
Notre sinologue occasionnel, hostile à la « francisation » de l'Algérie, se dit favorable dans un premier temps à une occupation limitée,
à l'établissement d'une forme de protectorat : auteur d'un ouvrage

inachevé sur l'Inde, c'est au modèle anglais qu'il se réfère [32]. Respecter les coutumes locales, les habitudes et les préjugés, maintenir les tribus arabes et leurs divisions, propices au règne de la France, et dans le même temps nouer des liens commerciaux avec les Kabyles sans tenter de les réduire militairement, tels sont les ressorts d'une influence indirecte, propice à une installation durable dans cette contrée. De cette union, un seul peuple peut-il naître? Rien en tout cas ne serait pire, selon lui, que de transplanter outre-mer la logique uniforme de l'administration française. Mais, lucide dans son libéralisme, Tocqueville exprime la crainte que le traité de la Tafna ne conforte trop bien la puissance du jeune Abd el-Kader, et que l'expédition alors projetée sur Constantine ne détruise son concurrent.

Un Machiavel nourri d'histoire britannique? C'est à quoi fait penser ce Tocqueville attaché à analyser l'affaire algérienne. Lisons encore ce texte pénétrant écrit en 1840, après une lecture de la collection des *Actes du gouvernement* relative à l'évolution de l'Algérie entre 1830 et 1834. Notre historien s'indigne de l'absence de liberté de la presse et de toute représentation locale, de garanties pour les juges, les avocats, les expropriés : « Si on ôte les garanties de la mère patrie, en revanche on transporte bien précieusement en Afrique toutes les gênes de son administration [33] *. »

« L'ensemble de la lecture de ce premier volume donne une impression très pénible. Il est inconcevable que, de nos jours et sortant d'une nation qui se dit libérale, il se soit établi, près de la France et au nom de la France, un gouvernement si désordonné, si tyrannique, si tracassier, si profondément illibéral même dans la position où il pouvait ne pas l'être sans danger, si étranger même aux notions élémentaires d'un bon régime colonial. Il donne l'idée d'un peuple barbare, servi par les légistes d'un peuple ultra-civilisé et corrompu, employant l'art de ceux-ci pour satisfaire ses passions brutales; ou plutôt on y voit des hommes, généraux et administrateurs, qui, après avoir mortellement souffert dans leur patrie du joug de l'opinion publique, de l'application des principes de la liberté et de l'Empire des règles, saisissent avec délice l'occasion d'agir enfin librement à l'abri de toutes ces gênes et de satisfaire des passions et des goûts irrités par la contrainte, dans un pays dont la situation exceptionnelle leur servait de prétexte. Je ne crois pas que l'origine d'aucun établissement anglais présente un pareil spectacle (...) [34]. »

Ce qui avive l'intérêt de ce texte saisissant, indépendamment de l'intelligence dont il témoigne, c'est qu'il prélude au voyage que Toc-

---

* Le thème des réformes Mendès France-Mitterrand de 1954...

queville s'apprête à entreprendre en Algérie en compagnie de son ami
Beaumont, le compagnon de la grande enquête américaine. Précédent encourageant...

Tocqueville débarque en compagnie de Beaumont le 7 mai 1841 à
Alger. De ce voyage qui conduira notamment les deux amis à Oran,
Mers el-Kébir, Philippeville et Constantine, son *Journal* [35] porte de
nombreuses traces. Mais à ces notations, on peut préférer la lecture
de son *Travail sur l'Algérie*, qui rédigé à son retour, sans intention de
publication, résume fort bien ses conceptions relatives à l'avenir de
l'Algérie : c'est un bréviaire du « colonisme » libéral. Selon lui, la présence de la France en Afrique est la condition de sa puissance et de
son rayonnement international, si l'on admet que la Méditerranée est
« la mer politique » par excellence [36].

« Si ces positions ne restent pas dans nos mains, elles passeront
dans celles d'un autre peuple de l'Europe. Si elles ne sont pas pour
nous, elles seront contre nous, soit qu'elles tombent directement sous
le pouvoir de nos ennemis, soit qu'elles entrent dans le cercle habituel
de leur influence. » Il pense évidemment aux Anglais qui ne manque-
raient pas, contrôlant Gibraltar et Malte, de dominer complètement
la Méditerranée. Son voyage l'a instruit de la valeur des bases stratégiques d'Alger et surtout de Mers el-Kébir.

Cette prise de position « coloniste » est confortée par l'évolution de
la question d'Orient, qui a pris un tour nouveau l'année précédente.
Méhémet-Ali, le pacha d'Égypte, vassal théorique du sultan Mah-
moud, maître de l'Empire turc, pratiquant depuis son accession au
trône une politique expansionniste, s'est rendu maître d'une partie du
Soudan, de l'Arabie et des villes saintes – source de prestige du sultan de Syrie, d'Acre qu'il occupe en 1832. Il menace même Constantinople. La tentative de contre-offensive turque en Syrie s'est soldée
par un échec cinglant.

Les grandes puissances sont toutes impliquées dans l'affaire. Les
Russes favorisent l'affaiblissement turc pour imposer leur tutelle sur
Constantinople. Les Anglais confortent le sultan pour la raison exactement inverse, craignant de plus que le pacha d'Égypte ne prenne le
contrôle de la route des Indes. Les Français sont attachés à l'indépendance du sultan à l'égard des Russes, mais plus encore à celle de leur
ami le pacha d'Égypte vis-à-vis de la Porte et des Anglais. Écartée du
règlement opéré par le traité du 15 juillet 1840 signé par l'Angleterre, la Russie, l'Autriche et la Prusse en vue de garantir l'intégrité
de l'Empire turc (moyennant quelques concessions au pacha
d'Égypte s'il baissait les armes), la France cherche une revanche à
cette humiliation, que Londres cherche à aggraver en menaçant

l'Égypte. D'où la politique interventionniste préconisée par Thiers. Mais Louis-Philippe, très attaché à de bonnes relations avec Londres, penche en faveur de la modération qu'incarne le ministère Soult-Guizot.

Tocqueville, intervenant à la Chambre le 30 novembre 1840, manifeste ses alarmes à propos de l'Empire ottoman : « Ce qui se passe en Égypte et en Syrie n'est que le côté d'un immense tableau, ce n'est que le commencement d'une immense scène. Savez-vous ce qui se passe en Orient? C'est un monde tout entier qui se transforme. Des rives de l'Indus aux bords de la mer Noire, dans cet immense espace toutes les sociétés s'ébranlent, toutes les religions s'affaiblissent, toutes les lumières s'éteignent, le monde asiatique ancien disparaît et à la place on voit s'élever graduellement le monde européen. L'Europe, de nos jours, n'aborde pas seulement l'Asie par un coin, comme l'Europe le faisait au temps des Croisades : elle l'attaque au nord, au midi, à l'est, à l'ouest, de toutes parts; elle la ponctue, elle l'enveloppe, elle la dompte. Croyez-vous donc qu'une nation qui veut rester grande puisse assister à un pareil spectacle sans y prendre part? Croyez-vous que nous aurions laissé deux peuples de l'Europe s'emparer impunément de cet immense héritage? Et plutôt que de le souffrir, je dirai à mon pays avec énergie, avec conviction, plutôt la guerre [37]. »

Domination et colonisation

De « l'immense tableau » qu'a brossé Tocqueville, l'Algérie est la partie qui intéresse en priorité la France. Et c'est à elle surtout qu'il s'attache :

« Tout peuple qui lâche aisément ce qu'il a pris et se retire paisiblement de lui-même dans ses anciennes limites, proclame que les beaux temps de son histoire sont passés. Il entre visiblement dans la période de son déclin [38]. » Cette angoisse à propos de l'abaissement de la France commande la réflexion sur la colonisation qui inspire l'auteur du *Travail sur l'Algérie* de 1841.

Si, quelques années plus tôt, Tocqueville, comme beaucoup de libéraux de son temps, donnait priorité à la vocation continentale de sa patrie, les péripéties de la diplomatie mondiale ont fait évoluer sa pensée. Si la France ne peut rêver de revenir aux frontières impériales, ne pourrait-elle pas retrouver, comme jadis avec le Canada, le ressort de son influence outre-mer?

Coloniste, donc? Ambigu, en tout cas. Relevons ce curieux argument : « L'indifférence croissante de la nation pour ses possessions tropicales est aujourd'hui le plus grand et pour ainsi dire le seul obstacle qui s'oppose à ce que l'émancipation des esclaves soit sérieusement entreprise (...). Je croirai la cause de celle-ci gagnée le jour où le gouvernement et le pays seraient convaincus que la conservation des colonies est nécessaire à la force et à la grandeur de la France », écrit-il dans un de ses articles en 1843 en faveur de l'abolition [39]. La colonisation, condition nécessaire de la libération des esclaves... Le paradoxe est déconcertant. Il l'est d'autant plus que le plaidoyer tocquevillien pour la colonisation se précise, s'accentue, s'échauffe. Plaidant que l'intelligence politique ne doit pas céder la place à l'improvisation, singulièrement en Algérie, le député de Valognes va de plus en plus loin :

« La colonisation sans la domination sera toujours, suivant moi, une œuvre incomplète et précaire [40]. » Cette « domination » – le gouvernement au sens large – doit être totale et non se limiter à quelques points névralgiques de la côte. Faute de quoi, à l'intérieur se construira une hostilité des indigènes qui mettra un jour à bas cette domination. Totale, elle doit se conjuguer avec une colonisation partielle par l'implantation d'une population agricole d'origine européenne :

« Je ne me fais point d'illusion sur la nature et l'espèce de domination que la France peut fonder sur les Arabes. Je sais que nous ne créerons là, même en nous y prenant le mieux possible, qu'un gouvernement souvent troublé et habituellement onéreux. Je n'ignore pas que de pareils sujets n'ajouteront rien à notre force. Aussi la domination n'est-elle pas le but que doit se proposer la France, c'est le moyen nécessaire qu'elle emploie pour arriver à la possession tranquille du littoral et à la colonisation d'une partie du territoire, but réel et sérieux de ses efforts [41]. »

Et pour ne laisser aucun doute sur sa détermination, Tocqueville précise qu'Abd el-Kader demeure le danger principal, dès lors qu'il peut, à terme, unifier les tribus arabes. Et d'imaginer tous les petits et grands moyens pour le réduire, en gagnant par exemple l'un de ses concurrents potentiels, quitte à lui laisser une certaine autonomie. On n'est pas loin des idées qu'appliquera Bugeaud en matière de gouvernement local.

En cotobre 1839, le duc d'Orléans visite l'Algérie, pour revenir de Constantine à Alger; il franchit le défilé des Portes de Fer, qui relèvent de la tutelle de l'émir en vertu du traité de la Tafna. Abd el-Kader ne laisse pas passer ce défi et déclenche sur la Mitidja une offensive meurtrière, qui coûte la vie à nombre de colons.

C'est en décembre 1839 que Bugeaud est nommé gouverneur général par Thiers qui pense à lui adjoindre une personnalité civile en vue de calmer les inquiétudes des libéraux. Le poste est proposé à l'ami de Tocqueville, Gustave de Beaumont, qui décline l'offre, sans doute sous l'influence de son compagnon. A l'origine très réservé à propos de l'occupation permanente de l'Algérie, le nouveau proconsul a modifié ses idées sous la pression des contingences militaires. Bien décidé à soumettre les Arabes, Bugeaud va très vite s'adapter au terrain mouvant de la guérilla. En 1841, il conquiert l'arsenal d'Abd el-Kader et multiplie les razzias contre les tribus clientes de l'émir.

Comment en effet venir à bout des « rebelles »? Tocqueville n'esquive pas cette cruelle question dans son *Travail sur l'Algérie*; il désigne l'interdiction du commerce comme « le moyen le plus efficace dont on puisse se servir pour réduire les tribus ». Il ne croit pas possible de s'en tenir à ces procédures apparemment pacifiques, et admet que la guerre est un mal nécessaire. Mais ses mises en garde sont audacieuses et portent en elles bien des arguments des « anti-colonistes ».

« Quant à la manière de faire cette guerre, j'ai vu émettre deux opinions très contraires et que je rejette également. D'après la première, pour réduire les Arabes, il convient de conduire la guerre avec la dernière violence et à la manière des Turcs, c'est-à-dire en tuant tout ce qui se rencontre (...). Pour ma part, j'ai rapporté d'Afrique la notion affligeante qu'en ce moment (en 1841), nous faisons la guerre d'une manière beaucoup plus barbare que les Arabes eux-mêmes. C'est, quant à présent, de leur côté que la civilisation se rencontre (...). D'une autre part, j'ai souvent entendu en France des hommes que je respecte mais que je n'approuve pas, trouver mauvais qu'on brûlât les moissons, qu'on vidât les silos et enfin qu'on s'emparât des hommes sans armes, des femmes et des enfants. Ce sont là des nécessités fâcheuses, mais auxquelles tout peuple qui voudrait faire la guerre aux Arabes sera obligé de se soumettre (...). En quoi est-il plus odieux de brûler les moissons et de faire prisonniers les femmes et les enfants que de bombarder la population inoffensive d'une ville assiégée? (...) L'un est à mon avis beaucoup plus dur et moins justifiable que l'autre [42]. »

Voici donc notre Tocqueville, en dépit de ses réserves, fort loin des « belles âmes », libéral désormais doté d'un gourdin. Lequel ne répond pas à toutes les questions, mais peut contribuer à les résoudre. On ne saurait, selon lui, attendre la fin de la guerre pour opérer la colonisation qui fournira d'ailleurs de solides bases militaires à la conquête. Il faut dès maintenant la préparer. Étant entendu que le

gouvernement doit maîtriser le sol par droit de conquête, achat volontaire ou expropriation forcée, comment peupler ces territoires ? Plusieurs théories s'opposent. Et voici l'occasion pour le député de
Valognes de se retrouver « libéral », dénonçant « l'espèce d'attrait
irrésistible qui, de notre temps et dans notre pays, entraîne peu à peu
l'esprit humain à détruire la vie individuelle, pour ne faire de chaque
société qu'un seul être. En France, cette tendance a produit le fourié-
risme et le saint-simonisme. Elle attire même à leur insu l'abbé Landmann et le général Bugeaud et tant d'autres qui ont écrit et parlé sur
la colonisation. Tous tendent à couvrir l'Algérie de véritables pha-
lanstères soit théocratiques, soit militaires, soit économiques, en
d'autres termes, tous veulent fonder de petites communautés où la
propriété et la vie individuelles ne se trouvent point ou se trouvent
peu, et dans lesquelles chaque citoyen travaille comme l'abeille suivant un même plan et un même but, non dans son intérêt particulier,
mais dans celui de la ruche [43] ».

L'individualiste Tocqueville est particulièrement rétif aux thèses
de Prosper Enfantin exposées en 1843 dans *La Colonisation en Algérie*. Son séjour en Algérie (1839 à 1841) a convaincu ce néo-saint-
simonien que ce territoire pourrait être le laboratoire de l'organisation du travail en France. Et d'imaginer des villes-sociétés anonymes
dont les habitants-actionnaires pourraient devenir chacun les propriétaires partiels de vastes domaines. Capital et travail étant ainsi associés dans l'intérêt général, l'État contrôlerait la gestion de la communauté, représenté sur place non plus par un gouvernement militaire
mais par un civil. C'est à Paris qu'un ministère de l'Algérie et des
Colonies serait substitué au gouverneur militaire du territoire.
L'armée subordonnée au civil, les grands caïds destitués au profit de
cheikhs faisant fonction de maires, des cadis rendant la justice indigène selon les lois du Coran, telles seraient les composantes d'une
société pacifiée. Au nom de l'Église saint-simonienne, Enfantin rêve
d'une colonisation européenne étayée par la solidarité internationale
et des colons emplis d'amour pour les indigènes et se faisant les soldats du progrès. Si Tocqueville ne voit là que billevesées, Napoléon III, à l'écoute de son conseiller Ismayl Urbain, ne sera pas insensible à ces visions.

Les idées de Bugeaud sont assurément plus terre à terre. Son
« anticolonisme » de principe s'est mué en « colonisme » de raison. Ce
conservateur social est si passionné d'agriculture qu'il voit dans la
colonisation militaire un avenir, en tout cas un moindre mal au
regard de l'anarchique implantation civile. Est-il si insensible à
l'ordre rêvé par les saint-simoniens ? Il n'envisage pas comme Enfan-

tin de transporter en Algérie des « Allemands à l'esprit grégaire », propres à cimenter les communautés prévues. Mais son projet est comme un reflet inversé de celui du disciple de Saint-Simon. Là où Prosper Enfantin voit des colons-soldats, le maréchal voit des soldats-colons – tous vivant en bonne intelligence avec les Arabes apaisés par le traité de la Tafna. Rapprocher les communautés dans leur mode de vie, tout en gardant (du côté des colons...) l'arme à la ceinture : ces idées de départ seront vite démenties par les faits. Les projets de colonisation militaire, notamment de la Mitidja, courent à l'échec. Les « bureaux arabes », créés sous l'égide de Lamoricière, sont destinés à prendre la mesure des indigènes et à procéder à la manière des jésuites, à une sorte d'« inculturation ». Supprimés en 1839, ils sont rétablis par Bugeaud en août 1841, mais voués à l'incompréhension de Paris.

Tocqueville juge tous ces projets peu réalistes : les colons ne seraient donc « les maîtres ni de leurs personnes ni de leurs biens et (trouveraient) des limites fixes à toutes leurs espérances ? Cela, je le répète, ne s'est jamais vu et ne se verra point, parce que pareilles manières d'agir sont directement contraires aux mouvements naturels du cœur humain [44] ». Les colonies de célibataires de Bugeaud manquent d'abord de femmes : peut-on coloniser sans établir de familles ? Bugeaud s'en avisera d'ailleurs, organisant en particulier fin 1841, pour peupler la colonie militaire d'Aïn-Fouka, outre les « maisons de repentir », des « mariages au tambour » entre soldats et orphelines de Toulon.

Tocqueville récuse donc ces doctrines *a priori* et table plutôt sur l'initiative individuelle canalisée par l'État, qui fait essentiellement fonction de médiateur dans l'accession à la propriété. Concessions, achats de terres aux indigènes, ou expropriations forcées, la puissance publique doit se cantonner dans ce rôle d'intermédiaire. L'administration doit établir un cadastre, aider matériellement à la naissance des établissements, puis laisser la carrière ouverte à l'esprit d'entreprise : le contraire de ce que l'administration a prétendu établir. On sait que Tocqueville ne ménage jamais l'administration civile.

« La faiblesse et l'impuissance (du gouvernement d'Alger) tiennent à deux causes : la première est le défaut de centralisation à Alger. On ne saurait rien imaginer de plus misérablement anarchique que le gouvernement civil d'Alger. Chaque chef de service est indépendant dans sa sphère et, comme l'exécution de presque tous les projets demande le concours simultané de chacun d'eux, ce concours ne pouvant être obtenu, rien ne s'entreprend à temps ni ne se termine. Il est vrai qu'au-dessus de tous les chefs de service se trouve le gouverneur, qui a le droit de les forcer tous à la fois à l'obéissance. Mais ce gouverneur est un général qui n'a point de notions claires et pratiques en fait d'administration civile; qui d'ailleurs est fort préoccupé d'entreprise de guerre; qui le plus souvent, même, agit au loin de la tête des armées. Un pareil homme, quel qu'il soit, est peu propre à concevoir des plans d'administration et, lors même que l'idée s'en présenterait à son esprit, son ignorance des détails, ses préoccupations militaires et son éloignement le rendraient presque toujours incapable de faire descendre ses idées dans la pratique et d'obtenir des différents chefs de service de travailler assidûment et de concert à leur réalisation. Il faut donc que l'administration civile ait à Alger une tête (...) [45]. » Mais quel fonctionnaire civil de valeur, demande Tocqueville (pensant à son ami Beaumont?), accepterait de n'être que l'ombre d'un militaire? C'est pourquoi il opte finalement pour un gouvernement civil.

Mais une administration civile bien réglée à Alger serait inefficace alors qu'à Paris règne une « centralisation absurde ». Le gouverneur doit en toute chose référer en principe à la capitale, sauf en cas d'urgence. « Cette déclaration d'urgence est devenue avec le temps ce que les notaires appellent une clause de forme (...); on a compté qu'on dirigerait le gouverneur de Paris; cette garantie manquant, il ne reste rien que l'arbitraire d'un soldat improvisant des institutions civiles. Dans l'administration proprement dite, au contraire, les gouverneurs ne peuvent presque rien (...). Il fait que tous les dossiers passent et repassent par les bureaux du ministre [46]. » Le directeur des Finances, Blondel, n'a pas adressé moins de neuf mille lettres pour la seule année 1839...

Et le lecteur attentif des *Actes du gouvernement* rappelle que l'Algérie vit sous un régime d'exception qui ne connaît ni liberté individuelle en matière de justice criminelle ou civile, ni droit municipal commun, ni liberté de presse ni d'enseignement. De ce fait, les colons restent des citoyens de second rang. Outre l'alignement sur le régime légal de la métropole en ces matières, Tocqueville préconise la création en Algérie d'un pouvoir municipal supérieur à ce qu'il est en France. Une des solutions : « Une puissance municipale active est tout à la fois plus nécessaire et moins dangereuse là qu'ailleurs : plus nécessaire parce qu'il faut créer une vie sociale qui n'y existe pas encore, moins dangereuse parce qu'il n'est pas à craindre que la liberté municipale y dégénère en licence politique [47]. » Ce thème cher à l'auteur de *De la démocratie en Amérique* et de *L'Ancien Régime et la Révolution* se relie à l'idée de constituer non seulement des colo-

nies *stricto sensu*, mais une « véritable société », prolongeant outre-
mer celle de la France. Mais à côté de cette population semblable à
nous-mêmes, comment considérer la société indigène? « Ceux qui ont
été (en Afrique) savent que la société musulmane et la société chrétienne n'ont malheureusement aucun lien, qu'elles forment deux
corps juxtaposés, mais complètement séparés. Ils savent que tous les
jours cet état de choses tend à s'accroître par des causes contre lesquelles on ne peut rien. L'élément arabe s'isole de plus en plus et peu
à peu se dissout. La population musulmane tend sans cesse à
décroître, tandis que la population chrétienne se développe sans
cesse. La fusion de ces deux populations est donc une chimère qu'on
ne rêve que quand on n'a pas été sur les lieux [48]. » Tocqueville a donc
rêvé. Mais il a ensuite observé. Et ces observations ont brisé ce rêve :
    « Il est arrivé en Afrique ce qu'on a vu en Égypte, ce qui arrive
toutes les fois qu'il y a contact, même par la guerre, entre deux races
dont l'une est éclairée et l'autre ignorante, dont l'une s'élève et
l'autre s'abaisse. Les grands travaux que nous avons déjà faits en
Algérie, les exemples de nos arts, de nos idées, de notre puissance ont
puissamment agi sur l'esprit des populations mêmes qui nous
combattent avec le plus d'ardeur et qui rejettent avec le plus d'énergie notre joug [49]. » Mais la perspective d'une assimilation de la
société arabe à la civilisation moderne reste à ses yeux bien lointaine.
La plupart d'entre les Algériens, eux, ne sont-ils pas les adeptes du
Coran, cette « religion funeste » qui est, écrira-t-il, « la principale
cause de la décadence aujourd'hui si visible du monde musulman [50] »? Si malveillant que soit son diagnostic, Tocqueville n'en
condamne pas moins toute mesure antireligieuse. Il faut laisser
intacte cette société imprégnée de l'enseignement de Mahomet.
Arrière-pensées, vœu inexprimé de laisser s'aggraver ainsi la « coloni-
sabilité » des Arabes?
    Au début de l'année 1842, Tocqueville et Beaumont sont désignés
par le gouvernement pour faire partie d'une commission extra-
parlementaire, chargée d'étudier la question algérienne et présidée
par Decazes. Les deux amis sont affectés aux travaux d'une sous-
commission dont Beaumont est le rapporteur, chargée de l'état des
personnes, des droits civils, de la justice, sans oublier la religion, sujet
favori de l'auteur de *De la démocratie en Amérique*. Mais le ministre
de la Guerre réunit parallèlement des fonctionnaires au sein d'un
comité *ad hoc* concurrent : « En arrivant à Paris, écrit Beaumont à
Tocqueville, j'ai trouvé une convocation... pour la Commission
d'Afrique qui a l'air de se réveiller. Ce n'est, je crois, qu'un galva-
nisme (*sic*) impuissant... Il me paraît évident que nos délibérations ne

sont ni sérieuses ni jugées telles. Pendant que nous allons discuter les principes, il y a une commission occulte d'*a pocos* inconnus qui résout les questions... [51]. »

Dès lors, les deux amis penseront à s'éclipser discrètement. Mais les notes que prend Tocqueville pendant les travaux de cette commission confirment la condamnation qu'il porte à l'endroit des propositions à caractère « collectiviste » de l'abbé Landmann, ou d'une colonisation militaire [52]. Il reçoit, comme ses collègues, les plaintes de colons contre les multiples brimades et les vexations que leur inflige l'intendance militaire. Bugeaud ne tient décidément guère compte des civils, alors même qu'ils affluent en Algérie : lors de son départ, en 1847, ils sont plus de cent mille (trois mille en 1831). Mais si déçus qu'ils soient par le comportement à leur égard du général périgourdin, ils doivent leur implantation à ses capacités militaires.

La guerre par tous les moyens ?

En mai 1843, Bugeaud permet au duc d'Aumale de s'emparer de la smala d'Abd el-Kader, ce qui lui vaut son bâton de maréchal. L'émir en appelle à son voisin du Maroc, où il trouve refuge. L'année suivante, tandis que le prince de Joinville bombarde Tanger et Mogador, Bugeaud, contre l'avis du gouvernement, poursuit l'émir en territoire marocain où il défait les troupes du sultan Abderrahman à l'Isly : le voilà duc. L'Empire chérifien accepte de traiter avec la France. A Paris, on jubile mais le vainqueur d'Abd el-Kader est moins optimiste. En 1845, une insurrection meurtrière éclate dans le Dahra. Ni de part ni d'autre, la guerre ne connaît désormais de limites.

En septembre 1845, à Sidi-Brahim, les troupes du colonel de Montagnac sont massacrées sauvagement. En avril 1846, les partisans d'Abd el-Kader égorgent leurs prisonniers. Mais les Français ne sont pas en reste. Les opérations dites « enfumades » inaugurées en 1844 par le général Cavaignac, les emmurements d'Arabes « rebelles », réfugiés dans des grottes, notamment dans celle de Dahra où les insurgés avaient offert de se rendre et de payer rançon contre leur vie, indignent l'opinion publique [53]. En 1845, à la Chambre des pairs, le prince de la Moskowa s'est élevé contre ce « meurtre consommé avec préméditation sur un ennemi sans défense ». Soult « déplore » l'incident mais Bugeaud déclare en assumer l'entière responsabilité, rappelant qu'il n'avait prescrit d'user de ces moyens qu'en « dernière extrémité ». Ce qui n'empêche pas deux mois plus tard le colonel

Saint-Arnaud, promis à un destin tonitruant, d'afficher férocement sa « méthode » : « Je fais hermétiquement boucher toutes les issues et je fais un vaste cimetière. La terre couvrira à jamais les cadavres de ces fanatiques [54]. »

Le 9 juin 1846, à l'occasion d'une discussion sur les récents événements d'Algérie, Tocqueville intervient dans ce débat. A son collègue Dubois qui soutient que la guerre conduite par le maréchal est aussi humaine que possible, Tocqueville riposte : « Je ne crois pas que le mérite dominant de M. le maréchal Bugeaud soit précisément d'être un philanthrope : non, je ne crois pas cela; mais ce que je crois, c'est que M. le maréchal Bugeaud a rendu sur la terre d'Afrique un grand service à son pays, et ce service, le voici. Il est le premier qui ait su appliquer partout en même temps le genre de guerre qui est à mes yeux, comme aux siens, le seul genre de guerre praticable en Afrique; il l'a suivi, ce système de guerre, avec une énergie, une vigueur sans égale (Très bien!) [55]. »

Tocqueville ne s'est pas associé à « l'explosion d'injures philanthropiques » dirigées contre Bugeaud, qui continue à soutenir que le « désastreux événement des grottes évitera bien du sang dans l'avenir [56] ». Mais il écrit en avril 1846 à Lamoricière qui commande la province d'Oran depuis 1840 que « du moment où nous avons commis cette grande violence de la conquête, je crois que nous ne devons pas reculer devant les violences de détail qui sont absolument nécessaires pour la consolider [57] ». Comme certains journaux d'Alger demandent « à quels signes on reconnaît qu'une race humaine est vouée à la destruction par un décret de la Providence? », Tocqueville s'élève contre ceux qui suggèrent « qu'on extermine les indigènes, comme cela a été sinon proposé, au moins sous-entendu quelquefois, et comme le demandaient au nom de la philanthropie ces journaux d'Afrique dont on nous parlait hier... » Non sans ajouter : « Mais je pense que nous fier au bon vouloir des indigènes pour nous maintenir en Afrique, c'est une pure illusion à laquelle il serait insensé de s'attacher [58]. »

Pas d'extermination, non. Mais coercition. Notre « libéral » s'est musclé au contact des réalités...

Derniers rapports

A la fin de 1846, Tocqueville repart pour l'Afrique, avec quelques collègues parlementaires, dont Lanjuinais et Lavergnes. Bugeaud entend bien « chambrer » ces représentants de la métropole. Le député de Valognes s'éclipse par moments en compagnie d'un journa-

liste, Bussière, afin de voir l'autre côté des choses. Il sait faire bonne
figure. Mais ses critiques à l'égard de l'administration coloniale qui
tourmente des colons et sa sévérité à propos des procédés expéditifs
de l'armée enveniment ses relations avec le maréchal-duc :
« (Bugeaud) porta un toast à l'armée. Les développements qu'il lui
donna étaient gros de taquineries et presque de colère... Il vanta sa
discipline, sa résignation, son courage, vus avec ingratitude par les
uns, avec indifférence par les autres. Il jeta çà et là des rapproche-
ments malveillants, des allusions aux colons, aux Chambres, au gouvernement. Personne ne fut épargné. Avec beaucoup de tact et de
finesse, M. de Tocqueville sut dans sa réponse éviter tout ce qui eût
pu donner à un simple toast le caractère d'une polémique : il reprit
l'éloge de l'armée, mais il sépara ce que le maréchal avait confondu,
écarta les allusions, et après avoir jeté dans la péroraison quelques
traits heureux, qui enlevèrent le maréchal lui-même, il finit en propo-
sant un toast à l'union civile et de l'armée [59]. » Le ton est donné.
« Monsieur de Tocqueville (...), écrit Bugeaud le 21 janvier 1847, a
reconnu la vérité de plusieurs choses, premièrement la puissance gou-
vernementale que nous exerçons sur les Arabes et qui l'a beaucoup
étonné ; secondement, les grandes actions faites en tout genre par
l'armée [60]. » Le maréchal, à demi séduit, pourra vérifier cette impression dans deux rapports parlementaires élaborés par le voyageur, qui
connaîtront la notoriété.
En février 1847, le gouvernement de Guizot soumet à la Chambre
un projet consacré aux crédits extraordinaires destinés à l'Algérie et
un autre, établi sous la pression de Bugeaud, relatif à la création de
trois « camps agricoles », composés d'officiers et de soldats appro-
chant de la retraite. Le cabinet compte secrètement se débarrasser
du maréchal, en provoquant l'échec du projet. Tocqueville est dési-
gné par ses pairs comme rapporteur d'une commission examinant
conjointement les deux projets – dont Dufaure est le président. La
petite assemblée, au vu du rapport de leur animateur, rejette à l'una-
nimité toute idée de camp : le maréchal-gouverneur remettra aussitôt
sa démission. Le rapport de Tocqueville conduit d'autre part le gouvernement à envisager une loi municipale, posant le principe de
l'élection dans les territoires civils. Mais outre les suggestions qu'il
présente, le rapporteur dresse un ultime tableau de l'Algérie, dont il
dénonce les tares et un mal endémique, la centralisation : il relève,
entre autres, que pour la seule année 1846, la direction de l'Algérie a
reçu plus de 24 000 dépêches et expédié 28 000 courriers...
« Comme un pareil état de choses est profondément contraire aux
besoins actuels du pays, il arrive qu'à chaque instant le fait s'insurge,

en quelque sorte, contre le droit, le gouvernement local reprend en licence ce qu'on lui refuse en liberté, son indépendance nulle dans la théorie est souvent très grande en pratique. Mais c'est une indépendance irrégulière, intermittente, confuse et mal limitée qui gêne la bonne administration des affaires plus qu'elle ne la facilite [61]. »

Ce que le rapporteur n'ose pas vraiment préciser, c'est que la qualité du personnel administratif envoyé outre-mer – dont l'intendant Blondel se plaint – n'est pas à la hauteur des problèmes posés. Il note pourtant que les malversations ne sont pas rares : « Il y a quelque chose qui eût été mieux que de poursuivre les agents. C'eût été de ne pas les nommer », déclarait-il cependant à la Chambre le 9 juin 1846 [62]. Mais ce qui fait le prix du rapport Tocqueville, c'est l'exposé qu'il propose de la question indigène, nœud gordien du problème algérien.

Les deux faces d'une question

Quelques mois plus tôt, Alexis de Tocqueville avait écrit à son collègue Corcelle, dont il estimait la conscience et la modération :

« Comment arriver à créer en Afrique une population française ayant nos lois, nos mœurs, notre civilisation, tout en gardant vis-à-vis des indigènes tous les égards que la justice, l'humanité, notre intérêt bien entendu et, comme vous l'avez dit, notre honneur, nous obligent étroitement à conserver. La question a ces deux faces, on ne saurait utilement envisager l'une sans voir l'autre [63]. »

En vue de suggérer une réponse, Tocqueville s'efforce comme toujours de définir les éléments du problème, les populations, à partir d'une typologie appropriée. L'auteur n'a jamais caché sa sympathie pour les Kabyles. Dans son premier rapport de mai 1847, il se déclare hostile à l'occupation de leurs territoires. D'autant mieux que Bugeaud a obtenu la soumission pacifique de plusieurs de leurs chefs et ne rencontre pas chez eux de réelle résistance.

« La Chambre, écrit-il, sait que la tribu kabyle ne ressemble en rien à la tribu arabe. Chez l'Arabe, la constitution de la société est aussi aristocratique qu'on puisse le concevoir ; en dominant l'aristocratie, on tient donc tout le reste. Chez le Kabyle, la forme de la propriété et l'organisation du gouvernement sont aussi démocratiques qu'on puisse l'imaginer ; les tribus sont petites, remuantes, moins fanatiques que les tribus arabes, mais bien plus amoureuses de leur indépendance, qu'elles n'ont jamais livrée à personne (...). Croit-on que d'ici à longtemps une telle population restera tranquille sous notre empire, qu'elle nous obéira sans être surveillée et comprimée par des établissements fondés en son sein, qu'elle acceptera avec docilité les chefs que nous allons entreprendre de lui donner, et que, si elle les repousse, nous ne serons pas forcés de venir plusieurs fois, les armes à la main, les rétablir ou les défendre [64] ? »

Ainsi, conclut Tocqueville, toute expédition contre les Kabyles ne fera que compliquer la tâche de la France. Il faut, au contraire, s'assurer tranquillement le contrôle des tribus kabyles et nouer avec elles des relations industrieuses.

L'auteur de *De la démocratie en Amérique* préconise donc l'établissement d' « un pouvoir qui dirige les indigènes non seulement dans le sens de notre intérêt mais dans le sens du leur, qui se montre réellement attentif à leurs besoins, qui cherche avec sincérité les moyens d'y pourvoir, qui s'occupe de leur bien-être, qui songe à leurs droits, qui travaille avec ardeur au développement continu de leur société imparfaite, qui ne croie pas avoir rempli sa tâche quand il en a obtenu la soumission et l'impôt, qui les gouverne, enfin, et ne se borne pas à les exploiter [65] ». Et il approuve en l'occurrence la pratique de Bugeaud (que lui ont inspirée les échecs de Clauzel), consistant à confier les pouvoirs « secondaires » aux indigènes – système d'intermédiaires systématisé cette année-là en Algérie. Des khalifas, bachagas et aghas indépendants issus de quelques grandes familles arabes, jusqu'aux cheikhs en passant par les aghas et les caïds, c'est une véritable pyramide d'administration indirecte qui, à l'imitation de celle d'Abd el-Kader, s'installe, non sans difficulté, en Algérie.

Nous avons cru découvrir en Tocqueville un prophète du protectorat, forme « libérale » de la colonisation. C'était aller trop loin. Le voilà parti à critiquer aussi bien « l'excès de bienveillance à l'endroit des indigènes » que l'abus inverse. Dans le premier plateau de la balance, notre libéral rappelle qu' « il n'y a ni utilité ni devoir à laisser à nos sujets musulmans des idées exagérées de leur propre importance ni de les persuader que nous sommes obligés de les traiter en toutes circonstances comme s'ils étaient nos concitoyens et nos égaux [66] ». Et de condamner la distribution en vrac de Légions d'honneur aux notables indigènes, la construction aux frais de l'État de mosquées, le transport gratuit des pèlerins à La Mecque : « Si l'on rassemble ces traits épars, on sera porté à en conclure que notre gouvernement en Afrique pousse la douceur vis-à-vis des vaincus jusqu'à oublier sa position conquérante, et qu'il fait, dans l'intérêt des sujets étrangers, plus qu'il n'en ferait pour le bien-être des citoyens. » M. le député de Valognes se moque-t-il de nous ? La France serait-elle trop prodigue en hochets, petite monnaie de la liberté ? Tocqueville a-t-il seulement lu La Fontaine? Mais il faut suivre de près le raisonnement de cet observateur subtil :

« Retournons maintenant le tableau, et voyons le revers. Les villes indigènes ont été envahies, bouleversées, saccagées par notre administration plus encore que par nos armes. Un grand nombre de propriétés individuelles ont été, en pleine paix, ravagées, dénaturées, détruites. Une multitude de titres que nous nous étions fait livrer pour les vérifier n'ont jamais été rendus. Dans les environs même d'Alger, des terres très fertiles ont été arrachées des mains des Arabes et données à des Européens qui, ne pouvant ou ne voulant pas les cultiver eux-mêmes, les ont livrées à ces mêmes indigènes qui sont ainsi devenus les simples fermiers du domaine qui appartenait à leurs pères. Ailleurs, des tribus ou des fractions de tribus qui ne nous avaient pas été hostiles, bien plus, qui avaient combattu avec nous et quelquefois sans nous, ont été poussées hors de leur territoire. On a accepté d'elles des conditions qu'on n'a pas tenues, on a promis des indemnités qu'on n'a pas payées, laissant ainsi en souffrance notre honneur plus encore que les intérêts de ces indigènes. Non seulement on a déjà enlevé beaucoup de terres aux anciens propriétaires mais, ce qui est pis, on laisse planer sur l'esprit de toute la population musulmane cette idée qu'à nos yeux, la possession du sol et la situation de ceux qui l'habitent sont des questions pendantes qui seront tranchées suivant des besoins et d'après une règle qu'on ignore encore [67]. »

Et le rapporteur stigmatise les théories qui réduisent le problème indigène à une simple affaire de force, et s'emporte contre les actes de spoliation, notamment en matière religieuse. De ce point de vue, si « l'islamisme n'est pas absolument impénétrable à la lumière », il est inutile et dangereux de vouloir le circonscrire. Mieux vaut par exemple relever les écoles coraniques que d'amener les indigènes dans les nôtres. Bref, la « première règle » de la France est de montrer une force tolérante, faute de quoi sa position dominatrice serait ébranlée.

La mise en garde est clairement formulée :

« De la manière de traiter les indigènes dépend l'avenir de notre domination en Afrique, l'effectif de notre armée et le sort de nos finances (...). Si nous enveloppions leurs populations non pour les élever dans nos bras vers le bien-être et la lumière, mais pour les y éteindre et les y étouffer, la question de vie ou de mort se poserait entre les deux races. L'Algérie deviendrait tôt ou tard, croyez-le, un champ clos, une arène murée, où les deux peuples devraient combattre sans merci, et où l'un des deux devrait mourir [68]. »

Ce qui serait pas l'effet du « hasard » – lequel, observait lucidement Tocqueville, avait présidé à l'établissement de la colonisation. Festival d'ambiguïtés... Au moment où le « libéral » semble rejoindre le camp des impérialistes les plus cyniques, le « coloniste » formule, sur la conquête, les diagnostics les plus sévères – et, quant à l'avenir, les pronostics les plus réservés.

Faut-il répéter une fois de plus que le très intelligent, que le très sensible Alexis de Tocqueville est lié, comme tout un chacun, à son temps? Qu'il écrit à une époque où, en dépit de ses efforts, l'esclavage est encore légal sur des terres dont la France a la responsabilité? Et que, Ancien Régime ou Révolution, la grandeur des empires ne se voit limitée, au temps de Metternich, Palmerston et bientôt Bismarck, que par la force des armes et le réalisme de Machiavel.

NOTES

1. André Jardin, *Alexis de Tocqueville*, Paris, Pluriel, 1984, p. 303.

2. En particulier la remarquable introduction de Jean-Jacques Chevallier et André Jardin à Alexis de Tocqueville, *Œuvres complètes* (*O.C.*), t. III, *Écrits et discours politiques*, Paris, Gallimard, 1962, pp. 7-32; voir aussi la présentation faite par Tzevetan Todórov d'Alexis Tocqueville, *De la colonie en Algérie*, Bruxelles, Éditions Complexes, 1988, pp. 9-39; le court article d'Henry Baudet, « Tocqueville et la pensée coloniale du XIXᵉ siècle », dans *Tocqueville*, Livre du centenaire, Paris, 1960; sans oublier, toujours de l'expert André Jardin, *Tocqueville et l'Algérie*, Revue des Travaux de l'Académie des Sciences morales et politiques, 4ᵉ série, 1962, 1ᵉʳ semestre, pp. 61-74.

3. Parmi ceux qu'on a pu recenser, on verra en particulier Mary Lawson, *Alexis de Tocqueville in the Chamber of Deputies, his views on foreign and colonial policy*, The Catholic University of America Press, Washington, D.C., 1959.

4. *O.C.*, V, 1, p. 225.

5. Voir André Jardin, « Alexis de Tocqueville, Gustave de Beaumont et la problème de l'inégalité des races », in Pierre Guiral et Émile Termime (dir.), *L'Idée de race dans la pensée politique française contemporaine*, Paris, C.N.R.S., 1977, pp. 200-219.

6. En particulier, *O.C.*, V, pp. 155-156.

7. Tocqueville, *Lettre à sa mère, œuvres*, éd. Beamont, VII, p. 103, cité par André Jardin, *Alexis de Tocqueville, Gustave de Beaumont...*, *op. cit.*, p. 202.

8. *O.C.*, I, p. 346.

9. *O.C.*, I, 1, p. 358.

10. *O.C.*, IX, pp. 101-104.

11. *O.C.*, VIII, 3, p. 164.

12. Voir notamment Colette Guillaumin, « Aspects latents du racisme chez Gobineau », *Cahiers internationaux de sociologie*, janvier-mars 1967, pp. 145-158.

13. Sur ce débat, voir Louis Bergeron, *La Question de l'esclavage dans les colonies françaises*, mémoire de D.E.S., Paris, 1950.

14. Rapport fait au nom de la commission chargée d'examiner la proposition de M. de Tracy, relative aux esclaves des colonies, *O.C.*, III, pp. 41-78.

15. *Ibid.*, p. 42.
16. *Ibid.*, p. 49.
17. *Le Siècle* des 22, 28 octobre, 8, 21 novembre, 6, 14 décembre 1843, *O.C.*, III, 1, pp. 79-111.
18. *Ibid.*, p. 80.
19. *Ibid.*, p. 91.
20. Cité in *O.C.*, III, 1, p. 101.
21. Intervention dans la discussion de la loi sur le régime des esclaves dans les colonies le 30 mai 1845, *O.C.*, III, 1, p. 112.
22. *Ibid.*, p. 117.
23. *Ibid.*, p. 118.
24. Sur cette histoire, on renverra à l'ouvrage définitif de Charles-André Julien, *Histoire de l'Algérie contemporaine, la conquête et les débuts de la colonisation, 1827-1871*, Paris, PUF, 1964.
25. Cité par Charles-André Julien, *op. cit.*, p. 207.
26. Cité par André Jardin et André-Jean Tudesq, *La France des notables*, t. I, *L'évolution générale*, Paris, Points Seuil, 1973, p. 197.
27.
28. *O.C.*, III, 1, pp. 129-153.
29. André Jardin, *op. cit.*, p. 305.
30. *O.C.*, III, 1, p. 132.
31. *O.C.*, III, 1, pp. 139-140.
32. Dont on trouvera les ébauches dans *O.C.*, III, 1, pp. 443-550.
33. Examen du livre intitulé *Actes du gouvernement* (septembre-octobre 1840), *O.C.*, III, 1, p. 197.
34. *O.C.*, III, 1, p. 208.
35. *O.C.*, V, 2, pp. 192-218.
36. *O.C.*, III, 1, p. 216.
37. *O.C.*, III, 2, pp. 290-291.
38. *O.C.*, III, 1, p. 214.
39. *O.C.*, III, 1, p. 84.
40. *Ibid.*, p. 218.
41. *Ibid.*, p. 221.
42. *O.C.*, III, 1, *op. cit.*, pp. 226-227.
43. *O.C.*, III, 1, pp. 240-250.
44. *O.C.*, VII, 1, p. 251. Sur les bureaux arabes voir Jacques Frémeaux, *Les Bureaux arabes dans l'Algérie de la Conquête*, Denoël, 1993.
45. *O.C.*, III, 1, pp. 255-256.
46. *Ibid.*, p. 258.
47. *Ibid.*, p. 277.
48. *Ibid.*, p. 275.
49. *Ibid.*, p. 216.
50. Lettre à Gobineau, *O.C.*, VI, p. 69.
51. Lettre de Beaumont à Tocqueville du 30 décembre 1842, cité par Jean-Jacques Chevallier et André Jardin, Introduction à *O.C.*, III, 1, p. 14.
52. *O.C.*, III, 1, p. 284.
53. Charles-André Julien, *Histoire de l'Algérie contemporaine, op. cit.*, p. 320.
54. *Ibid.*, p. 321.
55. Intervention dans le débat sur les crédits extraordinaires le 9 juin 1846, *O.C.*, III, 1, p. 299.
56. Lettre de Bugeaud à son frère du 15 août 1845, citée par Tzevetan Todórov, *op. cit.*, p. 31.
57. Lettre inédite à Lamoricière du 5 avril 1846 citée par André Jardin, *Alexis de Tocqueville, op. cit.*, p. 304.
58. Intervention..., *op. cit.*, pp. 293-299.
59. Lettre de Dussert au maréchal de Castellane du 1er janvier 1847 in *Cam-*

pagnes d'Afrique. Lettres adressées au maréchal de Castellane, Paris, 1898, p. 503, citée par André Jardin, *Alexis de Tocqueville*, *op. cit.*, p. 315.

60. Lettre citée par V. Demontès, *La Colonisation militaire sous Bugeaud*, p. 241, *O.C.*, III, 1, p. 309.
61. *O.C.*, III, 1, pp. 334-335.
62. *O.C.*, III, 1, p. 301.
63. Lettre du 10 octobre 1846, *O.C.*, VII, p. 127.
64. *O.C.*, III, 1, pp. 360-361.
65. *O.C.*, III, 1, pp. 324-325.
66. *O.C.*, III, 1, p. 324.
67. *O.C.*, III, 1, p. 319.
68. *O.C.*, III, 1, p. 329.

4

Ismayl Urbain
et le « royaume arabe »

« Plus je lis d'articles sur l'Algérie..., plus je regrette qu'un édi-
teur intelligent n'ait pas réuni les articles qu'Urbain a publiés
dans *Le Journal des débats*... il (n'est) plus là pour assister à son
triomphe. Car c'est lui qui, le premier, a mis en plein jour cette
formidable question indigène que tout le monde aujourd'hui
semble découvrir. Il l'a étudiée sous toutes ses faces, il l'a théoriquement résolue avec la justesse d'esprit d'un homme d'État,
l'élévation d'un philosophe, le détachement d'un religieux. Il est
mort à la peine, exécré en Algérie, mal connu ou soigneusement
oublié en France. »

Ainsi *Le Journal des débats* saluait-il, le 26 septembre 1891 [1], ce
précurseur qui fut écrivain et poète, journaliste de talent, interprète
d'arabe de Bugeaud ou du duc d'Aumale, haut fonctionnaire et surtout conseiller de Napoléon III en vue de la définition d'une politique
en Algérie, dite du « royaume arabe » [2].

Le quasi-silence fait sur ce personnage d'exception tient d'abord à
ses origines : « Je suis entré dans la vie civile, écrit-il, avec une double
tâche : enfant illégitime non reconnu par son père, fils d'une femme
de couleur libre, mais dont la grand-mère était noire et avait été
esclave [3]. » Né en Guyane, à Cayenne, le 31 décembre 1812 et
déclaré à l'état civil sous le nom de sa mère, Appoline, avec les pré-
noms de Thomas et d'Urbain, notre héros fut tout à la fois fier de ses
origines africaine et servile, chantre avant la lettre de la négritude
mais toujours en quête d'identité, trouvant peut-être cette réconciliation personnelle dans la double conversion au saint-simonisme et à
l'islam, synthèse personnelle entre l'Orient et l'Occident, et tentant
ainsi de résoudre les conflits entre musulmans et Français. Il y a du

missionnaire chrétien dans le futur *Ismayl effendi*, un mélange
d'ambition démesurée et d'humilité naïve.

Par quel mystère ce citoyen français conquit-il au sein de la société
louis-philipparde puis impériale, malgré la couleur de sa peau, cette
position d' « homme d'influence »? Disons que son intelligence exceptionnelle fascina ses protecteurs. Le personnage, doté d'une sensibi-
lité aiguë, séduisait. Et son appartenance saint-simonienne lui servit
sans nul doute à surmonter les handicaps inhérents à son humble
extraction, tenant lieu de passeport auprès des gens en place.

Naissance d'une vocation

Interne au lycée de Marseille, Thomas Urbain – c'est l'identité
qu'il a adoptée –, après un bref retour à Cayenne, s'installe en métropole où l'un de ses condisciples lui fait découvrir le saint-simonisme :
« La lecture des ouvrages saint-simoniens m'avait entièrement
séduit : à chacun selon ses *capacités*, à chacun selon ses *œuvres*, en
fallait-il davantage pour enthousiasmer le déshérité de la société que
les privilèges de la naissance avaient stigmatisé [4] ? »

Avec l'aide matérielle de son père, il part en juillet 1832 pour
Paris, où il se présente au couvent de Ménilmontant, l'un des hauts
lieux du culte saint-simonien. Le jeune novice – il a vingt ans –
embrasse une foi qui correspond profondément à sa personnalité sentimentale. N'est-il pas exaltant de se fondre dans une communauté
romantique, spirituelle, voire sensuelle? Un père, Prosper Enfantin,
représentant du messie Saint-Simon; une famille, les apôtres de cette
nouvelle religion. Urbain s'unit à ces hommes qui voient en lui le
symbole de la réconciliation des races. Parmi eux, Thomas va découvrir un véritable frère, Gustave d'Eichtal, philosophe, élève
d'Auguste Comte et ami de Stuart Mill, qui sera pour lui un conseiller avisé et lui donnera les moyens de réaliser, avec discernement, ses
ambitions :

« C'est en 1832 que je vous ai rencontré, il y a cinquante ans. Si on
retranchait cette année de ma vie, écrit-il à d'Eichtal, qui serais-je
aujourd'hui? Serais-je seulement vivant? Si le saint-simonisme n'a
pas encore sauvé le monde, il m'a sûrement sauvé [5]. »

Issu d'une famille de banquiers juifs, d'Eichtal rêvait d'abord à
l'association des frères persécutés, juifs et noirs. Il aurait ardemment
souhaité qu'Urbain « fût seulement le premier de sa race. Songez, lui
écrira-t-il, que l'Afrique s'ouvre maintenant pour la première fois au
grand courant de l'humanité blanche [6] ». Urbain avait songé d'abord

à consacrer sa vie à la lutte contre les préjugés de couleur. Poète, il s'attacha ainsi à chanter la négritude. Mais c'est l'Orient qui allait emplir son destin dont le saint-simonisme serait l'instrument. Étrange rencontre entre un continent mythique et une confuse philosophie de l'Histoire.

Saint-Simon lui-même s'est peu inquiété de la question orientale, considérant que l'islam était destiné à être vaincu par le nouveau christianisme. Sans doute avait-il crédité les Arabes d'une influence positive sur l'intelligence scientifique des Européens. Dans l'exégèse de la pensée du Maître, l'Orient est une notion vague et multiforme, une *prénotion*, diraient les sociologues. Buchez, Roux ou Bazard le situent plutôt en Inde, en Perse ancienne, voire en Chine : Orient « spirituel », pour parler court. D'autres, comme Enfantin, Chevalier ou d'Eichtal, pensent plutôt à l'Orient juif et arabe, supposé « matérialiste ». Clivage aventureux qui en recoupe un autre, au sein de la famille saint-simonienne désunie.

Dans la triologie Industrie, Science et Religion, les trois premiers, catholiques, s'attachent au dernier terme de la « devise », les trois autres au premier. Les « enfantiniens » doutent que l'industrialisme puisse s'épanouir dans la France de Louis-Philippe : une société bien assise, une propriété morcelée, une religion chrétienne brimant le désir. C'est l'envers de la société nouvelle à laquelle ils aspirent, consacrant cet épanouissement matériel et sensuel de chacun qui est la condition du développement de la production industrielle. L'Égypte de Méhémet-Ali les séduit par son régime, certes despotique mais destiné à devenir, une fois les puissants convertis, un immense laboratoire. L'Orient offre ainsi à tous ces « croyants » une représentation du monde qui leur sied : de vastes espaces, une culture sans entrave, réputée sensible à la jouissance. C'est là que la civilisation saint-simonienne pourrait s'épanouir.

En outre, au dire de l'un des grands prêtres de l'Église enfantinienne, Barrault, l'épouse promise au Père devait apparaître en mai 1833 à Constantinople (encore que l'un des compagnons penche plutôt pour l'Himalaya...). Faute de la trouver, l'ordre des « Compagnons de la Femme » auquel préside le même Barrault pourra annoncer en Orient, conformément aux vœux d'Enfantin, l'émancipation de la femme, arrachée à son esclavage...

La grande aventure orientale

Urbain, fervent adorateur de la Mère, va se joindre à l'épopée mystique : après moins d'un an de séjour à Paris, terrassier attelé à la construction du « temple » de Ménilmontant où il récite la « prière des Noirs », il gagne le Midi en septembre 1832, y goûtant avec son compagnon Cayol, jusqu'en Corse, les joies austères de l'apostolat libre. Puis, le 22 mars 1833, « année de la femme » dans le calendrier saint-simonien, il quitte Marseille pour la grande aventure orientale.

Il sera déçu. A Constantinople, Barrault et ses compagnons, d'abord cantonnés dans les quartiers grecs et « francs », seront vite expulsés par les Turcs, inquiets du délire mystique qui pousse ces intrus bizarrement vêtus à vouloir libérer les femmes...

Enfantin rappelle à l'ordre ses ouailles, en leur enjoignant de s'occuper désormais d'industrie, « le véritable appel de la femme et surtout des femmes » *(sic)* [7]. Étonnant commandement, qui n'a rien de mystique : libéré par Louis-Philippe des geôles où l'ont conduit quelques excentricités, Enfantin s'applique à être pris au sérieux : « Que la France et l'Angleterre, écrit-il, soient prêtes à saisir les occasions de donner à la partie remuante de leur population un écoulement glorieux et fructueux, c'est tout ce que je désire parce que alors le progrès intérieur pourra s'effectuer plus rapidement et sans secousse [8]. »

Le père Enfantin pense à l'Égypte, sachant que Louis-Philippe approuve le projet industriel des saint-simoniens outre-mer. Le choix de ce pays n'était pas seulement inspiré par la philosophie. Si maints saint-simoniens faisaient leur l'idée de Bonaparte selon laquelle c'était par le Nil « que les peuples du centre de l'Afrique doivent recevoir la lumière et le bonheur », ils rêvaient de « féconder la race noire, femelle et sentimentale, avec les vertus mâles et scientifiques de la race blanche [9] ». Enfantin écrit à Barrault le 8 août 1833 : « Suez est le centre de notre travail. Là nous ferons l'Acte que le monde attend, pour confesser que nous sommes Mâles [10]. » Le percement de l'isthme de Suez, projet conçu, après d'autres, par Bonaparte, était leur but initial. Il s'agissait selon l'un d'entre eux, Michel Chevalier, de faire de la Méditerranée le lit nuptial de l'Orient et de l'Occident, le trait d'union entre deux civilisations.

Les compagnons de la femme repartent en avril 1833 pour Mytilène, puis Smyrne avant de rejoindre Alexandrie. Après une escapade dans les monts de l'Anti-Liban, ils sont au Caire en octobre. Dans son *Voyage d'Orient*, Urbain relate en détail cette épopée [11], en fait son initiation. Peu à peu, Urbain va s'identifier à une sorte de héros arabe, guerrier et homme de plaisir, attaché plutôt au second terme de l'équation.

Son récit de voyage est semé d'aventures et de passions amoureuses, assouvies ou non. Ainsi devient-il l'amant de Halima, l'épouse éthiopienne du Dr Dussap qui l'héberge au Caire. Cette femme chrétienne ne symbolise-t-elle par l'union des races et des religions ? Au surplus, c'est un bon professeur d'arabe...

Conversion à l'islam

Halima meurt. Urbain reporte son affection sur sa fille, Hanem, qui succombe à son tour, victime de la peste. Cette épreuve semble le décider à embrasser la foi musulmane : « Ne pouvant arriver, comme elle, vers les musulmans par l'origine et les habitudes de la famille, j'allais me rapprocher d'eux par la religion et les pratiques de culte [12]. » En adoptant le prénom d'Ismayl, Urbain souhaite réaliser en sa personne « l'alliance du musulman et du chrétien [13] », sans renier pour autant sa foi saint-simonienne : Enfantin réincarne pour lui à la fois le Christ et Mohammed.

Cette conversion est un acte de réconciliation avec lui-même aussi bien que de rédemption. « Je le sens bien, c'est la main de Dieu qui me pousse. Je veux prier, je veux adorer. La communion du musulman et du chrétien, voilà ce que je réalise en moi. C'est un témoignage que je rends à Moïse, apôtre de Dieu, c'est un nouveau témoignage d'amour pour le Père car tous les prophètes et tous les révélateurs vivent en lui. C'est une réhabilitation sainte du renégat, de l'apostat. L'apôtre est toujours chrétien car il se charge de toutes les douleurs, de toutes les infirmités de l'humanité pour les consoler, pour les guérir... Gloire et louange à Dieu, le souverain de l'univers... Voici qu'un rite nouveau lui portera la supplication pour tous les infidèles, infidèles chrétiens, infidèles musulmans. Voici que j'ai déjà pris sur moi et avec moi les bâtards, les esclaves, les Noirs, puis les musulmans, les renégats [14]. »

Urbain ne renonce pas pour autant à la nationalité française. « J'ai accompli, écrira-t-il plus tard à un consul général de France nommé Ferdinand de Lesseps, un acte très grave en Égypte ; en 1835, dans des vues apostoliques, je me suis affilié, par la circoncision, à la religion musulmane. La première partie de notre mission en Orient se caractérisait surtout par l'appel aux femmes. La seconde partie, depuis que le Père Enfantin, avec quelques-uns de nos principaux amis, était venu en Égypte, avait pour but l'union de l'Orient et de l'Occident, et avait pris pour symbole vivant le percement de l'isthme de Suez. J'avais pensé qu'en donnant aux musulmans un si grand témoignage de sympathie pour leurs croyances, je les disposerais à m'accueillir avec plus de confiance, à m'écouter et à apaiser leur aversion pour les idées de l'Occident. Mais je n'ai fait et je ne pouvais faire sous l'empire des idées saint-simoniennes aucun acte d'abjuration de la foi du christianisme. Je n'avais pas à renier le christianisme pour le concilier avec l'islamisme. A mon baptême, j'ai voulu ajouter la circoncision, afin de travailler avec plus d'efficacité au rapprochement et à l'association des deux croyances... Je suis à la fois chrétien et musulman, parce que je suis français, et ce titre est, en ce moment, pour moi, la qualification religieuse et civilisatrice la plus élevée [15]. »

Pour Enfantin et ses disciples, l'union entre l'Occident et l'Orient devait être consacrée par le percement de l'isthme. En novembre 1833, et au début de 1834 en compagnie du « Père », Urbain avait reconnu le tracé de l'ancien canal des Pharaons, avant d'aller visiter dans le Delta le barrage du Nil que Méhémet-Ali avait demandé aux saint-simoniens de construire. En fait, son activité principale (interrompue par la peste) consiste, de juillet 1834 à novembre 1835, à enseigner le français à l'École militaire de Damiette. Le souverain d'Égypte tente en effet d'organiser un système d'instruction publique sur le modèle de celui de la France post-révolutionnaire. L'air du temps est à la réforme inspirée de l'Occident.

Ce « travail d'assimilation avec la civilisation européenne » (Urbain) entrepris par Méhémet-Ali rejoint le mythe saint-simonien, et conduit tel de ses tenants à imaginer une voie ferrée reliant Paris, Constantinople et Alexandrie. Le polytechnicien Lambert, lui aussi adepte du saint-simonisme, entreprend la formation d'une élite égyptienne d'ingénieurs et de savants, ce qui suppose qu'ils connaissent le français. Urbain se voue à cette tâche, mais déchante assez vite : il doit lui-même avoir recours à un interprète pour enseigner. Au surplus, le soutien du pacha d'Égypte faiblit : le pays est ravagé par la peste, et Méhémet-Ali soupçonne Urbain d'enseigner moins le français que la parole du Père... Ajoutons que notre homme est déçu de se voir assigner un rôle médiocre.

Celui qui se voulait prophète est las de sa solitude et de la faible prise qu'il peut avoir sur l'événement, sur l'histoire ? « Il faut absolument, écrit-il au père Lambert en août 1835, que je sorte de Damiette où mon action est trop restreinte... J'attendrai jusqu'à la fin octobre, et si je n'ai pas obtenu ma mutation, je donnerai ma démission et alors j'aurais assez d'argent pour deux ans, même en France, s'il est besoin [16]. »

Cette expérience l'a mûri. Le voyage aux « mille et une nuits » dont il rêvait s'est transformé en un apprentissage amer. Il n'en attribue d'ailleurs pas la faute aux seuls Égyptiens : « Plus on voit ce pays de près, plus on se mêle aux Européens que choisit le pacha pour faire l'éducation du peuple, plus on rougit, plus on s'indigne de la félonie de ces hommes qui ont pris cette belle contrée comme une curée qu'on livre à leur insatiable cupidité. Je conçois toute l'importance des aventuriers qui portent le premier cri de civilisation dans un pays à demi barbare ; (...) mais cela n'a qu'un temps et si ces hommes prolongent leur métier, ils ne font que gâter les affaires [17]. »

Urbain s'imagine encore que les siens vont succéder bientôt à tous ces « messieurs » : « Nous sommes des aventuriers, nous sommes des apôtres, mais nous avons soif de notre gloire et de celle du peuple que nous enseignons, nous aimons autre chose que nous ; et quand vient le soir, nous ne comptons notre richesse qu'en comptant les progrès accomplis dans le milieu où nous nous trouvons... [18]. » La relève n'aura pas lieu et les enfantiniens devront se contenter de prêcher dans le désert qu'ils ont ensemencé.

La prise de la Smala

Urbain quitte l'Égypte pour la France en mars 1836. Mais sa vocation est née : « Dès que j'eus gagné la confiance des musulmans, j'eus l'ambition de leur faire aimer les Français. Plus tard, lorsque je revis la France, je m'efforçais de faire connaître et aimer les musulmans [19]. » Rentré à Paris, Urbain va collaborer à plusieurs journaux dont Le Temps où il relate la vie en Guyane et, naturellement, son voyage d'Orient. Ses amis saint-simoniens interviennent en sa faveur auprès de Bugeaud, futur commandant de la province d'Oran, pour qu'il obtienne un poste d'interprète militaire. C'est chose faite en mars 1837. Par ailleurs, et jusqu'en 1845, il sera l'un des brillants correspondants du Journal des débats.

« Pour moi, écrit Urbain, c'était la continuation de ma mission d'Orient. Je revêtis le costume arabe d'Égypte et je mis en relief le prénom d'Ismayl que j'avais adopté en me faisant circoncire. J'allais travailler sous une forme pratique et directe à l'Union de l'Orient et de l'Occident, des musulmans et des chrétiens, de la société musulmane du nord de l'Afrique avec la civilisation française [20]. »

Mais là encore, il juge son rôle bien pâle, et s'en impatiente. En 1835, il déplore auprès de d'Eichtal, « de n'être qu'un interprète qui n'interprète rien et que l'on refuse d'initier aux affaires parce qu'elles sont accaparées par des hommes plus anciens ». Cinq ans plus tard, ses plaintes sont adressées au général Galbois : « Mon travail absorbe trop mon temps et n'occupe pas assez mon activité : il me faut ou

plus de repos, ou un rôle plus actif, plus large, plus important dans les
affaires. Je ne puis être plus longtemps un interprète (...) qui voit les
affaires sans y prendre part, surtout quand elles sont abandonnées au
hasard. » Et c'est encore à d'Eichtal qu'il écrit à quelques mois du
départ : « Je ne puis plus être interprète... Je vous assure que je n'ai
rien à faire ici... Ma place est à Paris où je peux rendre des services. »
Le duc d'Aumale lui-même l'a entendu en 1844 se plaindre de n'être
qu' « une roue ignorée d'un brillant carrosse ».

Ismayl Urbain a rempli pourtant de multiples services. Secrétaire
civil de Bugeaud en 1837, il s'est retrouvé successivement auprès du
chef d'état-major du général, le général Auray, puis, à Constantine, à
compter de juillet 1838, près du général Galbois. Après une année de
« congé » à Paris, où il fréquente la direction des Affaires de l'Algérie, il a rejoint Alger puis Constantine à la fin de 1838 après avoir
participé à l'expédition des Portes de Fer. Début 1841, un nouveau
congé d'un an à Paris lui a permis notamment, pour la même direction, de rédiger une note sur la province de Constantine. De retour à
Alger en janvier 1842, il sert le général Changarnier et participe aux
campagnes militaires tout au long de l'année et au début de 1843.

C'est son affectation auprès du duc d'Aumale qui fut sans doute
décisive. Nommé commandant de la direction de Médéa, Aumale
fait de lui son interprète. A compter de mai, il participe à la vaste
expédition dans le Sud, à la poursuite d'Abd el-Kader conclue par la
prise de la Smala. Sur le tableau inspiré à Horace Vernet par ce fait
d'armes, on aperçoit des cavaliers français chargeant sabre au clair :
à la gauche du duc d'Aumale, un jeune officier garde l'épée au fourreau, Ismayl Urbain *.

D'où cette lettre datée de Médéa, le 28 mai 1843 :
« On me cite comme parmi ceux qui ont changé. C'est vrai. J'ai
toujours été au premier rang, l'épée dans le fourreau, mais là où était
ma peine, là où était mon succès, c'était dans les renseignements qu'il
aurait fallu prendre, dans les discussions qui devaient régler notre
marche et dégager toutes les chances bonnes des mauvaises. J'aurais
voulu être cité comme un bon interprète et non comme un guerrier
car si j'ai la prétention d'être aux premiers rangs des interprètes, je
me soucie fort peu des lauriers du guerrier, et ce n'était pas sans
intention qu'au milieu de ces hommes exaltés, le sabre au poing et
fumant de sang, je suis resté calme et sans arme... Une heure a suffi
pour décimer et réduire en servitude plus de 40 000 hommes, et ce

* Voir le cahier d'illustrations.

résultat a été obtenu par 600 cavaliers. On s'est battu, c'est vrai, mais la victoire nous a été plus donnée que nous ne l'avons gagnée. »

Ismayl Urbain n'y a pas moins gagné le droit d'être présenté à la famille royale à Neuilly. Désormais, le duc d'Aumale, commandant de la province de Constantine et apparemment promis aux fonctions de gouverneur général, est son protecteur. Après le retour en France du duc, Urbain sert son successeur, le général Bedeau, mais ne songe qu'à revenir à Paris, au ministère de la Guerre. C'est chose faite en janvier 1845 : il est nommé interprète à la direction de l'Algérie.

En mars 1846, il accompagne le duc d'Aumale dans sa mission en Algérie auprès du nouveau gouverneur général, Bugeaud, qui n'a pas oublié Urbain. Mais celui-ci préfère intégrer l'administration civile. En août 1846, il est nommé sous-chef de bureau du ministère de la Guerre.

Compte tenu de son insatisfaction récurrente, le séjour d'Urbain en Algérie n'a pas été vain. Il a parfait sa connaissance de l'arabe – s'essayant même à traduire le Coran – est devenu un correspondant « signalé » du *Journal des débats* et un observateur avisé des questions algériennes, apprécié non seulement à Paris, mais, quoi qu'il en dise, par des militaires en Algérie, ce qui ne l'empêche pas de critiquer leur incompréhension des questions civiles... Pour lui, Bugeaud est un « homme loyal et énergique, bon pour faire un coup de main, rempli de bon sens et de sens commun, mais pas fort du tout... Il faudrait des hommes d'élite forts à la guerre et habiles à la paix ».

Aumale lui-même n'est pas épargné : « S'il ne prend pas un goût sérieux au gouvernement des Arabes et aux positions algériennes, il ne faudra plus compter sur lui (comme gouverneur général de l'Algérie). La France aura un brave général de plus, mais non pas un enfant utile... [21] »

Sa connaissance du milieu s'approfondit, et avec elle sa critique de la colonisation : « On va faire de la mosquée d'Alger de la rue de la Marine la cathédrale catholique. Et on songe déjà aux moyens à prendre pour achever d'éloigner d'Alger les populations musulmanes. Toutes ces affaires de l'Algérie, malgré l'avenir que nous leur accordions avec quelque raison, ont aussi tout ce qu'il faut pour n'être que des essais sans importance et des choses inutiles. Il me semble quelquefois que l'histoire de Saint-Simon se renouvelle pour nous. Nous allons après les événements et les hommes, quêtant, cherchant le germe de l'avenir que nous avons prévu pour le monde, mais les hommes et les événements sont sourds [22]. »

Fréquentant nombre de chefs indigènes – pour lesquels il est un intermédiaire précieux – il comprend de l'intérieur une civilisation, une mentalité, un mode de vie. Et son mariage en 1840 avec une musulmane, qui lui donnera trois ans plus tard une fille, achève de l'attacher à l'Algérie.

Expert reconnu des « affaires arabes » au ministère, Urbain, qui n'apprécie guère la vie à Paris, se reprend à espérer la nomination du duc d'Aumale comme gouverneur général de l'Algérie – qui lui ouvrirait des perspectives. Espoir ruiné par la révolution de 1848 qui chasse les Orléans mais qu'il n'accueille pas moins avec sympathie, à l'inverse du coup d'État bonapartiste du 2 décembre 1851. Toujours en poste au ministère dans les premières années de l'Empire, il sert d'interprète au général Daumas, nommé chef du service de l'Algérie en 1858. Pendant ces années qui vont lui permettre de mûrir ses projets et sa réflexion, il écrit maints rapports ou notes, souvent anonymes ou que d'autres, plus célèbres – son chef par exemple –, signent à sa place...

Il a interrompu sa collaboration aux *Débats* depuis 1846 – et n'écrit guère que dans le journal d'Enfantin, *Le Crédit*, puis, épisodiquement, dans la *Revue de Paris*. Mais l'essentiel de sa « doctrine » est fixé. Ainsi, en 1847, il publie deux articles importants dans la *Revue de l'Orient et de l'Algérie* [23]. Dans « Algérie, du gouvernement des tribus » et « Chrétiens et musulmans : Français et Algériens », il rappelle que « l'association franco-arabe sera complète et qu'un peuple nouveau, conservant des idiomes, des croyances, des mœurs diverses se développera sous la tutelle de la France », dès lors que, par touches successives, la tribu arabe s'intégrera à la commune pour relever à terme d'une même autorité civile.

Ainsi Urbain se fait-il le prophète de ce qu'on appellera l' « administration indirecte », réservant aux caïds, contrairement aux idées saint-simoniennes, le gouvernement des populations. De ce fait, la tutelle française sera moins perceptible, n'en assurant pas moins l'influence de la nation européenne. A l'instar de Tocqueville, Urbain imagine un lent rapprochement des communautés et prône en fait l'association comme préalable à l'intégration; une sorte de confédération avant la fédération.

« Ce que les Arabes peuvent recevoir de nous sans compromettre ni leur caractère ni leur croyance, écrit-il, c'est une organisation administrative favorable au développement de l'industrie et du commerce, c'est une organisation du culte et de la justice, un large système d'instruction publique et enfin quelques institutions de bienfaisance... C'est dans la communauté des intérêts et de l'instruction qu'il faut chercher un terrain de rapprochement [24]. »

Répudiant la tentation assimilationniste, Urbain ne se donne pas pour ambition de « civiliser » les Arabes, mais de respecter leur identité et de maintenir un contact à distance. Rien de plus étranger à la pensée d'Urbain que la « croisade » religieuse et civile à laquelle pensaient maints adeptes de la « pacification » – sinon le projet formé par le Père Enfantin dans *La Colonisation de l'Afrique*. Sur ce point, on l'a dit, Urbain est en contradiction avec l'école saint-simonienne qui a donné à la colonisation directe ses premières bases théoriques, contre le pouvoir des caïds, dût cette conversion à la modernité s'opérer avec une certaine dose – minimale – de contrainte. Cette colonisation à marches forcées, objectif de tant de militaires d'Algérie pourtant soucieux d'éviter la guerre (comme Lamoricière ou Bedeau), n'est pas celle d'Urbain. Louis-Napoléon qui, interné au fort de Ham, envisage, pour « éteindre le paupérisme », de créer les colonies agricoles, lit les travaux de Prosper Enfantin. Mais son action en Algérie s'inspirera plutôt des vues d'Ismayl Urbain.

L'Algérie pour les Algériens

C'est tardivement, à partir de 1858, que Napoléon III prendra conscience de la question algérienne, comme l'a montré Annie Rey-Goldzeiguer [25]. Il n'aime pas les colons et tient même l'Algérie pour une cause d'affaiblissement de la France. Mais il y voit un champ d'action pour les appétits militaires, et son frère le prince Jérôme éveille son intérêt pour ce pays – intérêt qui va devenir une passion lors de son voyage outre-Méditerranée en 1860. Porté au pouvoir par les armes, il admire ce peuple guerrier. Défenseur des nationalités, il se convainc de l'existence d'une nation arabe – documenté qu'il est par des informateurs comme le général Fleury (adversaire déclaré du ministre de la Guerre le maréchal Randon) qui utilise les services de Frédéric Lacroix, préfet d'Alger en 1848, ami d'Urbain.

Le ministère de l'Algérie est supprimé en 1860, et le gouvernement général de l'Algérie, rétabli, est confié au maréchal Pélissier. Nommé conseiller-rapporteur au gouvernement d'Alger, en février 1861, Ismayl Urbain a rédigé au cours de l'été un petit ouvrage de 163 pages, *L'Algérie pour les Algériens* [27], qui paraît sous la signature de « Georges Voisin ». Cette étude, qui converge étonnamment avec l'évolution de la pensée de l'empereur, va bientôt, avec d'autres écrits et entretiens, la nourrir.

Opposé à la colonisation à outrance qui, sous couvert de « cantonnement des tribus », les refoule à coups d'expropriations et menace l'identité même des musulmans, Urbain plaide pour la civili sation des Arabes, non celle qui « blanchit » les indigènes, mais celle qui les éclaire : « Il n'y a rien d'inconciliable entre les indigènes musulmans de l'Algérie et les Français (...). Personne ne peut dire : " Ma loi politique, mon organisation sociale, mes mœurs, représentent pour l'Humanité la dernière expression du progrès "... Le progrès ne pourra pas avoir les mêmes formes pour l'Arabe que pour le Français... L'indigène serait en droit de nous dire : " Vous voulez me rendre semblable à vous, me faire renoncer à moi-même en renonçant à mes pères. Je ne vous suivrai pas. Je veux bien vous ressembler comme disciple, mais je veux rester moi ". » Comme l'écrit Ageron, il y a du Senghor dans cette affirmation : « Assimiler? Oui. Être assimilé? Non [28]. »

Modestie et patience dans l'action, amour et protection des indigènes, voilà la philosophie d'Urbain. Ce petit livre, publié à compte d'auteur (mille exemplaires...), n'aura pas d'écho dans le grand public mais est lu par quelques personnages influents dont un futur ami, le baron David, fils du peintre, filleul du prince Jérôme. Très conservateur en politique intérieure, mais arabophile, ce grand notable a l'oreille de l'empereur. Urbain a donc ses entrées à la Cour, qui ne cesseront de grandir au fur et à mesure que Napoléon III prendra conscience que les idées qu'on lui sert sont celles d'Ismayl. Du général Daumas au baron David, en passant par le maréchal Randon, on pille allégrement Urbain qui pourrait réclamer des droits d'auteur.

Mais Urbain a des usages. Quand l'empereur lui affirme, en 1865 : « J'ai pillé votre brochure », notre homme a l'adresse de répondre : « Le pillard, c'est moi, car je ne l'aurais jamais écrite (...) si l'empereur n'avait pas prononcé son discours du 19 septembre 1860 [29]. »

En 1862, Urbain récidive, donnant à son nouvel ouvrage ce titre surprenant, compte tenu des thèses qu'il y défend, *L'Algérie française. Indigènes et immigrants* [30]. Il s'agit à l'origine d'un simple document manuscrit destiné à l'empereur. Mais l'ex-préfet Lacroix le fait publier en en accentuant les traits provocateurs. Ce brûlot anonyme va devenir la cible des partisans de la colonisation « dure », qui en ont vite deviné l'auteur. Pélissier exigera sans succès de l'empereur la mutation d'Urbain et sa nomination comme consul général en « pays d'islamisme ». Le « parti colonial » est déchaîné : Urbain est l'ennemi de la colonisation, un traître, un renégat...

Comment ses idées ne sembleraient-elles pas dangereuses aux yeux des conquérants?

« Le vrai paysan de l'Algérie, l'ouvrier agricole, c'est l'indigène. La colonisation rurale est un double anachronisme politique et économique (...). La liquidation de la colonisation agricole se fera d'elle-même; elle aboutira d'une part à l'agriculture industrielle, aux cultures maraîchères, au jardinage, de l'autre à la substitution progressive des indigènes aux immigrants sur tous les points excentriques. »

Le projet est simple : aux indigènes la colonisation agricole, aux immigrants la colonisation industrielle. Rien ne serait pire que de « placer les indigènes dans une position d'infériorité vis-à-vis des Français d'Algérie » et même si pour « rogner avec moins de scrupules les espaces qu'ils cultivent, on les déclare réfractaires à la civilisation et ennemis à toujours du nom français ».

L'empereur a fait siennes ces idées. Sa politique reste prudente, même s'il est rallié, secrètement puis publiquement, aux thèses du clan « arabophile » animé à Alger par le colonel Lapasset, à Paris par le général Fleury, le préfet-journaliste Frédéric Lacroix et bien entendu Ismayl Urbain. Cantonné dans les coulisses du pouvoir, ce lobby informe directement ou indirectement le souverain qui, amoureux du secret des procédures obliques, se méfie des documents officiels. Mais le clan arabophile – qui se réclame plus ou moins du maréchal Randon – n'est pas toujours uni, du fait des rivalités entre ses divers « patrons ».

Napoléon se contente d'abord d'inviter un Pélissier sénile à faire preuve de mansuétude à l'endroit des indigènes. Puis il freine la politique de « cantonnement ». Enfin, le 1er novembre 1861, il écrit au vieux maréchal : « La possession d'Afrique n'est pas une colonie ordinaire mais un royaume arabe; c'est ce que j'ai exprimé dans mon discours d'Alger l'année dernière, et je compte sur vous pour réaliser cette pensée que je crois la seule juste et profitable [32]. » Dans cette longue missive – vite ébruitée dans les cénacles d'Alger, l'empereur, bon disciple d'Urbain, affirme que la colonisation doit être le fait des indigènes eux-mêmes, ce qui suppose l'inversion de la politique de refoulement des Arabes. En un mot, ajoute l'empereur, il s'agit de faire tout le contraire de ce qu'ont fait les Américains du Nord. Voilà de quoi inquiéter ceux qui, à Alger, plaident pour « fixer la barbarie » et rêvent à une Algérie française sur le modèle de la Corse...

La réaction du parti colonial

Dans la partie de bras de fer que se livrent le groupe arabophile et le clan d'Alger, le souverain n'est pas neutre. La publication de la brochure d'Urbain et de celle du baron David, *Réflexions et discours sur la propriété chez les Arabes* (qui emprunte largement à Urbain) dévoile trop clairement la pensée intime de Napoléon III pour ne pas susciter localement des réactions.

L'empereur n'en va pas moins affirmer solennellement sa politique. Le discours du trône du 12 janvier 1863 évoque le « refoulement (...) et l'inquiétude des indigènes ». Le 6 février 1863, *Le Moniteur* publie une lettre du souverain à Mac-Mahon, maréchal-duc de Malakoff qui, sans s'embarrasser de subtilités, affirme « rendre les tribus ou fractions de tribus, propriétaires incommutables des territoires qu'elles occupent ». « Empereur des Arabes et empereur des Français », Napoléon III – qui pense évidemment à Victoria « impératrice des Indes » – reprend solennellement son projet de « royaume arabe ». Répudiant le terme même de colonie, il pense à une entité du type du protectorat, placée sous l'influence d'un État français multinational.

Dans une lettre à Urbain du 8 février 1863, Frédéric Lacroix se déclare « stupéfait... de lire dans la lettre de l'empereur toutes les théories développées dans votre brochure, à savoir : protection égale aux indigènes et aux Européens, division du travail : aux indigènes l'agriculture, aux Européens l'industrie, le commerce et les grandes entreprises, retrait du cantonnement avec anathème sur les théories spoliatrices, avortement de la colonisation, absurdité du système suivi jusqu'à ce jour, nécessité de civiliser l'indigène, etc. Et ce qui m'a encore plus réjoui, poursuit Lacroix, c'est d'avoir retrouvé sous la plume impériale des expressions textuellement empruntées à votre opuscule, entre autres celles-ci : " l'État entrepreneur de la colonisation " et cette forme : " à eux, l'exploitation des forêts, à eux... " [33] ». La pensée d'Urbain? Mais aussi le style du colonel Lapasset qui, en poste à Alger, lui écrit : « Nos Arabes sont dans l'allégresse... Les chefs montrent les meilleures dispositions pour entrer dans la voie tracée [34]. » Napoléon III va-t-il se faire reconnaître comme le « sultan juste » ?

Le parti colon n'a pas désarmé. A la brochure d'Urbain, la Société impériale d'agriculture d'Alger répond en mars 1863 par *Immigrants et indigènes* qui dénonce la décadence de la race arabe. Édifié, l'empereur enjoint à Randon de faire publier une riposte. C'est Lacroix qui en est chargé. Anonyme, son texte s'intitule *L'Algérie et la lettre de l'empereur*, imprimée et diffusée en avril 1863 par le ministère de la Guerre : « L'agitation des colons d'Algérie n'est qu'une explosion violente des préjugés de races et des haines des nationalités [35]. »

Le sénatus-consulte du 22 avril 1863 relatif à la constitution de la propriété en Algérie dans les territoires où vivent les Arabes, inspiré des idées d'Urbain et de ses amis, interdit les spoliations. Mais, concession faite à l'opposition parlementaire que manipulent les colons, la propriété individuelle doit être instaurée dans les tribus. Le parti colonial fera ainsi reculer le désert à son profit...

En janvier 1864, un médecin arabophile de Constantine, le Dr Vital, précise à Urbain que sous « l'égide des sénatus-consultes, l'autorité civile (continue) à faire de l'ancien cantonnement [36] ». Telle que décrétée par l'empereur, la séparation du travail entre colons voués au commerce et indigènes à la culture de la terre, a déchaîné les « colonistes ». De mois en mois, les campagnes de presse s'organisent. Avec l'assentiment de Pélissier, l'administration coloniale ne se contente plus seulement de freiner l'évolution prônée par le souverain, elle entre en rébellion ouverte.

Chez les colons, brochures et pétitions fleurissent. Cette agitation est relayée en métropole par l'opposition, journalistes émotifs, sénateurs compréhensifs, les « bons républicains » qui s'émeuvent du sort de ces pauvres colons abandonnés et destinés à être mangés par les Arabes. D'autant que des révoltes à connotation religieuse éclatent en 1864, donnant des arguments aux adversaires de la politique algérienne de Napoléon III. Le soulèvement de la Kabylie orientale, notamment, incite l'empereur à donner des gages à l'armée, chargée, après une dure répression, d'assurer la protection des indigènes. La même année, Mac-Mahon, qui se veut loyal, succède à Pélissier.

Mais les problèmes de politique intérieure interfèrent constamment dans le débat algérien. L'évolution parlementaire du régime se confirme. L'empereur a de plus en plus de mal à faire accepter aux colons l'application du régime du sabre, alors qu'en métropole il doit battre en retraite face à l'opposition républicaine, alliée de la colonisation d'Alger.

En juillet 1864, le souverain réaffirme l'autorité des militaires sur les civils et renforce les bureaux arabes. Mais s'il confirme, au Sud, l'influence des notables arabes, il doit, au Nord, laisser agir les colons. Entre les deux zones, l'armée – et les colonnes militaires – constitue une sorte de cordon sanitaire, de tampon, pour empêcher l'extension de la colonisation.

L'interprète de Napoléon III

« Monsieur Urbain, voulez-vous me faire le plaisir de me servir d'interprète ? » lance l'empereur à son « gourou » algérien, en pré-

sence de Mac-Mahon. Fidèle à son habitude, Napoléon III a improvisé en 1865 un voyage de trente-six jours en Algérie, bouleversant
tout protocole. Le choix d'Urbain ne surprend pas seulement : il
choque. Le maréchal de Mac-Mahon ne l'apprécie guère. Aux yeux
de sa pieuse épouse, la maréchale, notre héros est marqué de tous les
stigmates du paria, du renégat : ce fils naturel, ce mulâtre, n'est-il
pas marié à une musulmane et converti à l'islam ! Quant à l'entou-
rage du gouverneur, il méprise ce « pékin ». Limites de l'ascension
d'un « intrus » dans cette bonne société... Beaucoup enrageront
lorsque, à l'issue du voyage, l'empereur fera Ismayl officier de la
Légion d'honneur.

Conformément à la tradition, l'empereur est promené dans quelques lieux « mémorables » et symboliques de la grandeur coloniale,
du dynamisme des colons et de la force de l'armée pacificatrice.
Napoléon III n'est pas dupe, mais laisse pérorer Mac-Mahon. A
l'issue du voyage, Ismayl Urbain se voit accorder un congé de trois
mois en métropole : à Paris, le général Fleury le consulte sur le projet
de lettre de l'empereur au maréchal de Mac-Mahon, rectifié en la
présence de l'empereur [37].

Spéculation, pression fiscale sur les indigènes, justice inadaptée :
les vices de l'administration coloniale y sont dénoncés. Réquisitoire
digne d'un Tocqueville, nourri cette fois des informations fournies
par Urbain ou Lapasset et complété par des propositions positives.
Comment remédier à ces maux, sinon en accordant aux Arabes la
qualité de Français ?

Entre les « deux opinions contraires, également absurdes et pour
cela erronées », l'empereur – qui a choisi son camp – fait mine de se
placer en arbitre. Il en appelle à la réconciliation entre colons et
Arabes et prêche entre eux la coopération, sur la base de l'égalité
civile entre les deux communautés. Telles sont les dispositions du
sénatus-consulte de juillet 1865. Disposant de la « qualité » de Français, tout indigène âgé de vingt et un ans peut devenir citoyen à part
entière sur décision du chef de l'État, après avis du Conseil d'État.
(En fait, si l' « offre » était timide, la demande fut faible...) Complé-
tant le sénatus-consulte, un décret du 27 décembre 1866 renoue avec
la politique de la Seconde République : les indigènes occupent un
tiers des sièges du conseil municipal. Électeurs et éligibles, des
musulmans et des « Français » : les prémices de l'association ?

Commentaire d'Ismayl Urbain : « Il serait opportun et politique de
maintenir aux indigènes leur statut religieux réglant les questions de
mariage, de succession et l'état des personnes, en laissant juger leurs
litiges à cet égard par leurs tribunaux sans intervention des magis-

trats français, et de profiter de cette concession pour leur imposer notre code de commerce et la majeure partie de nos lois sur la propriété [38]. »

Napoléon III avait aussi choisi ce que Lyautey appellera « la politique des égards » à l'endroit des chefs traditionnels, qu'Urbain lui avait fait rencontrer lors de son séjour – notamment, en juillet 1865, Abd el-Kader. Mais l'administration sabotera ces consignes.

La volonté impériale se heurte d'abord à l'inertie de Mac-Mahon et de ses fidèles, mais aussi, collectivement, de l'armée lorsque la politique dictée de Paris gêne ses intérêts. Quoi de plus répétitif que l'histoire coloniale? Le maréchal sait museler la presse quand elle dénonce « le régime du sabre », mais la laisse dire quand elle s'en prend à tous les « sauvageophiles », tandis qu'à Paris un Jules Duval se fait le théoricien de la colonisation et avec le Dr Warnier (journaliste, ancien saint-simonien et figure du parti colonial en Algérie) prône l' « assimilation ». Déjà, missionnaires, spéculateurs, bonnes âmes libérales et « tripes républicaines » antibonapartistes s'associent pour dessiner ce que sera la politique coloniale.

Urbain place toujours son espoir en Napoléon III, mais son isolement le conduit à la lassitude. Il dispose certes d'un correspondant à Paris auprès de l'empereur, le général de La Rue – qui montre ses lettres au souverain. Mais, écrit-il, « c'était pour l'honneur des principes seulement que je continuai à traiter les affaires algériennes dans mes correspondances [39] ».

Service inutile? Pas totalement. En avril 1867, c'est par Urbain que l'empereur est informé de la famine que Mac-Mahon lui cache, et qui fera près de trois cent mille morts! « La misère, écrit Urbain, engendre les crimes contre les personnes et contre les biens. Le crime appelle la répression. Déjà les colons demandent des mesures de rigueur exceptionnelles contre les pillards, ce qu'ils appellent la " justice à la négrier ", c'est-à-dire les têtes coupées, les exils, les grosses amendes et la confiscation des terres. Dans ces conditions, que devient la Lettre impériale sur la politique de la France en Algérie? Cette politique était fondée sur deux idées : l'apaisement des haines et la conciliation des intérêts [40]. » Une commission d'enquête, présidée par le comte Le Hon, osera conclure que la famine a pour cause essentielle le « communisme arabe »...

Urbain est las, sans cesser d'espérer que l'empereur pensera à mieux utiliser ses talents. Le général Fleury, qui se voit tôt ou tard ministre de la Guerre ou gouverneur général de l'Algérie, lui a promis qu'il ferait alors de lui « la cheville ouvrière des affaires arabes ». Mais le général ne lui confie ni l'une ni l'autre de ces fonctions...

Ismayl Urbain rédige encore un discours pour le général de La Rue, devenu sénateur, où est réaffirmé le principe de la préservation de la propriété individuelle des indigènes. Puis, en juillet 1868, c'est un mémoire sur *Le Gouvernement de l'Algérie* qu'il fait parvenir à l'empereur, ainsi qu'un manuel sur *Le Mode d'élection aux conseils généraux*. L'année suivante, au cours d'un séjour en France, il rencontre Napoléon III et lui fait part de ses désillusions : ne pourrait-il servir à Paris où serait centralisée la politique algérienne ?

L'Empire touche à sa fin. En mars 1870, le Corps législatif penche pour un régime civil en Algérie. Quelques mois plus tôt, en mai 1869, le général Hugonnet a confié à Urbain que « les Arabes sont complètement coulés. Il leur faudra bel et bien ou mourir, ou s'expatrier, ou prendre la blouse et subir comme salariés la loi du plus fort et du plus roué. Se réveilleront-ils pour un dernier coup de fusil ? Je le souhaite pour leur honneur [41] ». Leur « honneur » ? Où est l'honneur, mon général ? Qu'en avez-vous fait ?

Le plébiscite impérial est un succès en métropole mais ne rallie pas l'Algérie : 14 000 « non » contre 11 000 « oui » (et 8 000 abstentions). L'empereur décide de céder un peu de terrain et de rallier les colons : les décrets de mai-juin 1870 marquent une évolution vers le régime civil, dans l'acceptation de la propriété individuelle en territoire arabe et l'élection des conseils généraux en territoire civil.

Urbain voit très lucidement se créer une « oligarchie » et conteste l'accent mis sur la propriété individuelle, alors qu'il fallait créer l'individu. Il a obtenu cependant une demi-victoire : les conseillers généraux musulmans seront, selon ses vœux, élus. Mais le « royaume arabe » est bien en déshérence...

Embarquant à Marseille pour Alger, le 4 septembre 1870, il apprend la capitulation de Sedan. La République est proclamée en métropole tandis qu'en Algérie les règlements de comptes commencent. Des militaires « arabophiles » sont menacés, insultés. En novembre 1871, le palais du Gouvernement général est envahi (déjà...). Une fois disparue la figure tutélaire de l'empereur, les haines entre colons et Arabes vont s'aiguiser. Urbain s'inquiète – à raison – pour sa sécurité et quitte Alger le 2 novembre 1870, accompagné de sa nouvelle femme – il s'est remarié en 1867, cette fois à l'église (un fils naîtra de cette union en février).

« M. Urbain n'appartient à aucune faction politique. Il a toujours travaillé seul, puisant son inspiration dans sa conscience. On le déclare cependant l'âme du parti militaire en Algérie. Certainement, il a préconisé l'autorité militaire appliquée aux indigènes, réservant aux Européens les institutions libérales de la France. Mais il demandait des réformes capitales au régime militaire actuel. Il ne se faisait pas faute de signaler l'irrésolution, l'engourdissement et la pauvreté des vues du personnel ancien. Pendant que les uns le dénonçaient comme un prôneur du militarisme, les administrateurs militaires ne voyaient en lui qu'un réformateur importun. On l'écartait des commissions importantes : on le tenait éloigné des choses confidentielles; et, dans l'espoir de se réconcilier avec les colons, on le traitait comme un désavoué et un suspect. Quelle personne au courant de la situation à Alger depuis 1863 qui pourrait dénier des faits aussi notoires [52]? » De qui est ce plaidoyer, nuancé, un peu pleurnichard? D'Urbain lui-même. On l'a vu mieux inspiré...

Ismayl Urbain est mis à la retraite à la fin de 1871, mais l'Algérie reste au centre de ses pensées. Il continue d'écrire et, en décembre 1871, adresse une pétition à l'Assemblée nationale sur l'organisation à donner à l'Algérie. Fidèle à des principes « libéraux », il plaide pour un gouvernement de l'Algérie à distance, bien que ce pays ne doive pas être laissé à lui-même. Il collabore à partir de 1876 à *La Liberté* d'Isaac Péreire, et publie de nouveau des chroniques dans *Le Journal des débats*.

C'est à Alger tout de même qu'Ismayl Urbain meurt, le 28 janvier 1884, à Alger où il a tenu à retourner après la mort de son fils. Dans le dialogue épistolaire qu'il avait renoué avec d'Eichtal, il a demandé à son ami de dresser un bilan sans complaisance de sa vie. D'Eichtal lui reproche d'être un créole qui aurait « viré à l'Arabe ».

Belle réponse d'Urbain : « La foi saint-simonienne ne m'a pas fait abjurer mon titre de créole. Loin de là, elle m'en a fait sentir l'importance, alors même que j'allais par l'islamisme jusqu'au cœur des populations noires de l'Afrique. La fatalité de ma naissance ne me permettait de m'appuyer sur ma qualité de créole qu'en engageant la lutte contre les préjugés et les injustices qui pesaient sur moi. J'espérais concilier les Noirs et les Blancs dans l'estime réciproque, mieux qu'ils ne sont rapprochés par des amours passagères. Ai-je fait pour cela tout ce que je devais? Évidemment non, mais la situation me diminuait, la politique m'a entraîné, et je me suis plus occupé de l'islamisme et des Arabes que des Noirs et des créoles. Dira-t-on, cependant, que j'oubliais mon origine et qu'il n'y avait aucune connexité entre les deux causes? J'espère que non. Du moins, je ne me sentais pas traître à mon sang maternel... »

NOTES

1. Cité par Michel Levallois, « Ismayl Urbain. Élément pour une biographie » in Magali Morsi, *Les Saint-simoniens et l'Orient,* Paris, Edisud, 1990, p. 70.
2. Outre les quelques études consacrées à ce sujet *(supra)*, signalons la création récente d'une association des « Amis d'Ismayl Urbain », qu'animent Mme Malecot et Philippe Régnier (CHEAM, 13, rue du Four, 75006 Paris).
3. Cité par Michel Levallois, *op. cit.*, p. 54.
4. *Ibid.*, p. 58.
5. *Ibid.*, p. 58.
6. Cité par Charles-Robert Ageron, « *L'Algérie algérienne* » *de Napoléon III à de Gaulle,* Paris, Sinbad, 1980, p. 19.
7. Cité par Philippe Régnier, dans une fort bonne étude sur le sujet, « Le mythe oriental des saint-simoniens », in Magali Morsi, *op. cit.*, p. 42.
8. Lettre du 25 octobre 1035, citée par Philippe Régnier, « Le mythe oriental... », *op. cit.*, p. 42.
9. Amin Fakhqy Aqdelnour, préface à Philippe Régnier, *Les Saint-simoniens en Égypte, 1833-1851,* Le Caire, BUE, 1989, p. II.
10. Cité par Philippe Régnier, *ibid.*, p. 27.
11. *Ismayl Urbain, voyages d'Orient et poèmes,* édition établie et présentée par Philippe Régnier, à paraître.
12. « Ismayl Urbain, une conversion à l'islamisme », *Revue de Paris,* t. I, juillet 1852, p. 55.
13. *Ibid.*, p. 125.
14. *Voyage d'Orient, op. cit.*, p. 5.
15. Cité par Michel Levallois, *op. cit.*, p. 60.
16. *Ibid.*
17. Cité par Philippe Régnier, « Thomas-Ismayl Urbain, métis, saint-simonien et musulman : crise de personnalité et crise de civilisation, Égypte, 1835 », in *La Fuite en Égypte,* supplément aux voyages européens en Orient, Paris, CEDEJ, 1990, p. 314.
18. *Ibid.*, p. 319.
19. Cité par Michel Levallois, *op. cit.*, p. 61.
20. *Ibid.*, p. 62.
21. *Ibid.*, p. 67.
22. *Ibid.*, p. 63.
23. *Revue de l'Orient et de l'Algérie,* octobre 1847, pp. 241 à 249; novembre 1847, pp. 351-353 (Réf. B.N., Vol. 2, 1847, 8°02 388)
24. Cité par Charles-Robert Ageron, « *L'Algérie algérienne* » *de Napoléon III à de Gaulle, op. cit.*, p. 22.
25. Annie Rey-Goldzeiguer, *Le Royaume arabe, la politique algérienne de Napoléon III, 1861-1870,* Alger, SNED, 1977.
26. Charles-Robert Ageron, *Histoire de l'Algérie contemporaine, op. cit.*, p. 360.
27. Georges Voisin (pseudonyme d'I. Urbain), *L'Algérie pour les Algériens,* Paris, Michel Levy Frères, 1861.
28. Charles-Robert Ageron, « *L'Algérie algérienne...* », *op. cit.*, pp. 24-25.
29. Cité par Michel Levallois, *op. cit.*, p. 74.
30. Ismayl Urbain, *L'Algérie française, indigènes et immigrants,* Paris, Challamel, 1862.
31. *Autobiographie* d'Urbain, IAI (Bibliothèque de l'Arsenal).
32. Cité par Annie Rey-Goldzeiguer, *op. cit.*, p. 135.
33. *Ibid.*, p. 196.

34. Lettre de Lapasset à Urbain du 25 février 1863, in Annie Rey-Goldzeiguer, *op. cit.*, p. 251.

35. *Ibid.*, p. 259.

36. Cité par Charles-Robert Ageron, *Histoire de l'Algérie contemporaine, op. cit.,* p. 427.

37. Charles-Robert Ageron, « *L'Algérie algérienne* », *op. cit.*, p. 29.

38. *Autobiographie*, 1971, *op. cit.*

39. *Ibid.*

40. Cité par Michel Levallois, *op. cit.*, p. 75.

41. Cité par Charles-Robert Ageron, « *L'Algérie algérienne...* », *op. cit.*, p. 31.

42. Cité par Michel Levallois, *op. cit.*, p. 77.

5

Clemenceau
ou les clémences du Tigre

« Ce Vendéen rouge qui n'a jamais traversé la Méditerranée », ainsi le caricatureront ses adversaires, les colons de *La Dépêche algérienne* en 1908 [1]. Pendant son séjour en Amérique, de 1865 à 1869, Georges Clemenceau avait appris à connaître la mentalité des colons qui, pour lui, se ressemblaient d'un continent à l'autre. L'esclavage lui faisait horreur et il vouait un culte à Lincoln, l'abolitionniste [2].

Au temps de la Commune, il avait d'ailleurs été l'ami de Schœlcher, avant de participer avec lui, en 1888, à la création de ce qui allait devenir la Ligue des droits de l'homme. Avocat de la Révolution française, il n'aura jamais d'indulgence pour la domination coloniale. Et après 1870, son « anticolonisme » d'origine humaniste se doublera d'un réflexe nationaliste : la dispersion des énergies de la France loin des frontières nuit à l'intérêt national, quand le pays ne doit penser qu'à la revanche...

Toute sa pensée – et son action – coloniale ne forme pas un « bloc » – pour rester fidèle à sa propre terminologie. Les conjonctures politiques et stratégiques et les données géographiques les ont aussi modelées. Mais du Maroc à l'Algérie, en passant par la Tunisie, l'Égypte et surtout l'Indochine, on décèle, sur quelque quarante années, tout au long de ce qui fut la construction, souvent opérée malgré lui, de l'empire colonial français, une continuité.

L'hameçon tunisien

L'installation de la France en Tunisie [3], comme la plupart des entreprises coloniales, a pour origine des intrigues apparemment mineures. Le scénario qui va conduire à l'intervention française se répétera ailleurs.

Sous le Second Empire, la France a consenti des prêts à la Régence. Ce sont les endettements successifs de l'État tunisien qui, avant les incidents militaires, devaient aboutir à placer ce pays sous un protectorat, avec l'institution, le 5 juillet 1869, d'une « commission financière de la dette » qui place *de facto* la Tunisie sous la tutelle politique de ses créanciers : non seulement la France mais aussi l'Italie et l'Angleterre. De concessions en concessions, le gouvernement tunisien est dépouillé peu à peu de ses droits.

Malgré la défaite, la France continue après 1870, à se prévaloir d'une position dominante, contestée d'ailleurs par l'Italie. L'arrivée du consul général français Roustan, en 1874, accélère la mainmise française, dans tous les domaines, singulièrement économique. Et au premier congrès de Berlin, en 1878, Anglais et Allemands s'entendent pour laisser les mains libres à la France en Tunisie, aux dépens de l'Italie. Fort de cette « carte blanche » internationale, Waddington tente au nom de la France d'imposer, en janvier 1879, un traité de protectorat en bonne et due forme. Il se heurte au refus du bey de Tunis.

En août 1880, son successeur Freycinet dépêche trois cuirassés au large de Tunis et trois mille hommes à la frontière algéro-tunisienne pour extorquer de nouvelles concessions au bey : la construction de deux voies ferrées et le contrôle du port de Tunis. Le gouvernement tunisien cède sur les principes, mais tergiverse sur les modalités.

En France, la politique de « recueillement » (en vue de la revanche) n'est plus préconisée que par les monarchistes et l'extrême gauche radicale dont Clemenceau est l'inspirateur. Mais ce sont les « opportunistes » qui sont au pouvoir. En septembre 1880, l'un d'eux, Jules Ferry, forme le gouvernement. Gambetta, son mentor, hésite. Faut-il intervenir militairement? Bismarck, attentif à détourner la France de la « revanche », fait comprendre à Paris qu'il accepterait cette éventualité et lance cet avertissement à la diplomatie française : « Nous voudrions savoir à quoi nous en tenir à ce sujet, car si vous reculez devant les entreprises qui vous sont ouvertes, j'aurais à examiner s'il ne nous conviendrait pas mieux de favoriser dans le nord de l'Afrique des nations plus jeunes et plus entreprenantes [4]. » L'appât est tendu, assorti d'une menace...

Gambetta et Ferry sont convaincus. Reste à trouver le prétexte. On va le découvrir dans les brèves incursions de « Khroumirs » en territoire algérien. Un simple vol de chevaux, le 17 février 1881, va être promu au rang d'incident frontalier, puis d'affaire d'État, en attendant qu'un accrochage un peu plus sérieux entre tribus tunisiennes et troupes françaises donne le signal de l'intervention : « la sécurité et l'avenir de l'Algérie sont en jeu », affirme Jules Ferry à la tribune de la Chambre, le 11 avril 1881. Et le 20 avril, 30 000 hommes sont dirigés sur la Régence. Moyennant quoi le bey signe, le 12 mai 1881, le traité du Bardo qui le dépouille en fait de sa souveraineté.

C'est alors, à propos de la ratification de ce traité, qu'intervient Clemenceau :

« Le gouvernement ne s'est pas borné à diriger nos troupes contre les tribus insoumises qui menaçaient la sécurité de notre frontière; bien qu'il n'ait pas obtenu l'autorisation régulière que la Constitution lui imposait le devoir de demander aux Chambres – ce que je tiens pour un précédent fâcheux – il a fait marcher nos soldats, en même temps, sur la capitale même de la Régence; si bien que, aujourd'hui, nous nous trouvons en face d'un fait accompli (...).

« Je me bornerai donc à dire en deux mots pourquoi je ne puis donner mon approbation au traité. La raison s'en devine aisément : c'est que ce traité a modifié radicalement et, à mon sens, d'une façon très préjudiciable aux intérêts de la France, la situation diplomatique de notre pays en Europe; il a, on peut le dire, modifié profondément l'ordre diplomatique européen. C'est là une question trop grave pour qu'elle ne soit pas portée à la tribune (...). Il me suffira, pour faire comprendre ma pensée, de dire que, par suite de la conclusion du traité, des amitiés cimentées sur le champ de bataille avec l'Angleterre et l'Italie se sont refroidies, que des défiances, absolument injustifiées mais indéniables, se sont manifestées, et, ce qui est plus grave à mon sens, qu'on a vu se produire subitement des explosions d'amitié bien faites pour surprendre de la part de l'Allemagne. Pour ma part, je trouve ces amitiés dangereuses. (Assentiment sur divers bancs à gauche et à droite.) Je redoute leurs présents... [5]. »

C'est sur un ton plus accusateur encore que, le 9 novembre suivant, devant une Chambre renouvelée, Clemenceau revient à la charge contre Ferry : « Monsieur le Ministre, il y a d'autres frontières qui sont également ouvertes et ce n'est pas celle de Tunisie qui, à votre place, m'aurait préoccupé le plus. Lorsque vous aurez conquis la Tunisie, vous aurez encore des frontières ouvertes du côté de Tripoli et du Maroc. Vous vous trouverez en face des mêmes questions que vous avez la prétention de résoudre en ce moment en Tunisie (...). Il vaut mieux être en contact avec un voisin faible comme la Tunisie qu'avec un voisin faible encore par lui-même, comme la Turquie, mais qui pourrait susciter des démêlés européens (...). Je n'aperçois dans toutes les entreprises dont j'ai parlé que des hommes qui sont à

Paris, qui veulent faire des affaires et gagner de l'argent à la Bourse [6] ! »

En novembre 1881, les Chambres votent les crédits extraordinaires pour couvrir les dépenses militaires entraînées par les opérations tunisiennes. Clemenceau se refuse à prendre part au vote. Ce qui résume son attitude : ni lui ni ses amis radicaux ne condamnent formellement la présence française en Tunisie. Mais ils dénoncent les procédures de Ferry, la mise du Parlement devant les faits accomplis et surtout l'implication toujours plus grande de la France outre-mer, la dispersion de ses forces : car tel est le leitmotiv de ses interventions en matière coloniale.

Contre l'intervention de Suez

L'Égypte restait en principe, en 1880, une province de l'Empire ottoman. En fait, depuis trois quarts de siècle, elle avait conquis une très large autonomie sous l'impulsion du vice-roi Méhémet-Ali. En 1863, cette vice-royauté était devenue héréditaire, Ismaïl Pacha s'attribuant le titre persan de khédive en 1866. Endetté, Ismaïl se résout à vendre en 1875 à l'Angleterre ses 117 000 parts de fondateur du canal de Suez qui reste sous le contrôle de la France. Mais cette vente ne suffit pas à « désintéresser » les principaux créanciers, français et anglais, qui s'entendent pour placer cette province autonome de l'Empire turc sous « condominium ». L'année suivante, le gouvernement égyptien se résigne à accepter cette espèce de coprotectorat en échange de la réévaluation de sa dette (plus de la moitié du budget). Le concordat financier de juillet 1880 place l'Égypte sous la tutelle financière des deux puissances européennes.

Clemenceau n'est pas dupe de cette nouvelle opération coloniale. En juillet 1882, il s'efforce de faire la lumière sur l'endettement égyptien qui, rappelle-t-il, contrairement à l'opinion dominante, n'est pas dû uniquement aux plaisirs coûteux du khédive...

« Le khédive n'était pas seul à dépenser l'argent des Égyptiens : il y avait aussi le sultan de Constantinople, son suzerain, qui réclamait sa part (...). Le khédive ne s'en est jamais caché, des sommes énormes ont pris le chemin de Constantinople. Mais d'autres sommes, et plus importantes encore, étaient absorbées par les Européens. Sous quelle forme ?

« Ici, il faut que je dise un mot des juridictions consulaires (...). Vous savez que chaque consul était à la fois juge et partie, considérant qu'il y allait de l'influence de son pays, non pas de prononcer une sentence juste, mais de donner gain de cause à son national, à celui qui représentait l'intérêt de la patrie. C'est ce qu'on appelait la justice consulaire. Autre euphémisme (...). Grâce à ce système, l'Égypte était livrée au pillage – c'est le mot –, les Européens de tous les pays réclamaient les indemnités les plus folles pour les motifs les moins justifiables, et ils obtenaient satisfaction avec l'appui de leur gouvernement [7]. »

En juin 1879, Londres et Paris vont plus loin, exigeant le remplacement d'Ismaïl par son fils, Tewfik, réputé plus complaisant. Cette manipulation exaspère les sentiments nationalistes, incarnés par le colonel Orabi, flanqué d'officiers de tous grades de l'armée égyptienne, et assuré aussi du soutien d'une large partie de la population urbaine.

Le commentaire que propose Clemenceau de l'essor du mouvement national égyptien est d'une lucidité surprenante :

« Il faut pourtant s'expliquer sur le parti national, et je n'éprouve aucun embarras à le faire. Il est certain que le mot nationalité n'a pas, en Égypte, le sens qu'il a parmi nous. Il n'y a pas encore de nationalité égyptienne. C'est l'évidence *. Mais le seul fait qu'on ait cru trouver un élément de force dans cette appellation de parti national suffit à montrer qu'il y a dans le pays un mouvement de l'opinion, un sentiment public qui réclame des satisfactions. Au fond de toute crise politique, ne l'oubliez pas, il y a un malaise social. (Très bien! très bien! à gauche.)

« En Égypte, il y a une crise sociale, la crise agraire. C'est l'usure, c'est la misère du peuple, ce sont les 25 millions de livres sterling dus par les fellahs aux usuriers qui sont au fond de toute cette agitation, de même que la misère du peuple français et les embarras financiers se trouvent à l'origine de la Révolution de 1789. (Vifs applaudissements à gauche et au centre.)

« On a parlé du parti militaire égyptien. Ce parti existe, c'est vrai; mais comment pourrait-on confondre une révolte militaire conduite par un aventurier ** dont le mot d'ordre est de chasser d'Égypte tous les Européens, avec le parti national qui veut les conserver, qui les appelle?

« Oui, le parti national appelle les Européens, non pas pour leur livrer le pays à merci, pour le leur faire exploiter, mais pour qu'ils y apportent les idées de l'Europe, l'éducation, la culture d'Europe, les

---

* « Évidence » est ici de trop.
** Orabi pacha, officier patriote, ne saurait, fût-il médiocre, être réduit à cette caricature ni opposé au « parti national ».

sentiments de justice qui manquent à l'Orient *(Mouvements divers)* [8]. »

Aventurier ou pas, Orabi, avec l'aide d'hommes d'envergure, est à deux doigts, en 1881, de renverser le khédive Tewfik.

Pour parer à cette éventualité, Freycinet – qui a succédé en janvier 1882 à Gambetta – propose à Londres une manœuvre d'intimidation. Le 25 mai est décidé l'envoi de six nouveaux cuirassés devant Alexandrie. Le 11 juin une émeute nationaliste provoque le massacre d'une soixantaine d'Européens, dont quatre Français.

Le gouvernement britannique de Gladstone propose à la France une intervention commune sur le canal de Suez et, malgré les adjurations de Gambetta qui demande à Freycinet, au nom de l'alliance anglaise, d'intervenir, le président du Conseil choisit la prudence, approuvé par Clemenceau dont l'intervention à la tribune, va cette fois au fond des choses :

« Les Français soutiennent qu'ils ont de puissants intérêts en Égypte; les Anglais, les Italiens, d'autres encore disent de même. Au risque de paraître soutenir un paradoxe, je voudrais dire qu'il me semble que les Égyptiens, eux aussi, ont quelques intérêts en Égypte. Je voudrais examiner quels sont ces intérêts et démontrer, si je le peux, que ces intérêts sont bien compris, sont absolument identiques aux intérêts français et aux intérêts européens. »

Clemenceau dénonce les doctrines fondées sur la supériorité de certaines vues sur d'autres, du pangermanisme au panislamisme en passant par le panslavisme, ce qui ne l'empêche pas de tenir un discours étonnant :

« Je suis allé au Canada, je l'ai habité, et j'y ai vu des Anglais qui appelaient la race vaincue, le Français, une race inférieure. *(On rit.)*

« Il faut bien prendre garde, quand on prétend établir une délimitation plus ou moins artificielle entre deux races, qu'il ne se trouve quelqu'un pour rejeter dans la race inférieure ceux-là mêmes qui font la distinction. *(Très bien! Très bien! à gauche.)*

« Croit-on que les habitants de l'Égypte soient inférieurs aux esclaves nègres des plantations de l'Amérique? Je les ai vus, ces hommes, ils paraissent absolument incapables d'éducation; et cependant aujourd'hui, délivrés de l'esclavage, l'Amérique n'a pas craint d'en faire des citoyens [9].

« (...) Notre intérêt, c'est d'avoir une bonne administration en Égypte. Nous avons à cet égard absolument le même intérêt, et pour ma part je me félicite très fort de la présence des nationaux anglais en Égypte (...) car elle nous préserve des errements funestes que nous avons suivis en Algérie, et que nous paraissons malheureusement condamnés à suivre en Tunisie [10]. »

Le 23 juillet, pourtant, Freycinet va se résoudre à accepter l'idée d'une occupation militaire, conjointement avec l'Angleterre. Il réclame à la Chambre 9 millions de francs destinés à financer l'envoi d'un corps expéditionnaire de quatre mille hommes pour « protéger le canal ».

Clemenceau reprend la parole, le 29 juillet 1882 :

« ... Vous venez aujourd'hui nous proposer de mettre le pied en Égypte. J'ai bien le droit de me demander si vous ne serez pas entraînés, malgré vous... Oh ! je sais bien que vous êtes de bonne foi, et j'ai confiance dans votre sincérité et dans votre droiture mais j'ai le droit de me demander si vous ne serez pas à votre tour entraînés à procéder aussi par échelons successifs et à nous faire entrer dans l'engrenage où se trouve l'Angleterre aujourd'hui [11]. »

416 voix contre, 75 pour : le projet est massivement rejeté. Le gouvernement démissionne. Le 13 septembre 1882, la Grande-Bretagne, agissant seule, écrase la petite armée d'Orabi Pacha à Tell el-Kébir, ce qui lui permet d'imposer son protectorat à l'Égypte. « La France, dira bientôt lord Randolph Churchill (père de Winston) n'a rien à réclamer, elle a elle-même abdiqué en Égypte et nous a laissé tout le travail. Une situation particulière ne peut plus lui être reconnue [12]. »

Le Tonkin, « Mexique de l'opportunisme »

La pénétration systématique de la France dans la péninsule indochinoise fut amorcée par les missionnaires catholiques dans les années 1830. C'est à la faveur d'une expédition franco-anglaise en Chine, de 1857 à 1858 – nous sommes sous le Second Empire –, que la marine française occupe Saigon et Cholon. Après le traité de Pékin de 1860 qui met fin à la guerre, l'amiral Charner conserve Saigon et étend la domination française à trois provinces de l'est de la Cochinchine, jusqu'à Mytho.

Par le traité de Saigon (1862), l'empereur d'Annam Tu Duc est réduit à céder à la France les provinces de Saigon, Mytho et Bien Hoa. Tenté un moment par le désengagement, Napoléon III suit finalement l'avis de son ministre de la Marine, Chasseloup-Laubat, favorable au maintien. En 1866-1869, l'amiral de La Grandière conquiert les trois provinces de la Cochinchine occidentale encore indépendantes. Son gouverneur général a précédemment établi un protectorat sur le Cambodge, ancien Empire khmer, auquel s'est résigné son souverain, le roi Norodom, plutôt que de céder aux ambitions de son voisin siamois.

Après la chute de l'Empire, Francis Garnier débarque en 1873 à Haiphong avec quelques troupes, réclame l'ouverture de la région au commerce français et, faute de réponse, s'empare d'Hanoi le 20 novembre : il sera tué un mois plus tard dans un affrontement avec des « incontrôlés », les Pavillons noirs. En 1874, la cour de Huê signe le traité qui ouvre le fleuve Rouge au commerce occidental, établit la « protection » française sur l'Annam et reconnaît les « droits » de la France sur la Cochinchine.

La Chine n'a pas oublié que, en théorie du moins, l'Annam reste son vassal. Et l'empereur Tu Duc va jouer de son suzerain pour freiner l'influence française. Ainsi, en juin 1879, il fait appel conjointement aux Français et aux Chinois pour combattre un général qui se pose en prétendant au trône. Mais la France se prétend défiée par la présence militaire des Pavillons noirs, dénoncés comme Chinois mercenaires de l'empereur d'Annam. Un plan d'intervention est préparé en octobre par l'amiral Jauréguiberry, ministre de la Marine dans le cabinet Freycinet. Naturellement, il n'est pas question d'occupation totale...

A partir de septembre 1880, le projet est repris par le nouveau président du Conseil Jules Ferry. Sur place, le commandant Rivière, romancier à ses heures, a pris les devants en attaquant la citadelle de Saigon le 26 mars 1882, sans doute sous l'influence des milieux français locaux. A Paris, en décembre, Jauréguiberry transforme son projet en entreprise de conquête totale.

Quelques affairistes comme Dupuis multiplient les conférences en métropole afin d'intéresser financiers et politiques : pourquoi ne pas créer une société des mines d'Indochine? Des cartes du Tonkin sont distribuées généreusement dans les couloirs de la Chambre avant le vote des crédits, portant la mention « Régions inconnues, grosses pépites ». Ce qui fera dire plus tard à un pourfendeur de la politique coloniale, Paul de Cassagnac :

« Au lieu de vous lancer à courir après des colonies nouvelles agrémentées de prétendus gisements d'or que vous ne connaissez pas, ne les ayant pas vus, et de prétendues mines de houille dont vous indiquiez sur vos cartes fantaisistes pour que l'opinion publique vous accompagne dans cette aventure lointaine, la France vous dira de ne pas regarder si loin; si vous avez de l'argent, des effets, une intelligence pratique quelconque à mettre au service de la patrie, ne jetez pas les yeux si loin : c'est en France qu'il faut regarder, c'est la misère qui est en France, qu'il faut soulager [13]. »

Mais Cassagnac ne parle qu'au nom d'une poignée d'adversaires irréductibles de la colonisation. A la Chambre, en première lecture, le 10 mars 1883, seuls 42 députés s'opposent au vote des crédits contre 351 pour et 122 abstentions. Face à une majorité composée des « opportunistes », du gros des « gambettistes » et des modérés en tout genre, l'opposition rassemble, pour l'essentiel, aux deux extrêmes de l'échiquier, les monarchistes, Albert de Mun, tenant du catholicisme social, Albert de Broglie, Jules Delafosse, bonapartiste d'origine, et les radicaux Camille Pelletan et Georges Périn, tous ralliés à la formule de Clemenceau : « Mon patriotisme est en France. »

Soumis à la pression de la flotte commandée par l'amiral Courbet, l'Annam (dont l'empereur vient de décéder) est contraint d'accepter un traité « à la tunisienne » : il est amputé du Tonkin (placé lui aussi sous protectorat). Mais pendant plusieurs mois les troupes françaises du général Bouet doivent lutter au Tonkin contre l'armée chinoise, les Pavillons noirs et les forces annamites.

A Paris, le 31 octobre 1883, Ferry obtient la confiance par 325 voix contre 155. Mais Clemenceau, au nom de l'opposition, a critiqué âprement le gouvernement, l'accusant de tromper la Chambre, d'outrepasser son rôle constitutionnel et surtout de mener une stratégie improvisée [14] :

« Si nous sommes obligés de lutter, luttons ; mais gardons-nous de tomber dans le piège qui nous est tendu ; gardons-nous de cette politique qui a perdu la France, de cette politique qui nous a amené l'invasion, de cette politique qui consiste à laisser faire les événements. C'est toute la politique impériale, qui consistait à s'en rapporter au hasard, à laisser faire les événements (*Rumeurs sur divers bancs à droite*), sauf à venir plus tard demander aux Chambres de les consacrer. (*Vifs applaudissements à l'extrême gauche.*) Cette politique a fait son temps. Nous voulons savoir où vous nous conduisez, afin de prendre des résolutions conformes à l'honneur et aux intérêts de la France. »

A Jules Ferry, qui, dans un bel exposé, défend sa politique coloniale en évoquant des perspectives à très long terme, Clemenceau riposte :

« Non, votre politique n'est pas, comme vous le prétendez, une politique de fierté nationale ; ce n'est qu'une politique de chauvinisme national ; ce n'est qu'une politique d'effacement en Europe, puisqu'elle a pour conséquence nécessaire notre affaiblissement, la perte de notre autorité morale, notre impuissance (...).

« Ce que vous enlèverez de nos forces ne se retrouvera pas, non seulement dans la guerre, mais dans la paix. Nous avons besoin de nos forces précisément pour empêcher la paix d'être rompue ; car, en vous voyant engagés dans ces aventures lointaines, qui sait si cer-

taines puissances, comme le disait M. le Ministre des Affaires étrangères, ne pousseront pas vos ennemis, leur soufflant des suggestions... »

Survient en juin 1884 l' « incident » de Bac Lé, accrochage entre
troupes françaises et chinoises.

La France saisit cette occasion pour réclamer à la Chine, outre
l'évacuation immédiate du Tonkin, une indemnité de « 250 millions
au moins » *(sic)* réduite à 100 millions le 19 juillet, à 80, puis à 50 le
3 août : « 50 millions ou la guerre », fait-on dire aux Chinois. Un de
leurs ministres confiera à un diplomate anglais que les ultimatums
français étaient si nombreux qu'il en avait perdu le compte [15]. Ferry
affirme que la France n'est pas en guerre, mais fait bombarder l'arsenal de Fou Tcheou, unique port de guerre chinois (23 août 1884), et
impose le blocus du golfe de Petchili à partir d'octobre pour affamer
la Chine, après la prise de contrôle de Ki Long, à Formose. Comment
qualifier ces actes? Faute d'obtenir de l'argent des Chinois, Ferry
réclame des crédits au Parlement.

C'est alors qu'un vif incident va l'opposer à Clemenceau, qui met
en doute l'authenticité des pièces qui lui sont transmises, et va
jusqu'à mettre en cause l'honnêteté du chef du gouvernement,
démontrant que Ferry a remplacé la phrase : « Je suis convaincu que
la paix est possible » par : « Je crois la paix possible, mais il faut bien
se garder de le dire aux Chinois [16]. » Du 22 au 28 novembre 1884,
l'affrontement entre les deux hommes est implacable, s'exacerbant
de jour en jour.

Jules Ferry, ministre des Affaires étrangères, président du Conseil
visant Clemenceau et s'adressant à sa majorité :

« Vous verrez, Messieurs, à quel degré de mesquinerie, l'esprit
d'oppositon – que dis-je? – le génie de l'opposition et de l'obstruction
peut arriver!

« ... Ai-je trompé le pays? Oh! si vous voulez dire que le pays n'a
pas été placé dès les premiers moments de cette grande entreprise en
face d'un programme déterminé, si vous voulez dire que les différents
gouvernements qui se sont suivis ont été entraînés par les événements, vous avez raison : cela est aisé à dire, car cela est tout à fait
vrai. Il n'y a pas eu, dans l'entreprise tonkinoise, de conception
d'ensemble ni de délibération préalable.

« (...) L'histoire des entreprises coloniales est, plus que tout autre,
subordonnée à ces caprices des événements, à ces hasards des
hommes d'élite ici, des hommes inférieurs d'autre part, et à cet esprit
plus ou moins entreprenant des représentants d'un gouvernement
central, qu'il soit parlementaire ou despotique. Dans combien

d'entreprises sur une petite échelle, le gouvernement de Louis-Philippe, qui n'avait cependant pas l'esprit colonisateur, et le gouvernement parlementaire anglais, sur une grande échelle, n'ont-ils pas été entraînés par leurs chefs militaires, par leurs marins et leurs gouverneurs! C'est l'histoire de tous les jours, c'est l'évidence même [17]. »

Riposte de Clemenceau :

« Il y a des choses qu'il faut avoir le courage de dire. Eh bien! en dispersant nos forces aux quatre coins du monde, en gaspillant notre argent, en diminuant ainsi votre force de résistance, vous vous êtes condamnés à subir l'attraction de l'homme d'État qui est présentement le maître de l'Europe.

« (...) Messieurs, M. le prince de Bismarck est un ennemi dangereux; c'est peut-être un ami plus dangereux encore. Oui! c'est lui qui vous a montré Tunis au congrès de Berlin; c'est lui qui vous a mis en opposition avec l'Angleterre dans les conditions que j'indiquais tout à l'heure; c'est lui qui traite aujourd'hui le Congo, avec vous, sur le tapis vert de Berlin; et pendant que nous gaspillons notre argent et le meilleur de notre sang dans de folles entreprises, il vous fait la plus terrible guerre économique, attendant patiemment l'heure de l'honnête courtage pour les services rendus.

« (...) On s'est trouvé ainsi, sans s'en être aperçu, sans jamais y avoir pensé un seul instant, avoir compromis ce qu'il fallait sauvegarder par-dessus tout dans le pays, à savoir la dignité, l'indépendance, l'honneur national. Voilà la conséquence d'une première faute. Voilà le danger de l'abandon de la politique de recueillement.

« (...) Du jour où vous êtes entrés dans la politique d'action au-dehors, du jour où, désertant l'Europe, vous vous êtes jetés sur l'Afrique et sur l'Asie, vous étiez condamnés à subir en Europe le concours, la protection auxquels vous ne pouviez vous soustraire. Je ne parle pas du passé; je veux l'oublier.

« Mais si, après avoir établi qu'il y a non seulement un intérêt immédiat, puissant au point de vue de nos finances, mais encore au point de vue de notre politique en Europe, de ce qui en reste, et de ce qui peut rester de dignité parmi les nations; si j'établis qu'il est temps encore de changer de politique, que nous pouvons nous débarrasser de ces expéditions coloniales qui nous prennent notre or et le meilleur de notre sang en écrémant notre armée; si j'établis cela, il faut alors que vous preniez une résolution qui dépassera de beaucoup les proportions de l'expédition du Tonkin.

« Ah! je sais bien que nous nous emparerons du Tonkin; je sais que nos vaillants soldats seront vainqueurs des Chinois partout où ils les rencontreront; je n'en doute pas et personne n'en a jamais douté.

Mais il ne s'agit plus du Tonkin en ce moment, la question est plus haute; il s'agit de la France. »

Sur le terrain militaire, les opérations semblent tourner à l'avantage de la France. Le 13 février 1885, Lang Son est pris et, le 3 mars, le général Négrier arrive à dégager Tuyen Quang, assiégé. Blessé, il cède le commandement à son adjoint, le colonel Herbinger. Paniqué, celui-ci ordonne un repli.

Ce qui provoque, à la Chambre, un nouveau rebondissement du débat. Le 18 mars 1885, Clemenceau reprenant inlassablement les mêmes arguments, leur donne plus de pointe encore :

« Je dis que nous sommes arrivés à la limite des efforts que nous pouvons faire sans compromettre notre mobilisation et, par conséquent, notre sécurité. Voilà ce que je veux dire, et personne ne peut assurément me contredire. Oh! sans doute, si un intérêt primordial l'exigeait, nous pourrions jeter en Chine un nombre d'hommes beaucoup plus considérable. Mais nous avons de gros intérêts ailleurs que dans l'Extrême-Orient; nous avons des intérêts européens qui priment tout, et jamais ils n'ont été aussi pressants. *(Mouvements divers.)*

« Car, enfin, il y a une parole que je n'aurais pas voulu prononcer à cette tribune, mais il faut qu'elle soit dite, puisqu'on détourne la vue de la dure réalité. Nous sommes, depuis 1870, un peuple vaincu. Nous ne pourrons pas l'oublier; nous portons constamment en nous cette pensée qui nous obsède, parce qu'elle constitue pour l'avenir une menace de tous les instants. Nous ne pouvons pas oublier que nous sommes un peuple déchiré par les révolutions et démembré par la guerre extérieure. Nous avons à sauvegarder en Europe des intérêts qui sont les intérêts mêmes de la civilisation [18]. »

A la Chambre, le ministère est aux abois. Clemenceau sait ne pas utiliser les revers militaires contre le gouvernement, préférant jouer sur la lassitude des parlementaires :

« Non, ce n'est pas sur une défaite que je vous juge; je m'en garderais bien! Je vous juge sur un ensemble de circonstances, sur ce que vous avez dit, sur ce que vous avez fait. Je me rappelle vos déclarations; j'entends encore M. Challemel-Lacour disant ici ce que vous venez de répéter tout à l'heure. " Nous avons envoyé tous les renforts qui nous ont été demandés, nous avons là-bas plus d'hommes qu'il n'est nécessaire! " (...) Il arrive toujours un moment où l'échéance ne peut plus être reculée, un moment où le pays entier ouvre enfin les yeux et s'aperçoit qu'il a été trompé. Ce moment est venu [19]. »

Pas tout à fait. Ferry rassemble encore une majorité. Mais le 28 mars, le commandant en chef au Tonkin, Brière de L'Isle, adresse

"La France va pouvoir porter librement au Maroc la civilisation, la richesse et la paix",
Le Petit Journal, 19 novembre 1911. (D.R.)

Allégorie sur l'esclavage. L'abbé Grégoire (en 12) est représenté sous les traits de la Raison aux côtés de Robespierre (l'Humanité) et de Petion (la Justice).
Gravure anonyme, 1791. (B.N.)

Monument à Victor Schœlcher au palais de justice de Fort-de-France. (Coll. Viollet.)

Victor Schœlcher par Daumier. (B.N., coll. Viollet.)

"L'épidémie de la colonisation" par Robida, *La Caricature*, 21 octobre 1885.
(Bibliothèque des Arts décoratifs, Jean-Loup Charmet.)

Raymond Aron devant un portrait de Tocqueville
à l'occasion du prix Tocqueville qu'il a reçu en 1979.
(Keystone.)

Alexis de Tocqueville, par Daumier. (B.N., coll. Viollet.)

La prise de la smala d'Abd el-Kader, par Horace Vernet (partie centrale). (Musée de Versailles, Roger Viollet.)

(Détail).
Le jeune Ismayl Urbain est au côté du duc d'Auma

Ismayl Urbain, dessin de Machereau.
(Bibliothèque de l'Arsenal.)

Abd el-Kader reçu au palais
de Saint-Cloud par Napoléon III
en présence du duc d'Aumale,
gravure de Follet d'après Philippoteaux.
(B.N., Roger Viollet.)

Jules Ferry et le boulet du Tonkin sous les yeux
de Clemenceau, dessin de L. Gallus, 1884.
(Musée Carnavalet, Jean-Loup Charmet.)

Georges Clemenceau face à Jean Jaurès,
dessin de Jehan Testevuide, septembre 1905. (Coll. Viollet.)

A la suite d'une polémique d'ordre patriotique, une rencontre a eu lieu entre
MM. Georges Clemenceau et Jean Jaurès. A la troisième reprise, M. Jaurès,
atteint par la plume de son adversaire, s'est dégonflé comme une outre pleine
de vent. Mais simultanément, les foudres dont il était armé, frappaient
M. Clemenceau d'excommunication majeure.

— *Au secours, Bourgeois, Fallières, Delcassé!*
V'là une Colonie qui f... le camp!

"L'Algérie aux Algériens", dessin de Grandjouan à l'occasion
du voyage du président de la République, Emile Loubet, en Algérie.
L'Assiette au beurre, 9 mai 1903. (Jean-Loup Charmet.)

Clemenceau et l'affaire marocaine, *L'Energie française*, janvier 1908. (Coll. Roger Viollet.)

L'APOTRE.
Jules GUESDE. - Oui, citoyen Sisowath,
votre bonheur dépend de celui de la France,
et la France ne sera heureuse que dans quatre ans,
lorsque seront au pouvoir les radicaux socialistes,
collectivistes unifiés, internationalistes,
antimilitaristes - bien que patriotes
mais jamais nationalistes...
SISOWATH. - What is it ?...
L'Assiette au beurre. (B.N.)

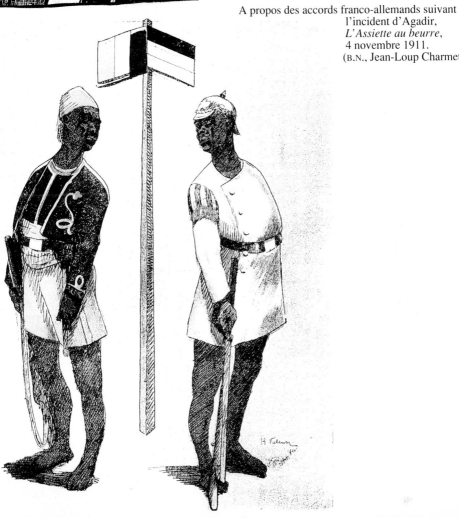

A propos des accords franco-allemands suivant
l'incident d'Agadir,
L'Assiette au beurre,
4 novembre 1911.
(B.N., Jean-Loup Charmet.)

G. SAINT-YVES
A L'ASSAUT DE L'ASIE
EMPIRE CHINOIS
TONKIN
MER DE CHINE
ROYAUME DE SIAM
BangKok
Kong
Korat
Khmer
ROYAUME D'ANNAM
Mission Catholique
Binh Dinh
CAMBODGE
Pnom-Penh
Golfe de Siam
A. MAME & FILS
Éditeurs à Tours

Le commandant Lyautey au Tonkin. (B.N.)

André Gide au Congo. (B.N.)

Pierre Savorgnan de Brazza sur les bords du Congo. (Harlingue-Viollet.)

LE VOYAGE
(EN ALGERIE)
INTERROMPU

"Le voyage interrompu." L'arrestation de Ben Bella et de quatre autres chefs de l'insurrection algérienne quelques mois après la démission de Pierre Mendès France du gouvernement Guy Mollet. Dessin de Sword dans *Artaban*. (Coll. Viollet.)

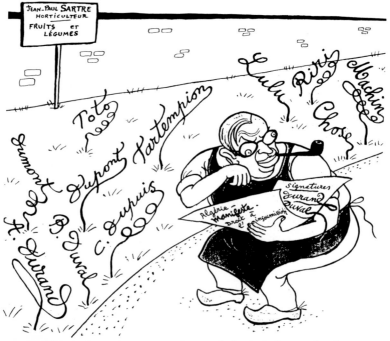

"La récolte ne s'annonce pas fameuse", dessin de Sennep. (D.R.)

Les animateurs de la revue *Esprit :* Henri Marrou, Rose, Jean-Marie Domenach, Emmanuel Mounier. (Coll. part.)

Raymond Cartier.
(Photo Alain Dejean-
Sygma.)

Jean Rous.
(Keystone.)

Charles-André Julien.
(Coll. Viollet.)

Jacques Berque.
(Photo S. Bassouls
-Sygma.)

Vers l'indépendance algérienne, dessin de Lap, *Le Canard enchaîné*, 19 octobre 1960. (D.R.)

"L'Algérie de fiston", dessin de Jean Effel. (B.N.)

une dépêche tragique à Paris : une massive pression des Chinois contraint l'armée française à la retraite...

A Paris, cette dépêche produit un effet dévastateur. Le Tonkin est perdu, Lang Son fait penser à Sedan... Le 30 mars, la séance est dramatique. Ferry réclame un crédit de 200 millions pour le Tonkin. Il fait état de nouvelles plus rassurantes et parle de « venger l'échec de Lang Son ». Rien n'y fait. Constamment interrompu par Clemenceau, il a le plus grand mal à s'exprimer dans le tumulte.

Et Clemenceau prend la parole :

« Messieurs, je ne viens pas répondre à M. le président du Conseil ; j'estime qu'à l'heure présente aucun débat ne peut plus s'engager entre le ministère à la tête duquel il est placé et un membre républicain de cette Chambre. *(Applaudissements à l'extrême gauche.)*

« Oui, tout débat est fini entre nous ; nous ne voulons plus vous entendre, nous ne pouvons plus discuter avec vous les grands intérêts de la patrie. *(Très bien ! très biens ! et applaudissements à l'extrême gauche.)* Nous ne vous connaissons plus, nous ne voulons plus vous connaître. *(Applaudissements sur les mêmes bancs.)* Ce n'est plus un ministre, ce ne sont plus des ministres que j'ai devant moi, ce sont des accusés !

« (...) Ce sont des accusés de haute trahison. *(Rumeurs au centre – Oui, oui ! à droite et à l'extrême gauche.)*... sur lesquels, s'il subsiste en France un principe de responsabilité et de justice, la main de la loi ne tardera pas à s'abattre (...). Cela dit, Messieurs, et la situation du ministère écartée du débat, il nous reste à nous préoccuper des intérêts supérieurs de la patrie... [20]. »

Ferry peut demander la priorité pour les crédits. Elle est repoussée par 306 voix contre 106... Il annonce sa démission. Mais pour ses adversaires, cela ne suffit pas : le ton a été donné par Paul de Cassagnac. Voyant le président du Conseil gravir les marches de la tribune, il jette que celle-ci est devenue « un gibet »... Mais la proportion de mise en accusation est rejetée par 287 voix contre 152.

Paradoxalement, ce n'est que quelques mois plus tard que le débat sur le fond va s'ouvrir, et à propos des événements de Madagascar, le 28 juillet 1885 :

Jules Ferry : Je dis, Messieurs, qu'il est sans exemple qu'une entreprise coloniale, si grande, si féconde qu'elle ait été, et quel qu'ait été son principe, ait été conçue dans toute son ampleur et toute sa valeur, ait été poursuivie à l'origine en vertu d'un plan concerté, d'un dessein arrêté à l'avance [21].

« (...) Dans cet ordre d'affaires, il est permis de dire que les événements conduisent la poltique bien plutôt que la politique ne conduit les événements. *(Mouvements divers.)*

Clemenceau : Qu'est-ce que cela veut dire? C'est un autre nom donné au hasard!

Jules Ferry : Nous avons fait les expéditions que nous devions faire; nous ne les avons nullement préméditées et, ne les ayant pas préméditées, je n'admets pas qu'on dise que nous avons été conduits par le hasard. *(Exclamations ironiques à l'extrême gauche et à droite.)*

« Nous avons été conduits par la nécessité, par le droit; nous avons été conduits par cette obligation et ce devoir qui s'imposent à tous les peuples civilisés de faire respecter par les nations barbares la signature de leurs représentants, mise au bas des traités (...).

« Messieurs, il y a un second point, un second ordre d'idées que je dois également aborder, le plus rapidement possible, croyez-le bien : c'est le côté *humanitaire et civilisateur de la question.* M. Camille Pelletan raille beaucoup, avec l'esprit et la finesse qui lui sont propres; il raille, il condamne, et il dit : Qu'est-ce que c'est que cette civilisation qu'on impose à coups de canon? Qu'est-ce sinon une autre forme de la barbarie? Est-ce que ces populations de race inférieure n'ont pas autant de droits que vous? Est-ce qu'elles ne sont pas maîtresses chez elles? Est-ce qu'elles vous appellent? Vous allez chez elles contre leur gré, vous les violentez, mais vous ne les civilisez pas. Est-ce que vous pouvez nier, est-ce que quelqu'un peut nier qu'il y a plus de justice, plus d'ordre matériel et moral, plus d'équité, plus de vertus sociales dans l'Afrique du Nord depuis que la France a fait sa conquête (...).

— C'est très douteux! interrompt Clemenceau...

Jules Ferry : Rayonner sans agir, sans se mêler aux affaires du monde, en se tenant à l'écart de toutes les combinaisons européennes, en regardant comme un piège, comme une aventure toute expansion vers l'Afrique ou vers l'Orient, vivre de cette sorte pour une grande nation, croyez-le bien, c'est abdiquer, et dans un temps plus court que vous ne pouvez le croire, c'est descendre du premier rang au troisième ou au quatrième. » *(Nouvelles interruptions sur les mêmes bancs. — Très bien! Très bien! au centre.)*

C'est le 30 juillet 1885 que Clemenceau lui répond, prononçant l'un des plus vigoureux réquisitoires contre la colonisation qu'ait jamais entendus une assemblée française :

Georges Clemenceau : « M. Jules Ferry a apporté ici un axiome. Il nous a dit : " La puissance économique suit la puissance politique. " Voilà une formule. Et là-dessus, il a invoqué l'exemple de l'Algérie. Mais l'Algérie est à nos portes. La question du transport est toute résolue à l'avantage de la France. Si je prends une autre colonie française, si je prends la Cochinchine, est-ce que la puissance économique suit la puissance politique? Les importations de la France en Cochinchine sont de 5 millions, tandis que les étrangers importent près de 66 millions. La Cochinchine exporte en France 1 600 000 francs et à l'étranger 78 millions. Par conséquent, en Cochinchine, la puissance économique ne suit par la puissance politique (...).

« Lors donc que, pour vous créer des débouchés, vous allez guerroyer au bout du monde; lorsque vous dépensez des centaines de millions, lorsque vous faites tuer des milliers de Français pour ce résultat, vous allez directement contre votre but; autant d'hommes tués, autant de millions dépensés, autant de charges nouvelles pour le travail, autant de débouchés qui se ferment. *(Nouveaux applaudissements.)*

« Voilà pourquoi, jusqu'à présent, notre principale exportation dans les colonies nouvellement acquises, c'est le demi-milliard qu'elles nous ont coûté. Voilà les débouchés que nous avons trouvés; nous avons pris l'argent français, l'argent des contribuables, qui serait productif en France, où il aurait tant d'emplois utiles, et on l'a expédié au-delà des mers, d'où il ne reviendra plus.

« Je passe maintenant dans la critique de votre politique de conquêtes, au second point de vue, au point de vue humanitaire...

Eugène Delattre : Vingt mille cadavres!...

Clemenceau : Nous avons des droits sur les races inférieures...

Paul de Cassagnac : C'est la théorie des négriers!

Clemenceau : Les races supérieures ont sur les races inférieures un droit qu'elles exercent, et ce droit, par une transformation particulière, est en même temps un devoir de civilisation.

« Voilà en propres termes la thèse de M. Ferry, et l'on voit le gouvernement français exerçant son droit sur les races inférieures en allant guerroyer contre elles et les convertissant de force aux bienfaits de la civilisation. Races supérieures! races inférieures, c'est bientôt dit! Pour ma part, j'en rabats singulièrement depuis que j'ai vu des savants allemands démontrer scientifiquement que la France devait être vaincue dans la guerre franco-allemande parce que le Français est d'une race inférieure à l'Allemand. Depuis ce temps, je l'avoue, j'y regarde à deux fois avant de me retourner vers un homme et vers une civilisation, et de prononcer : homme ou civilisation inférieur.

« Race inférieure, les Hindous! Avec cette grande civilisation raffinée qui se perd dans la nuit des temps! avec cette grande religion bouddhiste qui a quitté l'Inde pour la Chine! avec cette grande efflorescence d'art où nous voyons encore aujourd'hui les magnifiques vestiges! Race inférieure, les Chinois! avec cette civilisation dont les origines sont inconnues et qui paraît avoir été poussée tout d'abord jusqu'à ses extrêmes limites. Inférieur Confucius! En vérité, aujourd'hui même, permettez-moi de dire que, quand les diplomates chinois sont aux prises avec certains diplomates européens... *(Rires et applaudissements sur divers bancs)*, ils font bonne figure et que, si l'on veut consulter les annales diplomatiques de certains peuples, on y peut voir des documents qui prouvent assurément que la race jaune, au point de vue de l'entente des affaires, de la bonne conduite d'**opérations** infiniment délicates, n'est en rien inférieure à ceux qui se hâtent trop de proclamer leur suprématie [22]. »

Ainsi Clemenceau, qui a voulu résumer un jour l'affaire du Tonkin par ces mots : « Le Mexique de l'opportunisme * », va-t-il beaucoup plus loin dans la mise en cause de l'entreprise coloniale que s'il était cantonné à une critique stratégique. C'est de l'essentiel des rapports de l'homme à l'homme qu'il est question ici...

Le Maroc : « guêpier » ou exception?

Depuis le début du siècle, la politique française au Maroc consiste à « désintéresser » de ce pays les puissances occidentales. Les Britanniques sont, du point de vue commercial, bien implantés. L'Espagne entend voir préserver ses intérêts historiques. L'Italie, après avoir été évincée de Tunis, cherche une revanche sur la France. Enfin, l'Allemagne voit dans le Maroc un possible allié face aux autres prétendants.

Le ministre des Affaires étrangères, Delcassé, soutenu par le puissant « parti colonial » à la Chambre – le Comité du Maroc, créé en 1904, est présidé par Eugène Étienne –, commence par « désintéresser » l'Italie, qui quitte le jeu en échange de la reconnaissance de sa liberté d'action en Tripolitaine. Avec la Grande-Bretagne, l'accord franco-anglais du 8 avril 1904 est censé régler la question marocaine : Londres concède à la France le droit d'intervenir en échange de la reconnaissance de sa domination de fait en Égypte. Quant à l'Espagne, elle voit reconnaître sa liberté commerciale et la préservation de ses intérêts sur le nord de l'Empire chérifien. Reste l'Allemagne dont la doctrine constante demeure la non-intervention – ce qui fait dire à Clemenceau, en 1901, qu' « il était invraisemblable

---

* On appelle « opportuniste » – alors sans connotation désobligeante – le parti auquel appartient Jules Ferry.

que l'Allemagne voulût nous écarter du Maroc, quand elle avait le plus clair intérêt à nous précipiter dans ce guêpier [23] ».

En janvier 1905, Delcassé dépêche à Fès un diplomate pour proposer au sultan, avec, croit-il, l'accord tacite des Européens, un programme de réformes économiques et sociales – création d'une banque d'État, construction d'une route, d'hôpitaux – qui équivaut à l'établissement d'un protectorat, ou – comme l'écrit Clemenceau – de « notre loi sous forme de conseils ». Le sultan Abd el-Aziz demande l'appui diplomatique de l'Allemagne, qui lui est donné sous une forme inattendue. Guillaume II, de retour d'une croisière, fait escale le 31 mars à Tanger, et réaffirme, en présence de l'oncle du sultan, l'indépendance du Maroc. Clemenceau commente : « C'est peut-être un service que nous rend Guillaume II, sans le vouloir, en nous arrêtant au bord de la folle aventure *. » Il accorde de la crédibilité à l'intervention allemande, du fait de l'existence d'un sentiment national marocain, car « l'Algérie et la Tunisie sont de terribles leçons pour le peuple marocain ».

Face à Guillaume II, deux conceptions s'affrontent à Paris. La première, celle du ministre des Affaires étrangères Delcassé, favorable à la résistance, se fonde sur l'espoir d'un soutien britannique. La seconde, incarnée par le président du Conseil Rouvier, prône la négociation avec Berlin. D'où le renvoi de Delcassé qui, selon Clemenceau [24], « nous conduisait superbement à de folles aventures puisque, sans avoir consulté le pays, sans lui avoir soumis les pièces du débat, il acceptait l'éventualité d'une guerre franco-allemande ». Clemenceau applaudira-t-il Rouvier? Non parce que c'est Berlin qui a réclamé le départ de Delcassé aussi bien que la tenue d'une conférence internationale, idée qui, à l'origine, ne lui déplaisait pas. D'où le retournement du « Tigre » sur l'affaire marocaine, retournement qui, observe justement Charles-Robert Ageron, s'opère avant qu'il n'accède au pouvoir.

A partir d'août 1905, Clemenceau critique l'idée d'une conférence, prétexte à des concessions. Il perçoit clairement le jeu allemand qui consiste, par le biais du Maroc, à briser l'Entente cordiale à l'Ouest et l'alliance franco-russe à l'Est. Tenir bon sur le Maroc, c'est faire pièce à l'Allemagne impériale – qui, lors de la conférence internationale qui se tient de janvier à avril 1906 à Algésiras, va se retrouver isolée.

Preuve de l'évolution « néocoloniale » de Clemenceau : sa polémique avec Jaurès dans *La Dépêche de Toulouse*, qui souhaite la

---

* Notons que Bismarck a été écarté 15 ans plus tôt du pouvoir par le Kaiser.

conciliation et réclame que la France s'en tienne à la « pénétration pacifique » au Maroc : « Que servent les intentions pacifiques des Français, riposte le Tigre, si le Marocain répond à sa déclaration d'amour fraternel par des coups de fusil, des embuscades, des assassinats qui lui paraîtront des actes de défense, d'autant plus légitimes que notre colonisation humanitaire de l'Algérie peut fort bien ne pas le tenter [25] ? » (alors même qu'il se rapproche des « colonistes » il ne sait pas retenir des coups de griffe contre eux...).

La conférence d'Algésiras place le Maroc sous une tutelle internationale (à prépondérance française) non sans que la souveraineté de l'Empire chérifien ne soit, pour le principe, réaffirmée. Cette internationalisation, parce qu'elle a été inspirée par l'Allemagne, est dénoncée par Clemenceau comme la « pire humiliation que nous ayons connue depuis vingt ans ». Mais quand il devient président du Conseil, en octobre 1906, sa déclaration ministérielle ne souffle mot du Maroc où l'occupation administrative et militaire s'étend *de facto*, provoquant divers incidents, des assassinats d'Européens et de ce fait des représailles; l'occupation d'Oujda, par Lyautey, notamment.

Plutôt favorable à l'action diplomatique au moment où il accède au pouvoir, Clemenceau consent à une « opération de police » prescrite par son ministre des Affaires étrangères, Stephan Pichon. Alors qu'il est question de l'envoi d'un bataillon et demi, il apprend – à Carlsbad, où il prend les eaux – que l'effectif dépêché est du triple : 2 500 hommes et quatre croiseurs! Il télégraphie à Pichon – traité avec plus de mesure que naguère Ferry ou Delcassé :

« ... Vous savez que j'ai pleine confiance en vous, mais je persiste à craindre les entraînements militaires. (...) Vous en êtes aujourd'hui à 3 000 hommes. Je vous prie instamment de ne pas dépasser ce chiffre. » Le 7 août : « Je vous conjure de résister énergiquement aux sollicitations dont vous assiègent sans doute certains de nos amis très enclins comme vous le savez à guerroyer au Maroc. Ne nous laissons pas prendre dans un redoutable engrenage [26]. »

Pourtant, de janvier à mars 1906, son gouvernement accepte l'occupation – temporaire – de la plaine de la Chaouïa (arrière-pays de Casablanca) : « Quittez le guêpier marocain! Retirez nos troupes! Laissez le Maroc disposer de son destin! » Mais ces mots que l'on eût naguère attribués à Clemenceau, cette fois, c'est Jaurès qui les prononce [27]! Quant au massacre des 1 500 habitants de Si el-Ourimi, le 15 mars 1908, par les troupes du général d'Amade, il n'est pas vraiment sanctionné... Où est le censeur des conquêtes coloniales? Clemenceau est au pouvoir...

L'Allemagne? L'heure est, des deux côtés, au rapprochement. En septembre 1906, un incident à propos de déserteurs allemands de la Légion étrangère appréhendés alors qu'ils embarquaient à Casablanca sur un navire allemand, est réglé à l'amiable. Le président du Conseil entérine la politique préconisée par son ministre Pichon, de coopération économique avec Berlin. Si, par l'accord du 6 février 1909, l'Allemagne reconnaît « les intérêts politiques particuliers de la France » au Maroc, Paris admet la parité économique entre les deux puissances; et le gouvernement Clemenceau envisage même la création d'un consortium franco-allemand au Congo-Cameroun. Ce n'est qu'après avoir quitté le pouvoir que Clemenceau qualifiera de « déshonorante » la cession à Berlin d'une partie du Congo, en échange de l'engagement pris par l'Allemagne de ne pas « entraver » l'action de la France au Maroc. Troc consenti en novembre 1911, après le « coup d'Agadir »...

Georges Clemenceau jugea utile de s'expliquer, en 1912, sur sa politique marocaine. Il lui fallut alors en reconnaître le caractère contradictoire avec l'ensemble de ses comportements à propos de l'outre-mer : « Je me suis souvent opposé, dans diverses circonstances qui m'ont été reprochées, à la politique d'expansion coloniale qui nous a été imposée beaucoup plus par le hasard des événements que par la volonté réfléchie des hommes politiques, mais j'ai toujours fait une exception pour le Maroc [28]. »

Pourquoi? Il ne l'expliquait pas. Était-ce parce que Berlin y était hostile, et qu'il n'avait plus le sentiment qu'en s'engageant outre-mer, la France ne se jetait plus dans un piège tendu par Bismarck ou ses successeurs? Ou simplement parce qu'il cédait aux contraintes et vertiges du pouvoir?

Le cas algérien

A la différence de beaucoup de ses collègues parlementaires, Clemenceau ne se rendit jamais en Algérie. Ce qui ne l'empêcha pas d'être détesté par les colons en raison de son activité en faveur des réformes, mais aussi parce qu'il ne se priva jamais de dénoncer le comportement des Européens, cause principale, selon lui, de l'esprit de révolte des Arabes. Ainsi à propos de l' « incident » de Margueritte.

Le 28 avril 1901, ce petit village proche de Miliana avait été attaqué par une centaine de musulmans appartenant à la tribu des Righa. Les rebelles sommèrent les Européens de choisir entre la conversion à l'islam – par la récitation de la *Chahâda* – et la mort. Cinq d'entre

eux furent abattus : d'où une répression extrêmement brutale. Cette
révolte stupéfia aussi bien les Français d'Algérie que la métropole.
Plutôt que de condamner l'insurrection, Clemenceau s'efforça d'en
dévoiler les causes, s'étonnant même qu'elle ne se fût pas produite
plus tôt :

« L'étincelle qui a jailli à Margueritte couve un peu partout en
Algérie, car les causes sont générales de l'exaspération des Arabes.
Spoliations des terres, humiliations répétées, telles sont les causes de
cette révolte, car pour le colon les indigènes sont des " esclaves "...
trop heureux encore qu'on consente à leur donner du travail après
qu'on leur ait tout pris [29]. » Et de s'insurger contre la répression et la
parodie de « jugement » des indigènes. (En fait, la cour d'assises de
l'Hérault devait rendre un verdict de relative clémence.) Et c'est sur
l'intervention de Clemenceau auprès d'Émile Combes, président du
Conseil, que les accusés ne furent pas soumis à une mesure d'inter-
nement administratif.

Est-ce à dire que Clemenceau est hostile par principe à la colonisation de l'Algérie? Non. Ce qu'il dénonce, ce sont les « abus » du
régime colonial, prétendant pouvoir distinguer celui-ci de ceux-là...

« Je demande, écrit-il le 1er mars 1903, que notre colonisation se
fonde sur le respect du droit humain. Aux populations à qui nous
enlevons leur indépendance, nous devons la compensation d'un
régime de justice, de douceur, de toute humanité [30]. » Il obtiendra
même, en avril 1903, le rappel du gouverneur général Revoil, accusé
d'arbitraire, et le retour du « libéral » Jonnart.

Ministre de l'Intérieur (responsable de l'Algérie) à partir de mars
1906, président du Conseil à dater d'octobre de la même année, Clemenceau soutient la politique prudemment réformatrice de Jonnart
qui, le 24 septembre 1908, reconnaîtra à 5 000 musulmans le droit
d'élire leurs conseillers généraux indigènes, qui ne seront plus nom-
més par le gouverneur. Il envisage même d'étendre le corps électoral
municipal par l'adjonction des indigènes, auxquels serait reconnu le
droit d'élire non seulement les conseillers municipaux musulmans,
mais aussi le maire. Scandale! Le lobby colonial bloquera la réforme
sous le ministère Briand et il faudra attendre la fin de 1918 pour que
Clemenceau, auréolé de la victoire, puisse faire aboutir ce projet.

Le courant d'opinion tendant à reconnaître aux indigènes une participation plus active à la vie publique et un allégement du régime
d'exception se développait en effet, non seulement chez les adhérents
du mouvement « Jeune Algérien » mais en métropole, parmi des
groupes comme la Ligue des droits de l'homme, le Grand-Orient, le
comité d'Action républicaine, et jusque dans l'aile « libérale » du

parti colonial, l'Union coloniale française dirigée par Joseph Chailley, dans la presse – en particulier *Le Temps* – et à la Chambre.

Le mouvement Jeune Algérien, regardé d'un mauvais œil par les musulmans traditionalistes, rassemble des individus d'origine souvent modeste mais ayant bénéficié de l'instruction républicaine. Ces « Jeunes Algériens » – qui portent plutôt la redingote que le turban – mettent leur espoir dans la République laïque attachée aux droits de l'homme, à l'assimilation démocratique... Regroupés en association, ils forment une sorte de société de pensée et d'entraide. Leur première démarche politique publique et collective auprès de Clemenceau se situe le 3 octobre 1908 : ils demandent l'accession aux droits civils et politiques de tous les Algériens soumis au service militaire depuis le décret du 17 juillet précédent.

Lors de la rencontre conduite du côté algérien par un conseiller municipal d'Alger, l'avocat Omar Bourderd, naturalisé français, Clemenceau envisage une extension de ces droits. Il fait préparer par Jonnart un programme de réformes. Le gouverneur général devra d'ailleurs refaire sa copie, Clemenceau la trouvant insuffisamment libérale. Toucher au *statu quo* en Algérie! La colonisation saluera comme une victoire l'éviction de Clemenceau du pouvoir, le 24 juillet 1909.

En France métropolitaine, l'état d'esprit a évolué. La conscription, mal acceptée en Algérie, peut-elle s'opérer sans un minimum de contreparties politiques? En juillet 1912, un rapport parlementaire de l'ancien ministre des Colonies, Albert Messimy, propose notamment la suppression des corvées, l'égalité fiscale et une représentation « plus sérieuse » des indigènes. Il est approuvé par un groupe de députés parmi lesquels Georges Leygues, Albin Rozet, Abel Ferry (neveu de Jules) et Paul-Boncour.

Nombreux sont ceux qui, dans la presse, redoutent un soulèvement des Arabes en cas de guerre avec l'Allemagne. Dans *L'Homme libre*, Clemenceau écrit à ce propos en septembre 1913 qu'une « explosion de révolte est à craindre sur la terre africaine aux premiers coups de canon des Vosges [31] ».

Le grand économiste Charles Gide (oncle d'André), président de l'alliance franco-indigène, appelle même de ses vœux une « nation algérienne mixte franco-indigène ». Sinon, assure-t-il, « tôt ou tard les colons français seront jetés à la mer ». Peu adoptent une position aussi audacieuse, mais cette campagne libérale, qui inquiète les colons et le « parti colonial », se développe au Parlement à partir de décembre 1913. En résulte un décret du 13 janvier 1914 augmentant le nombre de conseillers municipaux musulmans (de 950 à 1540...).

Clemenceau approuve cette mesure mais, comme les Jeunes Algériens, la considère comme dérisoire. Le débat sur l'Algérie aboutit tout de même à la loi du 15 juillet 1914 qui libéralise le statut de l'indigénat, qui n'est plus soumis seulement à l'administration, mais au contrôle judiciaire. A la veille de la guerre, si les résultats restent minces, la prise de conscience est là. Mais le parti réformiste reste divisé entre partisans d'une amélioration de l'assimilation et ceux qui préconisent l'amorce d'un self-gouvernement.

Au cours de la guerre les musulmans restent dans leur ensemble « fidèles à la France » – malgré quelques troubles dans la région de Batna. A partir de 1915, plusieurs parlementaires, arguant des sacrifices imposés aux « indigènes » qui se battent au front, proposent de favoriser l'accès des militaires musulmans à la citoyenneté française. Le 1er janvier 1916 est rendue publique une lettre signée par Georges Clemenceau et Georges Leygues, respectivement présidents de la commission des Affaires étrangères du Sénat et de la Chambre. C'est un véritable catalogue des réformes à opérer en Algérie : extension du corps électoral musulman et garantie de la représentation musulmane sur le plan local, création d'une représentation spéciale dans un « Conseil supérieur siégeant à Paris », régime nouveau facilitant la naturalisation, réforme des impôts auxquels sont soumis les Arabes et nouvelles garanties concernant la propriété indigène. Tant de libéralisme épouvante le gouvernement Briand, qui reculera avant même que se produisent de violentes réactions de la colonisation. Il faudra attendre le retour de Clemenceau au pouvoir, on l'a vu, pour que soient esquissées quelques réformes.

L'impôt du sang

Quand Clemenceau reprend en main le gouvernement en novembre 1917, il n'a plus d'autre objectif que de « faire la guerre », on le sait. D'où la violence de ses prises de position, la cynique cruauté de ses propos. Il est alors, vraiment, « le Tigre ». Pour lui, « le sort des colonies se joue sur la Somme », les indigènes peuvent puissamment aider à la victoire : ils sont tenus à payer l' « impôt du sang ». Écoutons-le décrire au Sénat, le 20 février 1918, une France exsangue :

« Nous avons perdu trois millions d'hommes * et nous sommes obli-

---

* Blessés compris, bien sûr.

gés à l'heure qu'il est, pour des batailles qui se préparent et produiront des hécatombes de bons Français, de demander l'aide de nos colonies. » L'impôt du sang? Cette chose horrible, le Tigre la décrit en termes plus horribles encore : « Les Noirs, nous allons leur apporter la civilisation, il faut qu'ils paient pour cela (...). J'aime mieux faire tuer deux Noirs qu'un seul Français, bien que je respecte infiniment ces braves Noirs, parce que je trouve qu'on a fait assez tuer de Français et qu'il faut en sacrifier le moins possible [32]. »

Charles-Robert Ageron, commentant ces propos féroces, fait observer qu'isolés de leur contexte ils prennent un sens que le Tigre ne voulait pas leur donner, subordonnant tout à la victoire et exprimant son admiration pour la fidélité et le courage des soldats indigènes devenus frères de sang des soldats français... « Plutôt deux Noirs qu'un seul Français ! » Contexte ou pas...

A la décharge de Clemenceau il faut ajouter qu'il n'en a pas pour autant oublié ses promesses de libéralisation. Alors que la bataille fait toujours rage, en janvier 1918 il renvoie Jonnart au gouvernement général de l'Algérie, avec mission d'enclencher le processus de réformes. En accord avec le socialiste Marius Moutet *, auteur d'un rapport parlementaire de mars 1918 – Jonnart élabore un projet de loi. Après avoir fait voter, le 21 juin 1918, la suppression des impôts arabes, son « train de réformes » fait l'objet de la loi du 21 février 1919, dite loi Jonnart. Comme toujours en matière coloniale, ce texte est en retrait par rapport à l'ambition initiale, du fait de violentes récriminations des colons que décrit ainsi Lyautey à un ami : « Les colons agricoles français ont la mentalité de purs boches **, avec les mêmes théories sur les races inférieures destinées à être exploitées sans merci. Il n'y a chez eux ni humanité ni intelligence. »

La loi Jonnart crée un nouveau statut de semi-naturalisés avec un collège électoral élargi correspondant, pour les élections locales, à l'accroissement de la représentation dans les conseils municipaux, nouvelle procédure pour les naturalisations, droit pour les conseillers indigènes de participer à l'élection des maires et des adjoints (ce qui révolte les colons), création d'un large collège électoral pour les assemblées communales indigènes – d'ailleurs sans réels pouvoirs. Mais de représentation parlementaire pour les indigènes, point.

Clemenceau avait esquissé l'idée de création d'un Comité consultatif de l'Algérie comprenant quinze Français et six musulmans. C'est Marius Moutet, tout socialiste qu'il fut, et ami de Jaurès, qui en avait

---

* Ami de Jaurès.
** Mot terrible, surtout dans le contexte de l'époque...

écarté l'idée. Quant à l'octroi de la citoyenneté française aux indigènes, elle reste un songe...

Si timides qu'elles fussent, ces réformes éveillèrent incontestablement un espoir chez les musulmans algériens modernistes. Mais ceux qui avaient plaidé (et payé) pour la « guerre du droit » devaient bientôt déchanter. La France avait pu sans trop de difficulté recruter outre-mer 900 000 hommes. Si affaiblie qu'elle fût, elle retrouvait néanmoins son rang sur la scène internationale, et avec lui son arrogance. Le parti de la conservation avait retrouvé sa vigueur. C'est alors peut-être que fut perdue la dernière chance d'une évolution pacifique et d'une solution progressive et raisonnable en Algérie.

Avant d'autres, Clemenceau avait compris que ce rapport de forces pourrait un jour s'inverser et qu'une réforme engagée à temps était, en particulier depuis la guerre, la condition de la paix civile en Algérie. L'intelligence des intérêts généraux de la France le commandait. L'honneur de Clemenceau – compte tenu de la saignée imposée aux colonisés, saignée horrible et horriblement commentée – fut d'avoir compris que l'impôt du sang impliquait une dette. Le déshonneur incombe à d'autres – qui ont depuis, autrement, payé la dette...

NOTES

1. Cité par Charles-Robert Ageron, « Clemenceau et la question coloniale » in *Clemenceau et la justice*, Paris, Publications de la Sorbonne, 1983, p. 7.
2. Jean-Baptiste Duroselle, *Clemenceau*, Paris, Fayard, 1988, p. 87.
3. Sur la Tunisie, on consultera en particulier Charles-Robert Ageron : « Gambetta et la reprise de l'expansion coloniale », *R.F.M.O.M.*, n° 215, 1972, pp. 165-204, et Jean Ganiage, *Les Origines du protectorat français en Tunisie (1861-1881)*, Paris, PUF, 1959.
4. Jacques Thobie, *Histoire de la France coloniale, op. cit.*, t. I, p. 582.
5. *J.O.*, Chambre des députés, Débats parlementaires, pp. 981-982.
6. *Ibid.*, p. 1972.
7. *J.O.*, C.D., Débats parlementaires, séance du 18 juillet 1882, p. 1328.
8. *J.O.*, C.D., Débats parlementaires, séance du 19 juillet 1882, p. 1330.
9. *Ibid.*, p. 1326.
10. *Ibid.*, p. 1327.
11. *Ibid.*, pp. 1506-1507.
12. Cité par Jean Martin, *L'Empire triomphant, 1871-1936*, t. 2, Paris, Denoël, 1990, p. 352.
13. Intervention à la Chambre des députés le 10 juillet 1883, citée par Charles-Robert Ageron, in *L'Anticolonialisme en France de 1871 à 1914, op. cit.*, p. 69.
14. *J.O.*, Chambre des députés, Débats parlementaires, séance du 31 octobre 1883, p. 2153.
15. *Ibid.*, pp. 2194 et 2195.
16. Charles-Robert Ageron, *Jules Ferry, op. cit.*, p. 58.

17. *Ibid.*
18. J.O., Chambre des députés, Débats parlementaires, séance du 26 novembre 1884, pp. 2425-2430.
19. *J.O.*, C.D., Débats parlementaires, séance du 18 mars 1885, pp. 694-695.
20. *Ibid.*, séance du 28 mars 1885, pp. 692-693.
21. *Ibid.*, séance du 28 juillet 1885, pp. 1659 et suivantes.
22. Jacques Marseille, *Empire colonial et capitalisme français. Histoire d'un divorce*, Paris, Albin Michel, 1984, pp. 109-168.
23. Cité par Charles-Robert Ageron, *op. cit.*, p. 75.
24. *L'Aurore* du 15 avril 1905.
25. Georges Wormser, *La République de Clemenceau*, Paris, PUF, 1961, p. 253.
26. Jean-Baptiste Duroselle, *op. cit.*, p. 531 et suiv.
27. Cité par Jacques Thobie, *Histoire de la France coloniale*, *op. cit.*, t. 1, p. 743.
28. Intervention au Sénat, le 10 février 1912, citée par Charles-Robert Ageron, *op. cit.*, p. 73.
29. Les troubles d'Algérie, le Bloc, 16 juin 1901, cité par Charles-Robert Ageron, *op. cit.*, p. 70.
30. *La Dépêche de Toulouse* du 1er mars 1903, *ibid.*, p. 78.
31. Cité par Charles-Robert Ageron, *Clemenceau et la question coloniale*, *op. cit.*, p. 79.
32. Charles-Robert Ageron, *Histoire de l'Algérie contemporaine*, t. II, Paris, PUF, p. 270.

6

Jaurès,
un engagement progressif[1]

Entretien avec Madeleine Rébérioux

Dans l'histoire de l' « anticolonialisme » français, le nom de Jean Jaurès brille comme un symbole, ou un phare, bien que l'on ne puisse réduire sa pensée ni son action à un refus simpliste, à un combat frontal contre l' « hydre » – comme ont voulu le faire des disciples ou des épigones plus soucieux de militantisme ou de propagande que de vérité historique.

En vue de cerner cette pensée complexe, ce mûrissement et cette action progressive, pour en discerner l'origine et marquer les étapes, nous avons fait appel à la meilleure exégète du fondateur de *L'Humanité*, Madeleine Rébérioux, historienne, présidente de la Ligue des droits de l'homme, longtemps associée aux luttes les plus ardentes contre les guerres coloniales, et qui poursuit depuis de longues années des recherches sur la vie et l'œuvre de Jean Jaurès. L'entretien que l'on va lire est le reflet d'une conversation avec l'auteur de *La République radicale*.

Peut-on parler d'une « pensée coloniale » de Jean Jaurès?

Parler de la « pensée coloniale« de Jaurès? Non. Mais de sa pensée à propos de la colonisation, oui. Elle a évolué en fonction des situations et des hommes, de sa période « républicaine » à son âge socialiste.

Républicain dans les années 80, Jean Jaurès est un fervent admirateur des hommes, Gambetta et Jules Ferry, qui sont à l'origine de l'entreprise coloniale de la IIIe République. En Gambetta, il admire le grand orateur, l'homme d'État aux vues larges, le démocrate généreux. En Ferry, il salue l'auteur des lois fondamentales qui sont à l'origine de la République, le grand serviteur de l'État, et – mais oui! – l'inventeur des protectorats en Tunisie et au Tonkin.

Protectorat est en effet un mot qui symbolise la noblesse d'une entreprise – la protection des indigènes (qu'il a tendance alors à considérer comme des enfants) contre les exploiteurs. Il participe d'une pensée très répandue à l'époque qui voit dans l'intervention outre-mer le moyen de faire progresser les droits de l'homme à travers le monde. La poursuite de la Révolution française... C'est à cette idée que se rattache son admiration pour Gambetta et Ferry, et à leur action outre-mer.

Étendue à Clemenceau?

Non. Jaurès n'a jamais eu d' « atomes crochus » avec le Tigre... Quand vous pensez au Jaurès de ces années-là, pensez à son ambition de voir grand pour la République, de ne pas rester limité à l'État qu'est la France, de la considérer dans le monde, de lui donner une vision universelle. C'est bien ce qui ressort de la fameuse conférence qu'il a prononcée à Castres en 1883 pour le compte de l'Alliance française. Il s'agit en somme d'élargir les missions de la République.

Il faut partir de là. Le problème que pose Jaurès en ce domaine, c'est celui de son évolution à partir de cette position.

Le tournant 1896

Peut-on distinguer les étapes majeures de cette évolution? Et peut-on d'abord en préciser la cause?

Jaurès est devenu explicitement socialiste en janvier 1893 : il est militant, député, etc. Il n'a adhéré à aucune des organisations socialistes qu'il appelle des « sectes », mais il a été élu sur le programme du Parti ouvrier – qui depuis 1893 porte le nom de Parti ouvrier français –, terminologie qui exprime le ralliement du parti jusqu'alors internationaliste de Jules Guesde à des options nationales. Ce qui signifie aussi pour l'organisation guesdiste l'abandon durable (définitif) de toute pratique révolutionnaire quelle qu'elle soit, y compris dans le cadre du syndicalisme révolutionnaire. Pour les guesdistes, la

conquête du pouvoir par les socialistes passe désormais par les élections. C'est ce qu'on appelle remplacer le fusil par le bulletin de vote.
Formule à laquelle ne se ralliera jamais tout à fait Jaurès, ne serait-ce
qu'en raison de son refus d'exclure l'option révolutionnaire, de son
admiration inquiète pour les syndicalistes révolutionnaires, pour la
C.G.T. qui se crée à ce moment-là en 1895, et enfin, de son attachement (inquiet lui aussi) à l'idée de grève générale comme mode
d'émergence du collectif ouvrier. Tout cela décrit des attitudes
« françaises », sans références coloniales. Mais on verra que les unes
et les autres sont difficilement séparables...

Si, en 1895, Jaurès ne porte pas une attention particulière à la
conquête de Madagascar, il vote en 1896 contre les crédits militaires.
Son argumentation est double. La première est purement factuelle :
les soldats français de la première expédition de Madagascar sont
morts comme des mouches parce que nul soin n'avait été pris de leur
santé. Le second argument est de principe : le devoir des soldats – de
ce que l'on appellerait aujourd'hui le « contingent » – est de défendre
la patrie, non de participer à des expéditions coloniales qui n'ont
jamais le caractère « innocent » qu'on leur attribue.

Jaurès commence ainsi à découvrir la nature de ces expéditions,
non seulement du point de vue de la sécurité des soldats français,
mais aussi au regard des indigènes et de leurs droits. De « républicain », il est devenu socialiste. Et ce socialiste « français » est en train
de redécouvrir l'universalité du message socialiste...

C'est alors que, le 17 mai 1896, Jean Jaurès publie dans *La Petite
République* un article célèbre, qui marque le tournant décisif, la synthèse entre exigence socialiste et préoccupation coloniale. Il propose
que le congrès de l'Internationale socialiste qui doit se tenir au mois
d'août suivant à Londres pose le problème de l'attitude des socialistes
face à la colonisation. Il se déclare hostile aux expéditions militaires,
à toutes les conquêtes, du fait des risques qu'elles comportent, mais
sans rompre pour autant avec l'idée selon laquelle la colonisation est
une manière d'élargir l'horizon économique et social des États colonisateurs et d'élargir celui des peuples rangés sous le régime du protectorat. En somme, cet article a le mérite de faire le point sur l'évolution de Jaurès à ce moment-là : colonisation pacifique, oui; conquête,
non.

Mais il restera sans effet : le congrès de Londres ne discute même
pas les thèses de Jaurès, se bornant à condamner « toutes les
conquêtes ». Aucun débat n'a lieu, aucune commission n'est créée.
Jean Jaurès est présent, mais son appel n'a pas été entendu...

A Alger chez Viviani

Quelle influence a eue sur lui son voyage en Algérie en 1895?

L'Algérie, confiera-t-il en 1898, le préoccupait depuis longtemps. Élève au collège de Castres, il avait eu comme aumônier un prêtre qui venait d'Algérie où il avait été aumônier militaire (étrange aumônier d'ailleurs, cassé par ses supérieurs hiérarchiques pour ses propos sur la virginité de Marie...). Il avait entendu cet aumônier se vanter d'avoir autorisé son ordonnance à voler de jeunes arbres dans le jardin d'un Arabe et à casser le bras de celui-ci quand il avait protesté... Découvrant là un abîme d'iniquités, il avait été terrifié de la conduite de l'Église, supposée protectrice du droit des hommes, sinon des citoyens. Il dira plus tard que c'est ainsi qu'il avait mesuré la violence dont sont capables les religieux et, bien sûr, les militaires.

Lorsque Jaurès se rend en Algérie en 1895, c'est dans un contexte tout différent : il y va pour soigner sa gorge malade, invité par le député socialiste Viviani qu'il avait connu dans les organisations étudiantes, lors des conférences qu'il avait données au Quartier latin en 1894 pour le groupe des étudiants collectivistes.

A Alger, Jaurès loge dans la famille de Viviani, où il entend des pieds-noirs proches de son ami dénoncer les traitements infligés aux Arabes par certains milieux juifs – tenus pour responsables des spoliations dont sont victimes les fellahs. (Depuis le décret Crémieux, les juifs algériens disposent du droit de vote dont restent privés les Arabes.)

Jaurès revient d'Algérie en ayant semble-t-il adopté l'essentiel du point de vue de ses hôtes. Il n'est pas devenu antisémite pour autant (il le prouvera bientôt avec éclat) mais il a intégré une partie de leur vocabulaire. Il lui arrive notamment d'employer, par exemple dans un article publié dans un journal qui s'appelle *L'Algérie* et dans deux articles publiés par *La Dépêche de Toulouse* en 1895, le mot « juiverie ». Il s'en justifiera quand on l'interpellera plus tard sur ce point en soutenant que par « juiverie » il ne définit pas des « juifs », mais tous les gens qui se conduisent comme on accuse les juifs de se conduire...

Les mots ne sont jamais innocents...

Assurément. Le fait que Jaurès les emploie manifeste la voie d'accès qu'il a eue à la connaissance de l'Algérie... Un accès dange-

reux quand on le considère du point de vue de l'indispensable combat
à mener contre l'antisémitisme, mais qui a le mérite d'attirer son
attention sur les spoliations dont sont victimes les « Arabes d'Algérie ». Attention qui n'est pas si courante à l'époque...

Jaurès ne retournera pas en Algérie, mais aura l'occasion de montrer à diverses reprises qu'il reste attentif à ce qu'il s'y passe. En
décembre 1898, en pleine affaire Dreyfus, au moment où se
déclenchent, en Algérie, de graves manifestations présentées comme
pro-arabes, il les qualifiera, lui, de « clairement antisémites » et les
dénoncera comme telles; mais il dira aussi qu'il n'a pas oublié les spoliations dont les Arabes sont victimes et il proposera de créer en Algérie un corps électoral arabo-musulman comportant autant d'électeurs
qu'il y a d'électeurs juifs.

Les antisémites algériens poussent les hauts cris : « Vous voulez
livrer la colonisation française, c'est-à-dire en fait la France, puisque
l'Algérie est un département français, aux indigènes ! »

Ce qui confirmera Jaurès dans la conviction pendant les luttes de
l'affaire Dreyfus qu'il ne faut céder à aucun prix à aucun antisémitisme, fût-il présenté comme soucieux d'arabophilie, et que
l'antisémitisme algérien, sous couvert de protéger les Arabes est, en
réalité, aussi intolérable qu'en France.

Reste qu'il a manifesté, en faveur des Arabes spoliés, un intérêt,
voire une solidarité, qui ne se démentira jamais. Intérêt qui s'exprime
clairement en 1901, après les événements de Margueritte. Jaurès y
trouvera l'occasion de rappeler que les Algériens ont le droit d'être
respectés, à la fois dans leurs coutumes et dans leur espérance de
modernité. Et il se félicitera de l'acquittement de la majorité de ceux
qui avaient participé à l'insurrection – alors que Viviani, sous
l'influence de ses amis pieds-noirs, s'inquiétera du « malentendu »
ainsi créé entre la métropole et la colonie...

*Peut-on faire le point sur ce qu'était, en ce début de siècle, la
« doctrine coloniale » des socialistes, alors que le congrès de Paris
prend clairement position contre l'expansion coloniale? La diversité
des courants semble rester grande...*

De ce point de vue, l'Internationale socialiste a été une bonne école
pour les socialistes français, pour Jaurès comme pour d'autres. Dans
les congrès de l'Internationale, et tout particulièrement en 1900,
année où le congrès se tient à Paris en même temps que l'Exposition
universelle, puis en 1904 à Amsterdam et surtout à Stuttgart en
1907, année de la poignée de main échangée entre les Japonais et les

dirigeants de l'Internationale, celle-ci apparaît comme un lieu de ren-contres, de découvertes, un lieu d'apprentissage. Le congrès est pour chacun l'occasion d'écouter des colonisés autres que « ses » propres colonisés, d'être à l'écoute de la colonisation telle qu'elle est vécue sous les diverses latitudes.

Alors que l'Inde et la Chine sont les héritières des plus anciennes cultures, il est bouleversant d'entendre leurs délégués dire : « Ce qu'il y a de pire dans la colonisation, c'est le mépris. »

Les congrès socialistes sont autant d'occasions, au début du xxᵉ siècle, dans une période où la colonisation s'intensifie, où le partage du monde est en train de s'achever, où, par conséquent les conflits se sont aiguisés, mais où aussi il est devenu clair qu'il s'agit d'une mondialisation de la colonisation, ces congrès donc sont autant d'occasions d'affrontements très vifs entre socialistes, et entre les socialistes et les autres.

L'affaire Couitéas

Entre socialistes, dites-vous. L'Internationale est elle-même très divisée?

A l'intérieur de l'Internationale se définissent, en effet, de multiples tendances sociales. Les Français n'ont pas une position très originale par rapport aux militants des autres pays, sinon que l'argument proprement impérialiste (« il nous faut à tout prix des colonies parce que nous en avons besoin pour notre expansion économique ») s'exprime moins fortement chez eux que chez les socialistes d'Allemagne, autour de David notamment.

On voit certes se manifester parmi eux des partisans de la « colonisation socialiste », mais ils ne se réclament pas d'une politique impérialiste (au sens que le mot revêt au début du xxᵉ siècle, c'est-à-dire de domination économique) comme le font, dans l'Internationale socialiste, des Allemands, des Hollandais et des Belges. Mais c'est aussi dans ces pays que s'expriment les options anticolonialistes les plus radicales, encore si rares en France...

Même de la part de Jaurès?

Jean Jaurès adopte, en cette occurrence, comme bon nombre de ses amis, tel Gustave Rouanet, un comportement typique du socialisme français, que l'on peut résumer dans le mot de compassion.

Expression des droits de l'homme un peu rétrécie, certes, mais réelle, expression d'une prise de conscience aiguë de l'oppression coloniale, de l'exploitation humaine par les compagnies coloniales.

Ainsi Jaurès analyse-t-il les conditions dans lesquelles la Compagnie de la Ngoko Sangha a obtenu d'énormes indemnités de l'État, tout en méprisant les droits les plus élémentaires des individus, non seulement pendant les périodes de conquête, mais en dehors de ces périodes. Comme Francis de Pressensé et Rouanet, il dénonce les traitements auxquels sont soumis les indigènes dans ce qu'on appelle alors l'Indochine, c'est-à-dire la Cochinchine, l'Annam et le Tonkin.

Cette « compassion » qui s'exprime dans le constant rappel des droits des indigènes prend une forme plus active, plus proprement jaurésienne, dans le cadre de ce qu'on a appelé l'affaire Couitéas. Ce Grec richissime, installé dans le sud de la Tunisie, avait accaparé en 1904 les terres de très nombreux indigènes en prétendant qu'il s'agissait de terres de « parcours », en faisant un superbe domaine. Non content de ces profits, il se disait victime d'abus de pouvoir exercés à son encontre par le nouveau résident général français, dès lors que les indigènes de la région du sud de la Tunisie dans laquelle il avait ainsi construit sa fortune, la contestaient. (Ils étaient conseillés par un officier français des bureaux arabes qui les avait mis en rapport avec les premiers socialistes de Tunisie, notamment Joachim Durel, un professeur de Tunis qui avait informé Jaurès sur l'affaire.)

Le leader socialiste intervient à trois reprises dans cette affaire, et de façon décisive. En un premier temps (1908), il menace le gouvernement Clemenceau d'interpellation pour défendre les indigènes de Tabia et condamner une politique coloniale qui les spolie : il obtient que les terres accaparées par Couitéas soient confisquées par décret beylical. Dans un deuxième temps (1911), il empêche le comité central de la Ligue des droits de l'homme de prendre la défense de Couitéas qui se posait en victime du pouvoir clémenciste... En février 1912, après avoir brillamment démonté les rouages de l'affaire, il met en relief, devant la Chambre, les responsabilités du protectorat et suggère les réformes nécessaires.

La découverte d'autres cultures

Jaurès n'est-il pas conduit à ce type d'action parce qu'il a pris conscience de la valeur des cultures différentes?

Mais oui. Lui qui a été nourri de grec et de latin (il ne se déplaçait jamais sans un Homère dans sa poche) découvre à partir de 1900, grâce notamment à ses relations au sein de l'Internationale, la grandeur des civilisations autres que la gréco-romaine. D'abord de la civilisation indienne, dont il prend conscience au cours du congrès de 1900, puis des cultures d'Extrême-Orient. En 1904-1905, la guerre russo-japonaise lui donne l'occasion de reconnaître la grandeur de la civilisation du Japon puis de celle de la Chine. C'est à partir de 1903 qu'il découvre l'ampleur, la beauté, l'originalité de la culture qu'il appelle tantôt musulmane, tantôt arabe, tantôt arabo-musulmane.

Il découvrira ensuite, lors de son voyage de 1911, la beauté des civilisations latino-américaines, qui n'étaient plus celles de pays colonisés, mais dont la reconnaissance appartient à l'élargissement de la vision du monde qui est la sienne en ce début du siècle. Il faut retenir ici, à son propos, le concept de pluralisme culturel.

Ces découvertes, Jaurès les met en œuvre dans toute une série de discours, d'articles, d'initiatives. Il se réfère à la grandeur de ces civilisations pour inciter les Français à cesser de mépriser les hommes qui s'en réclament, à les admirer au contraire : il faut donc que les Français responsables apprennent l'arabe, étudient et s'assimilent la civilisation musulmane. D'où la nécessité de développer des enseignements de civilisation arabo-musulmane en France, de créer des universités où ces civilisations seraient mises à l'honneur et où les Algériens, les Marocains, les Tunisiens pourraient être admis comme les Français, sur les mêmes bancs que les Français. Ainsi, entre la science occidentale et les civilisations arabo-musulmanes ou extrême-orientales (indienne pour les Anglais) se produira une osmose qui profitera à toutes les civilisations.

Jaurès développe ainsi une vision très étendue des droits de l'homme, un projet de civilisation planétaire formé dès la fin des années 1880, mais auquel il donne désormais une tout autre ampleur.

L'engagement marocain

A-t-il pour autant formulé l'idée que les pays colonisés peuvent et doivent accéder à l'indépendance ?

Dans aucun d'entre eux n'est encore lancé, au début du xxᵉ siècle, un véritable appel à l'indépendance, sauf au Vietnam que Jaurès ne connaît pas. Cette revendication viendra plus tard. Lorsqu'il acquiert la certitude que l'une de ces collectivités, la marocaine, n'est pas disposée à accepter la domination – même sous formule de protectorat –

de la France, il exaltera le droit des Marocains à revendiquer l'indépendance de leur patrie.

En 1911, au moment de la prise de Fès par les troupes françaises, alors que la presse de Paris traite de « fanatiques » les Marocains qui se battent pour leur indépendance, Jaurès déclare à la Chambre : « Des fanatiques! Et c'est (...) vous, qui dites que l'homme est le plus vil des êtres s'il n'est pas prêt à défendre jusqu'à la dernière goutte de son sang l'intégrité de son pays..., qui les déshonorez du nom de fanatiques! »

Ainsi se manifeste avec éclat, chez Jaurès, après la prise de conscience des dangers de la conquête, celle de la légitimité de la revendication d'indépendance quand les hommes qui y prétendent sont capables, pour elle, de mettre leur vie en cause.

Ainsi le Maroc tient-il une place importante dans l'évolution anticoloniale de Jaurès...

Une place prépondérante. C'est d'abord à propos du débat marocain que Jaurès a ressenti, sept ans après la crise de Fachoda, une véritable angoisse pacifiste. A partir de 1905-1906, il comprend que de la rivalité coloniale entre puissances européennes, la guerre peut sortir. A Fachoda, en 1898, la rivalité opposait la France et l'Angleterre, tandis qu'à propos du Maroc cette rivalité concernait la France et l'Allemagne...

A partir de l'été 1905, Jaurès est passionnément attentif à tous les procédés par lesquels des responsables français conduisent, officiellement ou non, une politique qui met en danger la paix entre la France et l'Allemagne. Il dénonce tout d'abord le comportement des militaires qui sont chargés officiellement de faire respecter les frontières et qui en réalité – sous couleur de poursuivre au-delà des frontières tel individu qualifié de « brigand » qui aurait pénétré dans le territoire dit français ou placé sous la protection de la France – pénètrent dans le territoire d'où ces hommes sont originaires et du coup pratiquent ce qu'on appelle la « pacification », qui n'est jamais la guerre, naturellement, mais d'où la guerre peut sortir.

Le leader socialiste démonte magistralement ces mécanismes au cours des débats qui ont lieu pendant les semaines qui précèdent la conférence d'Algésiras et lors de sa mise en œuvre, à partir du printemps 1906; il le fait encore, de façon très véhémente et passionnée, en mars 1908 à propos du comportement du général d'Amade qui a bombardé un douar marocain installé à côté de ce qui va devenir Casablanca.

A propos du nombre des morts – femmes et enfants – victimes de cette opération, il met en question toute la stratégie de Lyautey, convaincu que bon nombre de militaires de haut rang, avec ou sans la connivence du ministère de la Guerre, préparent le pire – et peut-être en Europe.

Jaurès n'épargne pas davantage les diplomates qui, dit-il à plusieurs reprises, lui inspirent une vive méfiance. Regnault notamment, qui sert d'intermédiaire avec le consortium des banques françaises intéressées au Maroc – alors qu'il est plénipotentiaire et chargé au nom de la France des problèmes du Maroc... A ses yeux, il s'agit là de faux diplomates, mués en hommes d'affaires. Et du coup il dénonce les financiers, qui considèrent ce pays comme une chasse gardée, le terrain privilégié de toutes les rivalités financières, franco-allemandes et autres.

Dès lors qu'on suit le dossier marocain comme l'a fait Jaurès – et Dieu sait qu'il a su se faire homme de dossiers en ce domaine! – rien de plus aisé que de dénoncer ce type d'opérations. Loin de s'en prendre à la seule « conquête » ou aux expéditions, Jaurès met le doigt sur les fautes et les crimes commis par les responsables dans tous les domaines. Et il en conclut que, chaque fois, la responsabilité remonte jusqu'au gouvernement. Aussi les gouvernements successifs de la république ne redoutent-ils rien tant qu'une intervention de Jaurès sur l'une ou l'autre des questions coloniales.

Les efforts déployés par les divers cabinets français (en fait par Clemenceau) pour obtenir que Jaurès n'interpelle pas le gouvernement dans l'affaire Couitéas, par exemple, sont stupéfiants! Que Lagrosillière, bon socialiste originaire de la Guadeloupe, monte à la tribune, d'accord! Pressensé? Passe encore : ce n'est pas un orateur exceptionnel. On peut le laisser parler. Mais Jaurès, non! Ses dossiers bourrés de documents accusateurs, sa capacité à les défendre en allant jusqu'au bout, voilà ce qu'il faut éviter! Au début du siècle, l'interpellation de Jaurès sur une question coloniale, c'est la hantise de tous les gouvernements...

Mais, au fond, l'anticolonialisme de Jaurès, c'est surtout du pacifisme?

Je ne le crois pas. La menace de guerre lui a donné l'occasion de nourrir ses dossiers d'arguments plus lourds, de les plaider plus éloquemment. Mais il serait faux d'y voir sa motivation essentielle, et moins encore unique. La défense de la paix est une des raisons de ses interventions, mais il y en a d'autres, tout aussi importantes : la justice, les droits de l'homme et la découverte qu'il a faite de la noblesse de civilisations autres que l'européenne...

Colonisation et rayonnement

Il y a, à ses côtés, un homme dont nous n'avons pas parlé, c'est Paul Louis...

Paul Louis n'est pas un des intimes de Jaurès. Il vient du Comité révolutionnaire central. Dans son magnifique petit livre de 1905, assez proche par la pensée de ce que peuvent écrire à la même époque Rosa Luxemburg et la gauche radicale de la social-démocratie allemande, il est le premier à articuler sa réflexion sur le concept de colonialisme.

Paul Louis représente dans la jeune S.F.I.O. un courant très intéressant d'analyse de l'impérialisme, le seul « marxiste » français peut-être. Ce n'est pas le courant dont Jaurès se sent le plus proche : il connaît Paul Louis, son livre figure dans sa bibliothèque, il l'a lu, mais cette approche proprement marxiste n'est pas la sienne.

Y a-t-il en revanche dans le socialisme français un courant favorable à la colonisation?

Mais oui. On pourrait même parler d'un certain esprit colonialiste chez Allard, par exemple. Le ton sur lequel il parle des troupes sénégalaises, par exemple, reflète un mépris totalement étranger à la pensée de Jaurès.

Pensez qu'un bon guesdiste comme Lucien Deslinières, encouragé à l'époque par Marcel Cachin *, propose d'aménager le Maroc en vidant ses meilleures vallées de leurs paysans autochtones pour y installer des colons français et, ayant ainsi démontré que les colons français peuvent obtenir des rendements supérieurs, organiser sur cette terre africaine une société analogue à la société française! (Il faudra que Jaurès et Vaillant insistent pour obtenir de Cachin et du groupe socialiste qu'ils retirent la proposition Deslinières!) Il y a vraiment des sociocolonisateurs! Mais aucun d'eux en France n'est jamais allé jusqu'à dire, comme David – et beaucoup d'autres sociaux-démocrates en Allemagne – que le Reich allemand était fondé à acquérir un empire colonial... Il est vrai que la France avait déjà un

* Futur dirigeant du Parti communiste.

grand empire quand les Allemands n'avaient presque pas de colonies...

Ne peut-on dire qu'entre Clemenceau et Jaurès, constamment opposés sur la question coloniale, il y a eu une sorte de « chassé-croisé » en ce domaine?

En fait, ils ont sans cesse divergé. Du fait de leurs tempéraments aussi bien que de leurs convictions politiques. On peut parler d'antinomie. Il y a chez Clemenceau une dimension sarcastique permanente tout à fait étrangère à Jaurès. Non que Jaurès ne soit capable de se payer la tête de tel ou tel individu. Mais face aux problèmes importants, il n'est jamais sarcastique, il commence toujours par prêter à l'homme ce que Clemenceau lui conteste d'emblée...

Il y a d'autre part chez Clemenceau une vision étroitement hexagonale – comme on dirait aujourd'hui – de la société française, de l'État français, de la République française, vision fort étrangère à Jaurès. S'il n'a rien d'un colonisateur et s'il s'oppose aux conquêtes coloniales, Jaurès n'exclut pas que la civilisation française – et plus tard d'autres avec elle, aussi grandes et belles – ait vocation à rayonner. La colonisation lui apparaît, un temps, comme le moyen d'assurer ce rayonnement. C'est pourquoi, en 1885, au moment de la crise du Tonkin, c'est Clemenceau qui a provoqué la chute de Ferry, alors que Jaurès le soutenait...

Le fondateur de *L'Humanité* s'en est expliqué très clairement dans une préface rédigée en 1904 à l'occasion de la publication de ses propres discours parlementaires. Dans ce texte de 80 pages que j'ai réédité il y a une dizaine d'années, intitulé *Socialisme et radicalisme en 1885*, il explicite sa position par rapport à Clemenceau de façon particulièrement claire.

Alors que dans l'affaire du Maroc, les positions seront inversées...

Précisément. La pensée de Jaurès a mûri et Clemenceau est au pouvoir...

Dans quelle mesure la pensée et le comportement de Jaurès ont-ils inspiré votre propre combat anticolonialiste?

J'ai commencé à militer en ce sens à propos de la guerre d'Algérie, contre la politique menée par Guy Mollet. J'étais à l'époque militante communiste et peu satisfaite de l'attitude de mon parti : je ne comprenais pas comment le p.c.f. avait pu voter les pleins pouvoirs à Guy Mollet, donnant priorité à une tactique parlementaire française (celle de l'unité p.c./s.f.i.o. qui me paraissait d'ailleurs mythique mais qui s'inscrivait dans une stratégie communiste, à laquelle j'avais, pour l'essentiel, adhéré), sur ce qui me semblait de très loin le problème fondamental.

Pour comprendre et juger tout cela, j'ai voulu remonter à une période antérieure à la guerre de 14, celle où s'était forgé le socialisme français. C'est alors que j'ai approfondi la lecture de Jaurès, qui m'a fait découvrir qu'au début du siècle la question coloniale était considérée comme subsidiaire par l'écrasante majorité des socialistes français, qu'elle ne s'était révélée essentielle pour Jaurès que tardivement, et pour une large part à travers la conscience prise par lui de la diversité et de la complémentarité des civilisations.

Jean Jaurès a certes dominé son temps, mais il y était inscrit... Voilà une vraie leçon de l'histoire, à méditer.

NOTE

1. Sur Jaurès, on lira notamment : Charles Robert Ageron, « Jaurès et la question algérienne de 1895 à 1914 », *Le Mouvement social*, n° 43, janv.-mars 1963; Jean Bruhat, « Jaurès devant le problème colonial », *Bulletin de Société d'histoire moderne et contemporaine (R.H.M.C.)*, n° 20, nov.-déc. 1936; *Jean Jaurès*, Textes choisis, introduction et notes de Madeleine Rébérioux, Paris, Éd. Sociales, 1959, t. I, Contre la guerre et la politique coloniale.

7

Anticolonialistes, décolonisateurs et réformistes [1]

Toute question – fût-ce « m'aimes-tu? » – appelle au moins deux types de réponses. Les unes simples, les autres circonstanciées ou nuancées. A plus forte raison celle, immense et multiple, qui a trait à la colonisation, gestion autodécidée par l'un du patrimoine – voire de l'existence – de l'autre.

Cette réponse n'est-elle que le produit d'une analyse préalable, qui conduit l'un à conclure à la bienfaisance, l'autre à la perversité, de la situation coloniale? Non. On peut avoir admis la justification provisoire de telle « protection » ou prise en charge, ou situation hégémonique, du fait de la désintégration de telle société, du naufrage de telle collectivité – et n'en plus voir, une décennie ou un siècle plus tard, que les vices. Tant il est vrai qu'en ce domaine, et si grand cas que l'on fasse des principes, le temps est le vrai maître.

Quelle fut notre attitude à l'égard des Moldaves, des Tartares ou des Somaliens, des Cambodgiens ou des Algériens? Certains répondront d'un mot ou d'une phrase. D'autres, non moins avisés, et peut-être plus honnêtes, seront moins brefs. Et il y a beaucoup à parier que leur réponse commencera par cette question : « Quand? »

Phénomène historique lié à l'inégalité évolutive des ressources et des dynamismes, qui conduit Scipion en Afrique et les Grecs en Provence, la colonisation peut se présenter comme définitive ou se croire irrévocable. Mais dans la mesure où elle est le fruit d'un rapport éminemment mobile de forces et de biens, elle est en mouvement perpétuel.

César en Gaule peut faire figure de jardinier, et son successeur n'être plus qu'un bourreau. Les amiraux du Second Empire peuvent ramener la paix au Cambodge, et n'y plus exercer ensuite que la contrainte. À de très rares exceptions près, le rapport d'un groupe ou d'un individu à la colonisation est essentiellement mobile.

Ne voit-on pas Jules Ferry, parangon et stratège de la colonisation française en Tunisie et en Indochine, au nom de la « mission civilisatrice » de son pays, se faire, moins de dix ans après la tragédie tonkinoise dont il fut le héros malheureux, le censeur le plus sévère du système français en Algérie – après Tocqueville, lui-même théoricien déterminé de la mise en valeur outre-mer mué en dénonciateur des abus au sud de la Méditerranée ?

Mis à part, aux deux extrêmes, les dévots porteurs du « fardeau de l'homme blanc », lequel serait investi par la Providence ou la Raison d'une mission imprescriptible et sacrée, nonobstant frontières et discordances culturelles, et les intégristes de la différence et du quant-à-soi irrémédiable, nous avons vu et nous verrons que la grande majorité de ceux qui ont eu à faire avec la chose coloniale, du XVIe au XXe siècle, sont passés par les diverses phases de l'enthousiasme, de l'approbation, de la réflexion, de la critique, de l'appel aux réformes, certains seulement aboutissant à la remise en question radicale – et le plus souvent sous la pression d'événements qui ne laissent plus beaucoup de marge à la réflexion.

C'est le cas par exemple d'un homme d'État qui incarne la démocratie française au XXe siècle, Pierre Mendès France. Né à la politique dans le cadre du parti radical, alors sentinelle du domaine colonial, entré en histoire dans la mouvance du général de Gaulle au temps où le gaullisme devait sa survie à l'Empire, le député de Louviers allait lier son nom à l'amputation de l'Indochine du « patrimoine national », opération saluée comme salvatrice alors qu'elle eût semblé trente ans plus tôt sacrilège à l'opinion française.

Ainsi la décolonisation apparaît-elle plus souvent comme le reflet des circonstances adverses que comme une stratégie longuement mûrie et fondée sur la condamnation de principe d'un système de gestion.

Mais si une ébauche d'histoire de la décolonisation conduit à poser une question moins en forme de « qui ? » qu'en forme de « quand ? », il est tout de même permis d'établir une certaine typologie des artisans de la décolonisation classés non seulement par rubrique professionnelle – explorateurs, administrateurs, militaires, ecclésiastiques, politiques, intellectuels... – mais aussi par attitudes globales à l'égard du système. Ainsi, mieux que les réformistes des révolutionnaires, peut-on distinguer ceux qui réclament de simples correctifs de ceux

qui rappelleront le caractère transitoire de ces régimes et, en conséquence, préparent les lendemains, et de ceux qui, en récusant le principe même, ne s'occupent que d'en assurer la liquidation. Réformistes, décolonisateurs, anticolonialistes...

Trois écoles, trois attitudes, trois types de tempérament – mais
certes pas figés : tel qui se veut sagement réformiste en 1950 se
retrouvera contempteur du régime en 1960, et tel qui le dénonce à
Saigon le défend simultanément à Rabat. Les glissements, les croise-
ments se produisent entre Massignon et Rivet, entre Soustelle et
Catroux. Le mainteneur d'hier se mue en négociateur, le « libéral » se
retrouve dans le camp de la répression.

En ce domaine plus encore que dans la plupart des autres, le
temps, les circonstances, les rapports de force, le cours de l'histoire,
commandent plus souvent que les principes, et la tactique l'emporte
volontiers sur la stratégie.

Sans illusion sur la rigueur de ce « classement », on reviendra sur
les trois écoles de pensée et d'action, observant d'entrée de jeu que la
troisième, la plus radicale, est, de très loin, la plus réduite. C'est donc
par elle que l'on commencera.

Qui, avant la fin de la première décennie du xxᵉ siècle, rejette radicalement toute forme de colonisation ? Seuls, probablement – mais on
n'a pas lu tous les carnets de route, ni écouté toutes les confessions, ni
sondé toutes les consciences – quelques écrivains qui n'engagent que
très indirectement leur responsabilité – Anatole France, Léon Bloy,
Maupassant, qui jugent outrageant le gaspillage de vies humaines
impliqué par l'effort colonisateur. S'intéressent-ils plutôt à celles des
jeunes colonisateurs qu'à celles des colonisés ? Il serait téméraire de
l'écrire, à propos en tout cas de l'auteur de *L'Ile des Pingouins*. Il
n'avait, dira-t-on, aucune expérience directe de ces régimes. On ne
jurerait pas qu'un séjour de M. France à Alger, vers 1900, l'eût
conduit à plus de « réalisme ».

L'anticolonialisme radical se développe surtout dans les cercles
anarchistes et dans les premières organisations socialistes – celles surtout qui s'inspirent de syndicalisme révolutionnaire – de Griffuelhes
à Monatte. Là s'exprime un rejet sous réserve – fondé sur le système
de double oppression qui lie le colonisateur au colonisé, le troupier
expédié au Sénégal pris dans la tenaille d'une situation qui l'instru-
mentalise en conquérant d'abord passif, ensuite négatif. Pour cette
école, les mots de Tonkin, de Congo, plus tard de Maroc sonnent
comme des malédictions de la classe ouvrière ou du monde paysan.

C'est le discours des anarchistes Jean Grave et (sur un autre registre) Elisée Reclus, de socialistes, Gustave Hervé entre autres, fort différent de celui de Jaurès, jusqu'à ce que la guerre du Maroc conduise celui-ci à des réquisitoires rigoureux.

On ne s'arrêtera ni sur l'évolution de Jean Jaurès (décrite ci-dessus par Madeleine Rébérioux) ni sur le retournement de Gustave Hervé, dont la tragédie de 1914 fait soudain, de l'homme du « drapeau dans le fumier », un nationaliste qui sera le premier à exiger l'appel à Pétain dès le début des années 30.

La percée de Félicien Challaye

Mais de tous les discours anticolonialistes « de gauche » du début du siècle, deux méritent avant tout d'être écoutés, celui de Paul Louis, parce qu'il est un réquisitoire cohérent, une intelligente application du marxisme à la question coloniale, assez fouillée pour ne pas le réduire à une simple version en couleurs de la lutte des classes ; et celui de Félicien Challaye, qui a l'avantage sur la plupart de ses compagnons de bord de pouvoir faire état d'expériences coloniales très diverses, conduisant à des recoupements éloquents et souvent probants.

On lira par ailleurs certains textes de ce normalien né au lendemain de la Commune, et qui, condisciple et ami de Péguy, a consacré sa bourse universitaire à des enquêtes outre-mer, de l'Inde à Java et de l'Annam à l'Égypte, fait quatre fois le tour du monde et accompagné Savorgnan de Brazza lors de l'enquête menée en 1905 sur les atrocités répressives au Congo.

Challaye, dont les références idéologiques sont fluctuantes – du socialisme péguyste au communisme et du radicalisme à l'anarchisme pacifiste intégral (qui le conduira à collaborer à la presse parisienne sous l'Occupation) – est l'expert colonial auquel se référeront Gide et Alain, Romain Rolland et Paul Langevin. Un naïf ? Un roué ? Il a constitué des dossiers impressionnants sur le régime imposé par les grandes compagnies concessionnaires au Congo, au Tchad et en Oubangui : les enquêtes de Gide lui doivent beaucoup.

La crédibilité de Félicien Challaye ne tient pas seulement à son courage civique mais à sa minutie d'enquêteur. « J'y étais » est un argument souvent fallacieux, et d'ailleurs allégué le plus souvent par les avocats de la colonisation. Avoir fait pousser des oranges dans le Rharb ou des mangues sur le Mékong ne donne pas autorité pour trancher du rapport entre les cultures européennes, africaines et asiatiques.

Mais dans le cas de Challaye, l'argument se consolide du fait que son enquête majeure fut menée au Congo au côté du découvreur et fondateur, Brazza, après vingt ans d'exercice – par d'autres... – du pouvoir colonial. Que l'auteur du *Congo français* ait généralisé parfois à partir d'horreurs très locales ne peut faire que de tels abus n'aient pas été de pratique assez courante pour donner son ton et son visage à l'exploitation coloniale.

Si ce pacifiste se refuse à préconiser, pour mettre fin au système, à la lutte armée, qu'il juge suicidaire du point de vue indigène, s'il croit aux « étapes » vers l'émancipation coloniale, s'il se rallie à la formule d' « évolution révolutionnaire » empruntée par Jaurès à Marx, s'il conseille aux colonisés enfin émancipés de s'inscrire dans un ordre fédéral n'excluant pas les dominateurs d'hier, si ces thèses semblent bien modérées au regard de celles d'un Sartre ou d'un Fanon un demi-siècle plus tard, Félicien Challaye n'en est pas moins l'un des chefs de file du courant radical : le système colonial, pervers dans son principe, horrible en ses effets, et dangereux pour la paix doit être, par des voies à définir en vue d'économiser le plus possible de vies humaines, liquidé.

C'est dans la lignée de Challaye qu'il faut situer la plupart des anticolonialistes du xxᵉ siècle – à l'exception des machiavéliens de la IIIᵉ Internationale, dont la stratégie colle si parfaitement à celle du pouvoir de Moscou qu'elle peut comporter, en Indochine, en Algérie, d'étranges élans de mansuétude ou de prudence à l'égard d'alliés, provisoires ou non, de Staline et de ses successeurs.

A l'exception aussi des romantiques du combat tiers-mondiste dont le héros sera Frantz Fanon et le prophète (à éclipses) Jean-Paul Sartre, en tout cas le préfacier des *Damnés de la Terre,* appelant non seulement à la violence révolutionnaire mais à la liquidation physique du colon, seule capable selon lui de libérer le colonisé *.

Trois militants : Guérin, Bourdet, Barrat

Ni machiavélique ni romantique, l'anticolonialiste type du xxᵉ siècle paraît être Daniel Guérin. Né au début du siècle, bourgeois de Paris, il adhère très jeune à la gauche prolétarienne. Tenté par l'anarchisme, séduit par le marxisme, très lié à Marceau Pivert, le leader du courant gauchiste de la s.f.i.o. (que Léon Blum chargera en 1936, avant leur rupture, des émissions radiophoniques du Front

* Voir le chapitre 9 : *Les Temps modernes.*

populaire), rallié au trotskisme, déporté en Allemagne en 1942, Guérin allait se consacrer progressivement à la lutte contre le système colonial.

Daniel Guérin ne se contente pas d'écrire *Au service des colonisés* (1954), il milite au sein de la IVe Internationale, anime dans un style rageur et avec une ardeur inlassable les campagnes contre les guerres coloniales, adhère à France-Maghreb où son dynamisme provocant effarouche quelques notables. C'est un ultra aux exigences maximalistes, harcelant ses alliés anticolonialistes, les traitant de timorés...

Toujours minoritaire, à jamais protestataire, intrépide et irritant, mêlant volontiers au procès de la colonisation les plaidoyers pour l'homosexualité, il dérange, s'agite, véhément et indigné, jusque parmi les « *121* » rebelles à la guerre d'Algérie. Souvent exclu, jamais en paix, il joue le rôle d'un acide qui contribuera, en fin de compte, à corroder la machinerie coloniale.

Faut-il situer dans son sillage Claude Bourdet? Lui aussi fils de bourgeois parisien, lui aussi résistant héroïque (cofondateur de Combat) et déporté en Allemagne, le fondateur du premier *Observateur* a l'originalité, par rapport à ses précurseurs et à la plupart de ses compagnons du grand combat anticolonialiste, de ne pas récuser toutes références chrétiennes. Il a collaboré au *Temps présent* d'inspiration dominicaine en 1937 avant de rallier le *Témoignage chrétien* d'origine jésuite après la guerre.

Comme Guérin, Bourdet est intrépide. Comme lui, il est de ceux qui ne restent jamais en repos, qui ne se satisfont d'aucune concession tactique de l'adversaire. Le combat pour la libération des peuples ne comporte pour lui nulle halte. Hubert Beuve-Méry, directeur du *Monde*, fait-il de ce journal, le plus prestigieux de France, le contempteur permanent de l' « ordre » colonial? Bourdet le taxera volontiers de pusillanimité. Pierre Mendès France fait-il cesser le feu en Indochine? Le maître de l'*Observateur* critiquera les concessions qu'il a exigées de l'adversaire et celles qu'il a faites à ses alliés. Quant à de Gaulle (dont il fut l'allié courageux sous l'Occupation...) il est peu de dire qu'il tarde à voir, en ses démarches, le moindre signe d'ouverture...

Claude Bourdet est le janséniste de l'anticolonialisme. Son implacable article « Votre Gestapo d'Algérie » (1955) marque une époque, celle de la lutte frontale contre le très puissant lobby algérien. À ce titre, le directeur de l'*Observateur* est un pionnier, un ouvreur de piste. Mais, parti sur ce terrain, il n'aura de cesse qu'il n'ait fait rendre gorge à l'ennemi. Comme Guérin, c'est un chercheur d'absolu.

Autre idéaliste radical : Robert Barrat. Lui, il a trouvé l'inspiration de son combat dans le christianisme vécu. Rien de plus irréductible à la colonisation que le sermon sur la montagne. Barrat, normalien « tala », en tire les conséquences : il publie *Justice pour le Maroc* (préfacé par Mauriac qui l'admire), multiplie les reportages et les interviews chez les « rebelles ». Flanqué de sa femme Denise, qui le supplée quand il est interné, il devient l'un des procureurs les plus ardents du procès fait à la colonisation. Et parce qu'il est de toute évidence un juste, et qui ne demande rien que la justice, il est écouté.

Sur cette voie, Guérin, Bourdet ou Barrat ne cheminent pas seuls. Ils sont parfois dépassés par tel ou tel équipier des *Temps modernes,* une Beauvoir, un Pouillon, un Jeanson surtout – qui, lui, passe dans la clandestinité aux côtés du F.L.N., pousse à son terme la logique de l'anticolonialisme militant, comme l'ont fait pour leur part en Indochine – et en contradiction avec les consignes « réalistes » de leur parti – Georges Boudarel et un certain nombre de militants communistes.

Dévoiement de l'anticolonialisme ? La plupart de ceux qui ont combattu la colonisation par la voix ou par la plume le croient, persuadés que là se limite leur mission. Où passe ici la frontière ? Entre l'agir et le dire ? Qui dénonce, alors que la crise a dégénéré en guerre, les tares ou les crimes du système, les « bavures », les horreurs du combat, tire-t-il dans le dos de ceux qui sont mobilisés par la nation pour les défendre ? Un ancien ministre de la Guerre réclamait six balles dans la peau des « demi-traîtres » de la presse. Et pour Clemenceau au Tonkin, Anatole France en Tunisie, Robert Barrat en Algérie ?

On l'a dit : les questions que pose la colonisation ne sont pas simples, et moins encore les réponses. Dans le combat, dans les diverses formes de combat menées contre elle, où chercher d'autres règles que dans la conscience de chacun, selon l'idée qu'il se fait de ce système, des droits et devoirs qu'il crée, des méthodes d'acquisition et de défense qu'il implique, des victimes qui peuvent lui être imputées ?

Cartiérisme et communisme

L'éloquence tragique de certains combattants anticolonialistes ne doit pas faire négliger un courant parallèle, issu d'une tout autre école de pensée ou d'information, qui n'aurait pas moins contribué à saper les positions impériales : celle qu'on résume sous le vocable de « cartiérisme ».

Curieux personnage que Raymond Cartier, opulente vedette du « grand » journalisme, star de l'hebdomadaire à sensation *Paris-Match*. Ceux qui l'ont connu avant 1956 le tenaient pour le brillant miroir, promené à travers le monde, de l'opinion bien-pensante et des milieux d'affaires.

De Moscou à Calcutta et d'Alger à Buenos Aires, cet augure allait apparemment quêter de quoi consolider les certitudes des possédants : le communisme est l'ennemi, la misère des masses déshéritées de l'univers tropical est son atout majeur, l'Occident doit tenir bon sur ses positions coloniales, ses bases militaires et sa bonne conscience (fortement armée).

Soudain, pendant l'été 1956, paraît dans *Paris-Match* une enquête du même journaliste, dénonçant les colonies comme une « mauvaise affaire », comme un piège, le tonneau des Danaïdes.

Peu d'anticolonialistes ont posé aussi brutalement le problème des fondements de l'entreprise coloniale, et donné une réponse plus radicale. Peu ont eu autant d'influence. Tard, il est vrai, dans l'histoire de la colonisation. Mais en cette phase crépusculaire, quelques mois après la proclamation de l'indépendance du Ghana, au plus fort de la crise de Suez, le pétard lancé par le considérable M. Cartier et relayé par maints organes de la droite d'affaires (et, sur l'autre bord, par *Le Canard enchaîné*) aura fort contribué à l'effondrement de l'édifice lézardé.

Telle apparaît, *grosso modo*, la famille des liquidateurs, aussi complexe et contradictoire que la colonisation elle-même, de Félicien Challaye à Robert Barrat, des *Temps modernes* à *Paris-Match*, de Jean-Paul Sartre à Raymond Cartier, auxquels il faudrait adjoindre quelques religieux hantés par le « péché » colonial, le père Cardonnel ou le pasteur Trocmé, témoins horrifiés de misères insoutenables et de répressions inqualifiables.

Pourquoi ne pas ranger, dans cette corbeille, les communistes? Les programmes de la IIIᵉ Internationale sont très clairs, et tendent bien à la liquidation des empires coloniaux – convertissant ainsi au communisme des hommes comme l'Indien Roy, le Vietnamien Nguyen Aï Quoc – le futur Hô Chi Minh – et le Malgache Ralamongo.

Mais les besoins de la stratégie soviétique mettront souvent une sourdine à ces principes proclamés et adoptés au congrès de Tours de décembre 1920 par la majorité qu'animent Cachin, Frossard et Vaillant-Couturier. L'exemple le plus frappant de ces accommodements communistes avec les réalités de la colonisation est le vote des élus du parti, en janvier 1956, en faveur de l'envoi du contingent en Algérie : feu vert à la guerre coloniale – pour ne pas se « couper des masses ».

Moins connue est la raison pour laquelle, dix-sept ans auparavant, le jeune Albert Camus quittait le Parti communiste algérien : aux yeux de l'auteur de *L'Étranger,* ce parti se contentait de transposer la lutte des classes en Afrique, sans discerner le caractère spécifique de la situation coloniale, ni la nature culturelle de la revendication des « Arabes ».

Pendant la période cruciale de la décolonisation (1945-1962), les communistes ne se comportent en anticolonialistes radicaux qu'autant que les combattants de cette cause sont plus ou moins liés à l'appareil de Moscou : rejet de Nasser jusqu'en 1960, méfiance originelle à l'encontre du soulèvement algérien, ignorance du fait palestinien... Et vis-à-vis du Viêt-nam lui-même, voire de Cuba en 1962, le soutien de l'U.R.S.S. à ses amis dressés contre l' « impérialisme » ne sera pas exempt de quelques éclipses.

Si quelque « venin » anticolonialiste issu du léninisme reste pourtant sensible tout au long de cette histoire, c'est surtout chez les militants de la IVᵉ Internationale. C'est à ce groupe que se rattache le plus volontiers Daniel Guérin. C'est parmi ces cercles que se sont formés les journalistes les plus militants de *Franc-Tireur* comme Georges Altman (on traitera à part, bien sûr, de Jean Rous) et c'est encore du trotskisme que relèvent de près ou de loin ces adversaires éloquents du colonialisme que furent l'avocat Deschezelles et le sociologue David Rousset.

Le marxisme est trop profondément dialectique et le léninisme trop machiavélien pour que la IIIᵉ Internationale se posât en contradiction radicale, en antagonisme absolu avec les empires coloniaux. L'analyse historique ultérieure démontrera plutôt, peut-être, que l'effondrement des uns aura contribué à la dislocation de l'autre, comme le délabrement d'un vieil immeuble menace de ruine celui, moins vétuste, auquel il est adossé ; comme le noyé entraîne l'autre naufragé dans sa perte ; comme le preneur d'otages s'abat dans la même rafale que sa victime.

Une décennie seulement aura séparé la liquidation des vieilles dominations impériales forgées au XIXᵉ siècle, et la liquéfaction du domaine forgé par Staline au lendemain de la Première Guerre mondiale. Inséparables ? Trop complémentaires pour être longtemps dissociés ? Ou trop symétriques pour ne pas s'abîmer dans une mortelle fascination commune ?

Charles-André Julien, de la révolution à la réinvention

Les sociétaires du deuxième groupe, ceux qui prétendent moins à faire table rase qu'à préparer et organiser le passage du système impérial à l'émancipation par des modes progressifs et pacifiques, en rappelant le caractère essentiellement transitoire de la colonisation, ne se différencient pas toujours aisément du parti des dynamiteurs — ni de celui des simples réformistes.

On rappellera une fois de plus qu'il s'agit souvent d'une affaire de dates, ou de circonstances. Parfois aussi de « situations », ou même de langage. Tel détenteur du pouvoir usera d'une formulation très prudente, recouvrant des intentions hardies. Tel intellectuel jouera de son éloquence de tribune, qui recouvre une profonde pusillanimité dans l'action.

Trois hommes incarnent en tout cas, à des titres fort divers, ce deuxième courant (compte tenu de la place faite par ailleurs à Jacques Berque *) : Charles-André Julien, Jean Rous et, sur l' « autre rive », mais non sans conséquence, on le verra, Raymond Aron. Deux « idéologues » du refus du colonialisme conduits par leur sagesse à l'évolutionnisme actif, et un réformiste machiavélien formé aux deux disciplines économique et sociologique et conduit par l'une et l'autre voie à la recherche d'une issue aux impasses coloniales.

Charles-André Julien, cadet de Félicien Challaye, ami de Daniel Guérin, fut longtemps considéré comme un homme du premier groupe, celui du combat de rupture avec le système colonial. Auditeur de Jaurès, historien indigné par l'histoire officielle de la conquête, élu socialiste de l'Algérie à la veille de la Première Guerre mondiale, n'avait-il pas adhéré en décembre 1920 à la majorité du congrès de Tours favorable à la IIIᵉ Internationale, alors dressée contre l' « impérialisme » et prête à toutes les formes d'action collective contre la colonisation?

Lors de sa visite à Moscou avec la délégation des majoritaires, Julien subit l'ascendant quasi irrésistible de Lénine – non sans observer que la patrie du socialisme ne réservait pas aux citoyens-camarades un sort très enviable... Jusqu'en 1925 en tout cas, il restera fidèle à la fraction bolcheviste, la seule qui mette fermement l'accent sur l'exploitation sans limite du prolétariat colonial, la seule qui admette alors ses revendications nationalistes et qui s'attache à

---

* Voir ci-dessous, p. 210.

redécouvrir, sous le fatras de l'enseignement officiel, des bribes de réalités historiques.

Cinq ans après les débats de Tours, un an après la mort de Lénine et l'avènement de Staline, Charles-André Julien répond à l'invite prophétique que lui avait lancée Blum à l'issue du congrès de la scission : « Au revoir, Julien ! » Le leader des minoritaires socialistes estimait trop l'historien pour n'être pas assuré de son retour parmi les démocrates.

Mais en réintégrant sa famille intellectuelle et morale, celle des droits de l'homme, l'historien savait qu'il faisait sienne une doctrine « coloniale » qu'il avait précisément récusée. Le texte des minoritaires de Tours (Blum, Longuet, Faure, Moutet) exprimait bien l' « amitié » des socialistes pour les peuples opprimés, notamment ceux des colonies françaises ; et prônait l' « action émancipatrice sous ses diverses formes », mais à l'exception de la guerre. Exclure la violence, n'était-ce pas s'exposer à prolonger indéfiniment le *statu quo* ?

Charles-André Julien n'a jamais – ni avant ni après 1925 – mis en doute que les colonisés fussent appelés à recouvrer, selon un rythme à définir et par diverses voies, la totalité de leurs droits. Avait-il jamais inscrit la lutte armée à son ordre du jour ? Le fait est que, légaliste mais assuré des chances de la révolution par la loi, il devint le maître à penser, en ce domaine, d'un parti socialiste destiné tôt ou tard à ce que Léon Blum appelait l' « exercice du pouvoir » par le bulletin de vote.

Mais l'historien n'était pas le seul augure du parti en ce domaine, et moins encore le principal « décideur ». Sa vieille amitié avec Jaurès et son expérience personnelle vouaient plutôt à ce rôle Marius Moutet – qui portait jusqu'au sublime l'art d'opposer le principe de réforme à l'idée de révolution, surtout sous les tropiques, et faisait de l'acceptation du fait colonial le point de départ de toute évolution.

En 1936, Léon Blum, qui penchait intellectuellement dans le sens de Julien, mais devait tenir compte de l'autorité de Moutet et de la réputation du « spécialiste » qu'il s'était faite dans le parti s.f.i.o., ne put manquer de remettre au second la charge du ministère des Colonies. Mais il put confier au premier une mission importante : le secrétariat général du Comité méditerranéen chargé de définir des statuts nouveaux pour les États « sous mandat » (Syrie, Liban) et les pays d'Afrique du Nord.

Du traité d'indépendance de la Syrie, signé en septembre 1936 avant d'être rejeté par une Chambre des députés dite « de Front populaire » mais aveugle aux revendications des peuples, au nouveau statut de l'Algérie, dit Blum-Viollette, qui avant d'être bloqué par les extrémistes des deux camps ouvrait la voie à l'électorat algérien (et constituait peut-être, après celle que n'avait pu jouer Clemenceau, la dernière chance d'une solution politique en Algérie), le comité Julien multiplie les initiatives sous le signe du « réformisme révolutionnaire ». Peine perdue. Efforts « prématurés ».

Révolutionnaire écœuré par le totalitarisme, Julien s'est retourné vers la réforme. Réformiste, comment va-t-il réagir au conservatisme? Par la fidélité au principe de réforme. Par un souci accru de dépister la vérité historique dans l'affabulation coloniale – et aussi systématiquement dans la légende précoloniale des nationalismes éperdus de nostalgies millénaristes.

C'est un Charles-André Julien fort de ces diverses épreuves et expériences qui aborde, à la fin de la Seconde Guerre, les échéances décisives en Afrique du Nord. Entre-temps, il s'est affirmé comme un maître de la recherche historique. De la cruelle répression du Sétifois en mai 1945 à la déposition du sultan du Maroc en août 1953, on voit le professeur Julien faire de sa chaire en Sorbonne un observatoire privilégié, et parfois une tribune.

Il est, avec Louis Massignon et François Mauriac, l'un des fondateurs de France-Maghreb. Il ne cesse d'y affirmer une vigilance, une pugnacité, une compétence incomparables : nul ne connaît mieux que lui les données historiques, politiques, juridiques, sinon religieuses, de ces tragédies – de l'affaire des Khroumirs tunisiens en 1881, à celle du dahir berbère marocain de 1931, et aux élections algériennes truquées de 1951.

Censeur impitoyable, il ne cesse d'alerter les pouvoirs publics, d'un article du *Monde* à une intervention à la Mutualité. Et l'heure venue, il prend ses responsabilités en acceptant, l'âge de la retraite dépassé, de partir pour Rabat comme recteur de la première université du royaume indépendant.

Un des livres qui lui ont été consacrés est intitulé *Une pensée anticoloniale*. Certes. Mais ce qui fait l'originalité de ce grand historien-citoyen, c'est d'avoir été constamment en quête du possible, de la reconstruction. Anticoloniste, oui. Mais ce protestant frotté de marxisme était assez bon dialecticien pour chercher en tout la synthèse créatrice.

La sagesse hardie de Jean Rous

Tout aussi caractéristique de ce courant de pensée et de cette méthode d'action fut celui dont le nom résume et synthétise l'anticolonialisme français au milieu du XXe siècle : Jean Rous.

Catalan très attaché à sa terre et à sa culture originales, Rous s'était très jeune reconnu dans le trotskisme, ses exigences, sa véhémence, sa rigueur dialectique. Tout devait le conduire à l'intransigeance, à l'exigence, au tout ou rien. Qui s'apprêtait à le rencontrer pour la première fois s'attendait à faire face à quelque père Duchesne, à un Marat, à un ultra de l'anticolonialisme...

... et se trouvait en présence d'un Méridional bon enfant, rondouillard, rubicond, chaleureux, attentif à tout, plus auditeur qu'orateur, sagace et accueillant. Un politique dans le sens plein du mot. L'histoire portait Rous aux extrêmes. Son tempérament et son esprit le ramenaient à la mesure, à la modération ou, mieux, au *réel* – car c'est le mot qui résume le mieux ce militant nourri d'un enseignement menant à la rupture et qui se comporta toute sa vie en très dynamique avocat du possible.

Minoritaire en tant que Catalan, citoyen d'une république jacobine, issu d'une petite-bourgeoisie rurale dont viennent souvent des militants avides d'en remonter aux prolétaires par l'intransigeance, venu à la vie publique (en même temps que Pierre Mendès France) au temps du Cartel des gauches qui s'était fracassé contre le « mur d'argent », Rous avait médité la savoureuse formule de Proudhon : « Gaulois goguenard, fais-toi extrême, afin d'être moyen. » Non qu'il prétendît à n'être que « moyen ». Mais il avait vite compris que, dans la société politique française, l'affadissement est la tentation de tous les instants, et que pour se tenir debout, il faut tendre au sommet. Que pour être fidèle à un projet, il faut lui donner dès l'origine la projection la plus altière, la plus ambitieuse. Il sera toujours temps d'en rabattre pour ne pas décoller, dans l'action, du réel...

La première partie de la vie de Jean Rous avait été consacrée à la révolution en Europe, de son adhésion au socialisme au milieu des années 20. Mais comment être fidèle à la fois à Jaurès qu'il aime et à Lénine qu'il admire? Il pense que c'est en rejoignant Léon Trotski, au début des années 30 : sa condition de proscrit confère alors à l'implacable fondateur de l'Armée rouge cette saveur, cette dimension libertaire qui est inséparable, chez Rous, de l'idée de révolution. D'un Trotski au pouvoir à Moscou, il se fût détourné probablement aussi vite que Charles-André Julien de Lénine. Mais le « vieux » pourchassé par Staline de Prinkipo à Royan et à Mexico porte sur lui l'auréole de la liberté brimée et la noblesse de ceux qui sont en butte à la tyrannie.

Au surplus, son discours ne se réduit pas à l'antistalinisme, au démontage magistral du système « despotique oriental ». Il suggère, propose, entraîne, assignant au socialisme français un rôle moteur

dans la réhabilitation du mouvement révolutionnaire figé par la
IIIe Internationale. Et pour ce faire, le proscrit incite ses amis,
dont Rous, à rejoindre les rangs de la s.f.i.o., pour y animer un
courant ardemment militant (tactique dite de l' « entrisme »). Trotski fait assez peu de cas de Blum, mais il croit au dynamisme
interne des organisations et à la pesée des circonstances. Face aux
fascismes qui se développent ici et là, le socialisme retrouvera son
esprit combatif.

Ainsi, sous le regard du « vieux », Jean Rous devint-il un des animateurs de la tendance radicale de la s.f.i.o, aux côtés de
Zyromsky (qui dérivera vers les communistes orthodoxes) et Marceau Pivert. Et, très vite, c'est à la révolution espagnole (dans son
espace catalan) qu'il consacre ses forces, chargé d'une mission spéciale de Trotski auprès du leader catalaniste Andrès Nin, créateur
du poum (Parti ouvrier d'unification marxiste), plus proche d'ailleurs des anarchistes de Durruti que des communistes – qui le
feront assassiner.

D'Espagne, et de la clandestinité où il vit sous l'Occupation, Jean
Rous revient plus déterminé que jamais à rendre sa pugnacité au
socialisme démocratique. Entre-temps, Trotski est mort à Mexico,
abattu par un agent stalinien. Au congrès s.f.i.o. de 1946, Rous interpelle Léon Blum, tout récemment revenu de déportation, plus soucieux de concorde démocratique que de militantisme marxiste :
« Que faites-vous, camarade Blum, de la lutte des classes ? »

Mais la lutte des classes n'est plus l'ordre du jour, les socialistes
mettant surtout leurs soins à barrer la route à une prise de pouvoir
autoritaire des staliniens (si ce n'est pas des gaullistes...), et s'atta-
chant surtout à faire figure de parti démocratique et « raisonnable ».
Jean Rous tentera bien de ranimer la flamme révolutionnaire en
créant en 1948 un mouvement auquel Sartre, David Rousset et Léo-
pold Senghor apportèrent l'appui de leur éloquence et de leur prestige, le Rassemblement démocratique révolutionnaire (r.d.r.). Peine
perdue : pris en tenaille entre le sectarisme totalitaire du p.c.f. et les
ruses manœuvrières de la s.f.i.o., le r.d.r. sombra vite.

Mais déjà notre Catalan avait découvert l'horizon où pouvaient se
déployer ses ardeurs émancipatrices : celui des colonies. Deux ans
plus tôt, au tout début de 1947, un jeune journaliste revenant d'Indochine après dix-huit mois d'expériences fort éclairantes, frappait à la
porte de *Franc-Tireur,* le journal le plus constamment engagé alors
dans la dénonciation de la guerre asiatique, porteur d'une lettre de
Louis Caput, animateur de la section socialiste de Saigon, pour Jean
Rous.

De cette rencontre, le journaliste en question * devait garder le souvenir (souvent ranimé depuis lors) du souci de s'informer qui animait le collaborateur de *Franc-Tireur,* de la précision de ses questions, de son souci du détail, de son application à saisir la réalité humaine dans le débat politique – du « comment vit-on dans les villages », s'agissant du prix des denrées sur les marchés ou des tactiques des combattants du Viêt-minh. A qui fournissait-il ces données, le jeune journaliste intimidé et séduit : à un militant socialiste? A un sociologue? A un homme de gouvernement digne de ce nom, soucieux de n'agir qu'en fonction des faits? Tel lui apparut d'emblée Jean Rous, et tel il le revit pendant plus de trente ans, du Maroc au Sénégal, de l'Égypte à l'Algérie.

C'est peu après (1948) que l'ancien confident de Trotski fonda, avec son ami travailliste anglais Fenner Brockway, le Congrès des peuples contre l'impérialisme, dont il devint le secrétaire général et qui allait donner sa véritable dimension et son sens à la deuxième partie de sa vie, consacrée à la lutte contre le colonialisme et la mise en œuvre de l'émancipation des nations sous tutelle.

Dès lors, le socialiste catalan devint une sorte de mentor débonnaire, paternel, infatigable, de tous ceux qui, de par le monde, sont en quête de liberté collective. Un obstacle, dans cette grande entreprise : ses rapports d'ancien trotskiste avec les hommes de la IIIᵉ Internationale qui s'efforcent, d'Asie en Amérique latine, d'identifier la lutte anticolonialiste à la stratégie soviétique. Rous n'a pas oublié les analyses du « vieux », ses réquisitoires contre le totalitarisme sanguinaire de Staline. Il n'a oublié ni le meurtre d'Andrès Nin ni l'assassinat de Trotski. Il sait tout ce que le stalinisme porte en ses flancs d'impérialiste, de cynique et de sectaire. Le récuse-t-il pour autant comme allié? Non. Mais ce sont ses interlocuteurs eux-mêmes qui n'ont jamais fini de faire peser sur le compagnon de Léon Trotski les soupçons les plus insidieux.

Autre adversaire : l'intégrisme nationaliste ou religieux, qui jouera contre Rous, notamment dans le monde arabe, où ne cesseront de se faire entendre contre lui les dénonciations contre son laïcisme, ses sympathies marxistes, ses amitiés israéliennes, tout ce qui constitue un système que son admirable sens de la fidélité le conduira à ne jamais abandonner.

Fidélité? Cette vertu lui portera surtout tort à propos de la question algérienne. Au temps où, avant presque tous les autres (Julien et Guérin exceptés), il s'occupait à chercher une solution de rechange

---

* L'un des deux auteurs de ce livre.

au système de domination en Algérie, il avait noué des liens avec Messali Hadj, leader du premier véritable mouvement nationaliste algérien, le M.T.L.D. (Mouvement pour le triomphe des libertés démocratiques), refondu plus tard en P.P.A. (Parti populaire algérien), transformé ensuite en M.N.A. (Mouvement national algérien).

Or, il se trouve que ce n'est pas Messali, alors sous le contrôle des autorités françaises, c'est le C.R.U.A. *, créé par des dissidents qu'exaspère le culte de la personnalité entretenu autour du vieux chef, qui déclencha l'insurrection du 1er novembre 1954, qualifiée d'« aventuriste » par Messali (comme par le P.C.F., d'ailleurs).

Les processus d'amplification de la lutte, puis de recherche de la paix, allaient se dérouler autour et par la voie du F.L.N., laissant le pionnier fidèle à ses amitiés messalistes presque constamment en marge ou taxé de trahison, de double jeu. Jean Rous savait tout cela, et avait mesuré le handicap que constituait pour lui le fait d'être l'ami de Messali Hadj. Il le resta. Jamais le souci d'efficacité – si grand et fort qu'il fût chez lui – ne le conduisit à prendre les distances à l'égard du pionnier à la barbe fleurie. Situation qu'exploitèrent contre lui, bien sûr, les machiavéliens émérites formés par Thorez et les siens. Chien de trotskiste, agent de Messali...

Il y a bien longtemps que notre Rous avait fait fi de ce genre d'attaques. Bien longtemps aussi que son attachement à la révolution, et surtout à l'émancipation des colonisés, lui avait fait choisir d'autres voies que celle du « tout ou rien ».

Trois noms résument son parcours de décolonisateur, le situant assez loin du groupe des anticolonistes intégristes : Nehru, Bourguiba, Senghor. Un aristocrate indien, un bourgeois tunisien, un intellectuel franco-africain devenu le père de l'indépendance sénégalaise...

On eût bien surpris le jeune militant de Perpignan, le combattant d'Espagne, le confident de Léon Trotski si, vingt ans à l'avance, on avait balisé par ces trois noms son parcours de décolonisateur. Et c'est bien sur cette piste pourtant qu'il s'engagea, dans la mouvance du brahmane social-démocrate de Delhi, du stratège de Monastir attentif à ne jamais forcer le rythme de la marche vers l'émancipation, et du député du Sénégal à l'Assemblée française qui choisit, de fil en aiguille et de discours en négociation, de faire passer le Sénégal du rang de plus vieille colonie africaine de la France à celui d'État pilote de la Communauté des États indépendants arrachés par bribes à la souveraine paternité du général de Gaulle.

Les leçons de Trotski avaient ainsi subi de singulières inter-

* Comité révolutionnaire d'unité et d'action.

prétations. A vrai dire, c'est de Jaurès l'Occitan, son presque voisin, que Jean Rous était ainsi devenu le disciple, au terme de son audacieuse navigation à travers la révolution inventée par Lénine et ses compagnons. Qui est le vrai socialiste « scientifique », sinon celui qui trempe la doctrine dans les réalités de la vie, incomparable bouillon de culture, et qui, observant les modifications du corps plongé dans ce milieu, en tire les conséquences. Praticien de cette science essentiellement expérimentale qu'est la politique, esprit scientifique opposé au dogme.

Les vieux amis de Jean Rous, ceux qui l'ayant écouté et accompagné de Tunis à Dakar, le retrouvaient à la fin des années 50 à Florence, à l'occasion des colloques organisés par Giorgio La Pira en vue de rechercher diverses voies de paix en Méditerranée, l'appelaient affectueusement Jean XXIII. Du pape Roncalli, cet autre Jean avait l'onction joviale, le sourire large, l'audace novatrice, l'espérance chevillée au corps. Il avait poussé très loin cette sagesse suprême de la vie en société qui s'appelle l'esprit de révision, la correction de ce que l'on croit par ce que l'on apprend. Ce qui n'est ni reniement ni abandon, mais renouvellement.

Comme devait l'écrire de lui Bechir Ben Yahmed en 1968, « Trop peu de gens savent que cet homme a été, en France, le maître à penser de la plupart de ceux qui, aujourd'hui, occupent un poste de responsabilité dans le Tiers Monde ». Ce qu'ont été aussi, sous d'autres formes, de grands journalistes comme Beuve-Méry, Gilles Martinet et Jean Daniel.

Ce qui nous reste de Rous, en tout cas, c'est une leçon de sagesse. Cet homme, dont la vie s'était ordonnée à partir des schémas que nous savons aujourd'hui simplistes, ceux de la lutte des classes et de « l'impérialisme, stade suprême du capitalisme », où tant d'autres ont trouvé des incitations aux croisades aveugles et impitoyables, aux violences sommaires et aux liquidations massives, n'oublia jamais qu'il vaut mieux libérer des vivants que des morts, dût le chemin être plus long et moins fertile en triomphes de rues. Aussi anticolonialiste dans l'esprit que quiconque, il se voulut surtout décolonisateur.

Si audacieux que pût être le parallèle, on se prend à penser que, dans sa rondeur chaleureuse (et l'éloquence en moins, dont il était étrangement dépourvu, comme du talent d'écrire), Jean Rous a rempli le rôle que, dans le domaine colonial, se serait assigné Jean Jaurès, l'ayant dessiné à partir de la guerre du Maroc. Ne jamais transiger sur un espoir, mais ne jamais gaspiller une vie. Ne jamais cesser de guetter, dans un homme, fût-il investi de tous les pouvoirs par tous les trusts du monde, une lueur de compréhension – mais alors pousser cette compréhension jusqu'à ses limites. Telle eût été la sagesse hardie de Jaurès. Telle a été celle de Rous.

La lucidité de Raymond Aron

Les deux figures de Charles-André Julien et de Jean Rous dominent de si haut cette phalange des décolonisateurs positifs que l'on serait tenté, avant de donner la parole à leur compagnon Jacques Berque, de s'en tenir à cette double évocation. Mais il faut faire la place qui leur convient à ceux qui n'ont pas fait le procès de la colonisation pour des raisons idéologiques, humanitaires ou scientifiques (comme Marcel Griaule et Claude Lévi-Strauss, attentifs à faire justice des préjugés de hiérarchies ethniques qui ont longtemps fondé le système colonial) ou politiques, mais en fonction d'une rationalité économique et du respect des libertés.

On a rangé, parmi les liquidateurs d'empire, le très « réaliste » Raymond Cartier (« Plutôt la Corrèze que le Zambèze ! »). Sur un tout autre plan, et dans une perspective moins négative, il faut citer Raymond Aron, porte-parole d'une école aristocratique dont le journaliste de *Paris-Match* proposa en quelque sorte la version populiste.

Dans un livre par ailleurs fort bon, *Les Anticolonialistes*, Jean-Pierre Biondi assure que la position de Raymond Aron en ce domaine relève du « cartiérisme intellectuel » – ce qui est la caricaturer. D'abord parce que l'auteur de *L'Opium des intellectuels* ne prône aucune liquidation sommaire et n'appelle pas à interrompre l'effort de la France en faveur des anciens colonisés. Ensuite parce qu'il ne s'agit nullement, comme de la part de Cartier, d'un retournement improvisé : le grand sociologue avait, plus d'une décennie avant le journaliste, dès l'époque de la guerre, mis en doute la validité d'un maintien des positions impériales, et marqué son inclination à admettre, sinon l'indépendance du Vietnam qui lui semblait signifier une victoire du communisme, en tout cas celle de la Tunisie et du Maroc.

Son anticolonialisme – non, revenons, pour le coup, à anticolonisme – exprimé surtout à propos de l'Algérie (*La Tragédie algérienne, L'Algérie et la République*) reposait sur de très anciennes et savantes analyses de l'opération impériale – en tant qu'adversaire du protectionnisme, de la « préférence coloniale », ferment de conservatisme industriel et de stérilisation économique.

Le débat est vieux. Il avait opposé, dès la fin du xixᵉ siècle, Leroy-Beaulieu à Charles Gide. Il s'agit moins de « dépenses », comme dans l'argumentation simpliste de Raymond Cartier, que de structures du développement. Le domaine colonial est-il créateur de débouchés ou extincteur d'initiatives? Fournisseur de matières premières ou pervertisseur d'un échangisme nécessaire à l'expansion? Enferme-t-il ou non la production nationale dans une chasse gardée où se meurt le dynamisme créateur?

En instruisant le procès de la colonisation – comme l'avait fait avant lui au *Figaro* cet autre augure de la bourgeoisie éclairée qu'était Lucien Romier –, Raymond Aron reprenait le flambeau d'une école libérale dont les maîtres ont été Jean-Baptiste Say, Frédéric Bastiat et Frédéric Passy. Il ajoutait à ces arguments d'économistes ceux que lui inspiraient les terribles coûts humains – et moraux – qu'entraînait la guerre d'Afrique du Nord, et faisait valoir aussi que l'ensemble des relations internationales de la France – avec les Nations unies, les États-Unis et ses partenaires européens – souffrait cruellement de la poursuite des combats au-delà de la Méditerranée.

Enfin, l'auteur de *L'Opium des intellectuels* se garda bien d'un appel à l'abandon tel que le formulait Cartier. Pour lui, il n'était d'issue que dans une négociation avec le nationalisme, ne lui concédant, au-delà du nécessaire principe de souveraineté, que ce qui n'était pas néfaste aux intérêts de la France et des Européens d'Afrique du Nord. L'un des griefs – excessifs – qu'il fit au général de Gaulle aux prises avec ses interlocuteurs du F.L.N., ce fut de « tout lâcher » sans contrepartie.

Aussi bien range-t-on Raymond Aron, non dans le courant des liquidateurs révolutionnaires, mais dans celui de ces observateurs lucides qui n'ont jamais oublié que la colonisation, fructueuse ou non, « civilisatrice » ou pas, est par essence transitoire, et que le problème qu'elle pose à tout homme d'État avisé est celui de sa fin, en tout cas de ses métamorphoses.

Les réquisitoires de Brazza et de Gide

Face au régime colonial français, la cohorte la plus nombreuse et la plus prestigieuse est celle que constituent les innombrables témoins et acteurs qui, sans mettre en question le principe même de la gestion de collectivités « arriérées » (on dira plus tard « sous-développées », puis « en voie de développement », puis « insuffisamment développées ») d'outre-mer, en ont dénoncé les abus, voire les crimes, ou se sont plus ou moins obscurément attachés à en corriger les vices.

Dans cette foule récalcitrante, on trouvera des explorateurs et des administrateurs, des militaires et des missionnaires, des hommes d'État et des politiciens, des colons, des financiers et des écrivains : il n'est pas de corps de métier qui, en ce domaine, n'ait fait entendre sa voix, tant la matière est riche. Et ce ne sont pas toujours les plus intéressés qui furent les plus silencieux : de Brazza à Lyautey, de l'industriel Lemaigre-Dubreuil à Paul Teitgen, responsable de la sécurité en Algérie, du lieutenant de vaisseau Pierre Loti au général de Bollardière, des fondateurs d'empire aux hommes chargés de la répression armée, il se trouvera toujours un personnage doté d'assez de cœur ou de raison pour soumettre l' « ordre » colonial au jugement de l'opinion publique ou à la critique des institutions compétentes.

L'éclat de son nom et de ses services l'impose au premier rang de ceux qui ont instruit le procès de la colonisation : Savorgnan de Brazza. L'homme qui avait, dit-on couramment, « donné le Congo à la France », fut aussi celui qui, vingt ans plus tard, sut mener l'enquête pour dévoiler les tares du système bâti par ses successeurs – dont le plus notoire était Gentil. Au cours de la mission accomplie en 1905 à la demande d'un gouvernement français secoué par la révélation d'atrocités commises par des administrateurs coloniaux aux Congo, Savorgnan de Brazza, déjà frappé par la maladie qui allait l'emporter, découvre des horreurs qui le conduisent à dénoncer l'activité des grandes compagnies concessionnaires, menant à la « destruction des populations ». On n'avait pas encore donné un nom à cette pratique...

Paradoxalement, ce réquisitoire prononcé par un personnage légendaire entouré du respect général, et à la veille de sa mort – naturelle ? sa veuve le mit très ouvertement en doute... –, démontra, sinon la force de l'attachement des Français à leurs colonies, en tout cas la solidité du système et la faiblesse du courant anticoloniste. Si pathétique soit l'avertissement lancé par cette grande voix, ce dernier appel d'un illustre mourant, la presse fit mine de n'y voir que le cri d'un égaré, le Parlement ne jugea pas bon de s'interroger, le gouvernement put clore précipitamment le dossier...

Seules survécurent la protestation désespérée de l'épouse de Brazza et l'indignation de mieux en mieux documentée de leur compagnon de route Félicien Challaye. Mais par rapport à celles de Brazza lui-même, de quel poids étaient les dénonciations d'un jeune normalien socialiste plus ou moins illuminé ?

Vingt ans plus tard, c'est un nouveau procès de la colonisation en Afrique équatoriale que va instruire un autre « grand témoin ». Quand il part pour le Congo en 1925, André Gide est, au temps des *Faux-Monnayeurs*, au sommet de la gloire : on voit volontiers en lui l'écrivain européen majeur, émule de T.S. Eliot et de Thomas Mann.

Est-il parti l'« esprit prévenu » – pour recourir à une expression bien gidienne ? Rien ne le prouve. Il a accepté une vague mission officielle, au côté de son cher Marc Allégret, avec des arrière-pensées de naturaliste plutôt que d'idéologue : l'adhésion éphémère au communisme n'interviendra que cinq ans plus tard. Quel insecte, quelle herbe, quelle espèce de singe va-t-il découvrir entre Congo et Tchad ?

C'est la misère humaine qu'il rencontre surtout, et qui le saisit, le happe et le force à témoigner. Comme Brazza, il voit à l'œuvre les grandes sociétés concessionnaires qui, pour s'assurer la main-d'œuvre nécessaire aux profits désirés, ont pratiquement rétabli le travail forcé, c'est-à-dire l'esclavage. Il s'agit, écrit-il, d'« une exploitation éhontée! ».

Il ne faut pourtant pas s'y tromper : toute l'indignation qu'il accumule, et qui nourrira le *Voyage au Congo* puis le *Retour du Tchad*, ne conduit pas Gide à remettre ouvertement en cause la colonisation en son principe. Pour si choqué, si bouleversé qu'il soit, ce touriste critique ne va pas jusqu'à ébranler les colonnes du temple. Ces abus, ces horreurs, c'est moins au système qu'il faut les imputer, qu'aux fameuses « compagnies ». Mais la complicité de l'administration, sans la tolérance desquelles rien ne serait possible? Gide s'effarouche d'avoir à se prononcer sur ce point. Il ne s'est pas fait procureur, et moins encore législateur. Il témoigne.

Mais, là encore, il ne faut pas se leurrer : ce qui nous apparaît aujourd'hui si timoré, si limité, est alors d'une grande audace. A cette époque, celle où le général Mangin fait de la « force noire » le bouclier de la nation, et où se prépare l'Exposition coloniale, l'Empire a bonne presse. Il ne fait pas bon en dévoiler les tares. Gide a osé. Dès son retour en France, il ne se contente pas de rédiger son livre, il écrit dans des revues, rencontre des parlementaires, des ministres. Il met en jeu sa gloire, sachant qu'elle est fragile et que la presse coloniale ne lui épargnera aucun coup bas.

S'il ne franchit jamais la frontière qui le conduirait à rejoindre la cohorte des Challaye et des Guérin, ni même celle des Rous et des Julien, s'il ne s'en prend jamais qu'aux méthodes et pas aux racines du mal, son témoignage reçoit un écho considérable. On dirait que la dimension du personnage pallie la timidité relative de l'accusation. Le fleuret est moucheté, mais l'escrimeur a le bras long...

Bref, le *Voyage au Congo* et le *Retour du Tchad* s'inscrivent, au temps de l'apogée de la colonisation, comme un avertissement solennel, avant l'ouverture du vrai procès, avant l'ordalie du feu que la guerre, puis la grande révolte du tiers-monde, vont imposer à l'Empire. En ce sens, le sagace M. Gide aura été un pionnier, celui par qui le scandale arrive.

Céline, Montherlant, Malraux, Mauriac

En ce temps-là, d'ailleurs, le procès littéraire de la colonisation se fait permanent, souvent spontané. Quel pamphlet égalerait en violence le *Voyage au bout de la nuit*? Le terrible guignol colonial animé par le père de Bardamu ne fut peut-être pas reçu comme tel par les lecteurs des années 30, mais plutôt comme la fantaisie anarchisante d'un iconoclaste. On préféra s'attarder aux prodigieuses trouvailles formelles qu'écouter le réquisitoire – le plus impitoyable de tous ceux que dressèrent à cette époque les écrivains voyageurs.

Conscient de la virulence anticoloniale de son évocation marocaine, Montherlant – qui n'était pas homme à s'effaroucher des inégalités entre classes, sexes ou ethnies – ne consentit d'abord à publier qu'une version épointée de *La Rose de sable*. Le texte intégral, qu'on put lire quelques années plus tard, est cruel sur les rapports institués au sein de la société coloniale, fût-ce dans le Maroc de Lyautey.

Décapantes aussi les descriptions de la société coloniale proposées par Guy de Pourtalès, honnête visiteur de l'Indochine des années 30, ou par le très réactionnaire Claude Farrère. Cet officier de marine est si peu charitable à l'endroit de ses personnages des *Civilisés* que Jean-Paul Sartre affirme s'être découvert anticolonialiste en lisant ce roman d'un admirateur du militarisme japonais et du salazarisme portugais.

Quant à Malraux, on connaît mieux ses épopées chinoises (où est puissamment dénoncé ce qui subsiste à Shanghai de l'esprit colonial) que ses mésaventures de presse en Indochine, combat donquichottesque d'un jeune intellectuel parisien, flanqué de sa femme Clara et de son ami l'avocat Paul Monin, contre l'administration coloniale. Si ces épisodes ne lui inspirèrent directement aucun livre, la préface qu'il donna à l'éloquent reportage d'Andrée Viollis *Indochine S.O.S.* le situe au premier rang des écrivains anticolonialistes de son époque – encore que le propos en soit moins la destruction de l'ordre colonial que la liquidation du désordre de la colonisation et la dénonciation du mépris où étaient tenues les élites (par essence nationalistes...) attachées à la culture française.

Quand François Mauriac entrera à son tour dans le débat colonial, à partir de 1952, à propos de la répression au Maroc, la situation a évolué de telle façon qu'on ne distingue plus guère celui qui dénonce les tares du système de celui qui en exige l'abolition. C'est au côté de l'abolitionniste Robert Barrat que l'auteur du *Cahier noir* entre en lice, mais aussi du grand réformateur Charles-André Julien, ou de notables M.R.P. ou gaullistes choqués par les excès du système et l'imbécillité des mesures prises contre la famille royale de Rabat.

Mais la distinction entre la critique des moyens et la définition de la fin reprendra à propos de l'Algérie. De nouveau s'opposeront – pour se retrouver à l'issue du processus – ceux qui s'en tiendront à la dénonciation des tortures et des dénis de justice et ceux qui feront valoir que ces « bavures » sont à ce point inhérentes à la situation coloniale (qui intègre l'inégalité comme une donnée permanente de la vie sociale) que le seul moyen d'y mettre un terme est de faire la paix – laquelle suppose la reconnaissance des droits des insurgés. Là encore, le rôle du temps sera décisif : le passage de la critique des procédures à l'acceptation d'une rupture globale sera, de 1954 à 1962, le fait de la grande majorité de ceux pour qui l' « Algérie française » n'est pas un dogme intangible.

La vision prophétique de Lyautey

La critique des formes prises par le système impérial et des conséquences induites par cette situation essentiellement inégalitaire et les suggestions faites pour amender, transformer, réinventer le régime, n'ont cessé d'émaner du noyau même de l'institution – administration, armée, enseignement, services de santé, représentation politique, gouvernement. Après Savorgnan de Brazza, Lyautey est le plus célèbre de ces objecteurs de situations acquises.

Dès avant la mise en place du proconsulat marocain en 1912, l'auteur du *Rôle social de l'officier* avait su discerner, comme en témoignent ses correspondances du Tonkin et de Madagascar, les tares du système et la démoralisation provoquée chez les êtres par la condition de dominateur pour l'un, de dominé pour l'autre. On a cité de lui une féroce description de l'esprit des colons algériens, qu'il a bien connu à Aïn-Sefra. Mais c'est évidemment comme fondateur d'un protectorat marocain en principe respectueux de la personnalité nationale de ce pays et de la légitimité dynastique des Alaouites, et comme critique pénétrant sinon prophétique de ce système, qu'il a sa place ici.

En 1920, le résident général Hubert Lyautey, au faîte de son prestige, réfléchit à l'évolution du système qu'il a mis en place, et assez solidement pour lui permettre de survivre à la guerre :

« Voici, écrit-il, le moment de donner un sérieux coup de barre au point de vue de la politique indigène et de la participation de l'élément musulman aux affaires publiques.... Ce n'est pas impunément qu'ont été lancées à travers le monde les formules du droit des

peuples à disposer d'eux-mêmes et les idées d'émancipation et d'évolution dans le sens révolutionnaire... »

Et cinq ans plus tard, au moment de quitter ses fonctions à Rabat,
le vieux maréchal indique ainsi la direction à suivre : «... Je crois
comme une vérité historique que dans un temps plus ou moins lointain, l'Afrique du Nord * évoluée, civilisée, vivant de sa vie autonome, se détachera de la métropole. Il faut qu'à ce moment-là – et ce
doit être le but suprême de notre politique – cette séparation se fasse
sans douleur... »

Séparation de l'ensemble de l'Afrique du Nord – Algérie
comprise? Qui a osé écrire cela, à cette époque? On a beaucoup glosé
sur la politique marocaine de Lyautey, souvent tenue pour une sorte
de revanche idéologique de ce vieux royaliste, contraint de servir la
République et heureux de reconstituer une monarchie au frais de ce
régime méprisé... Malignité abusive. Car le texte de 1920 révèle que
ce n'est pas seulement de l'Empire chérifien replâtré par ses soins
que la France devra tôt ou tard se séparer – mais aussi des deux pays
voisins (et il arrivera à Lyautey de prévoir aussi la sécession de
l'Indochine).

Proconsuls et professeurs

C'est de ce prophète de la décolonisation que devaient s'inspirer
ceux des proconsuls ou politiques qui allaient tenter de préparer la
« séparation sans douleur » de l'Afrique du Nord d'avec la métropole,
Pierre Viénot, secrétaire d'État de Léon Blum, en 1936 avant d'être
l'ambassadeur de De Gaulle à Londres, le gouverneur général de
l'Algérie Maurice Viollette, son successeur le général Catroux, le
plus fidèle et intelligent des disciples de Lyautey, l'ambassadeur
Yves Chataigneau à Alger – et surtout l'ingénieux, fantasque,
déconcertant Eirik Labonne qui, en Tunisie d'abord, puis au Maroc,
tenta de substituer à la tutelle politique des liens économiques –
miniers surtout – qui arrimeraient à jamais les navires maghrébins,
rendus à leur souveraineté, au môle français. En vain : ni en Afrique
du Nord, où le nationalisme ne voulait regarder que les valeurs cen-
trifuges, ni à Paris, où on s'entêtait jusqu'à la bêtise sur les structures
centripètes, on ne voulut écouter cet inventeur de formule, digne
héritier de Lyautey, digne précurseur de De Gaulle.

Des censeurs de la colonisation, des inventeurs de formules

_____
* La formule englobe la Tunisie et l'Algérie...

neuves? On en trouve au sein de l'administration impériale elle-même – en Indochine le gouverneur de Lanessan, à Madagascar son collègue Coppet (gendre de Roger Martin du Gard, dont *La Confidence africaine* n'est pas un éloge de la colonisation...), en Afrique noire le très remarquable Henri Laurentie qui tenta de faire de la conférence de Brazzaville les assises d'une véritable émancipation (mais de Gaulle, qui l'estimait, ne suivit point...) et Robert Delavignette qui fut directeur de l'École de la France d'outre-mer, en Tunisie le résident général Armand Guillon, au Maroc surtout où, autour de Jacques Berque, des « contrôleurs civils » tels qu'Olivier Lange ou Camille Scalabre s'inspiraient de l'esprit novateur du futur professeur au Collège de France, tandis que le colonel Méric et le commandant Monteil se faisaient les interprètes très audacieux des consignes « lyautéennes ».

Et où situer, dans cette galaxie des novateurs et des perplexes, le grand Louis Massignon? D'avoir servi d'augure aux services spéciaux français au Proche-Orient face à l'équipe de T.E. Lawrence, l'auteur de *Parole donnée* gardait une sorte de blessure secrète, ne se pardonnant pas d'avoir ainsi manipulé ses amis arabes. Peu disert sur les solutions qu'il conviendrait d'apporter aux problèmes posés par la mise en tutelle de la plupart des pays d'islam, Louis Massignon vouait son génie et sa science à les préserver du machiavélisme occidental et de la corruption coloniale.

Exubérant en ses dénonciations, plus discret en ses propositions, le grand islamisant se portait au cœur de toutes les mêlées; inspiré, inspirant, archange exterminateur et bon Samaritain. Essentiel en tout cas, et sans lequel un Barrat, un Mauriac, n'eussent pas été eux-mêmes (en ce domaine du moins). Écrite avec l'aide de Vincent Monteil, son *Encyclopédie du monde musulman* joua, auprès de la génération de la « décolonisation », un rôle presque aussi éclairant que *L'Afrique du Nord en marche* de Charles-André Julien.

Autre grand universitaire, autre protagoniste de la décolonisation intellectuelle : Paul Mus, qui était au bouddhisme ce que Massignon était à l'islam. Lui aussi mêlé à l'action politique à la fin de la guerre, il s'était porté volontaire pour être parachuté au Viêt-nam afin de prendre contact avec les divers insurgés et formuler un diagnostic sur les racines et les objectifs du mouvement, avant de devenir l'un des conseillers politiques du général Leclerc, puis l'émissaire français auprès de Hô Chi Minh passé dans le maquis.

Nul mieux que ce savant ironique et doux ne sut déployer autant d'efforts pour éviter une guerre dont il savait que les Vietnamiens la mèneraient avec un acharnement sans merci et leur ingéniosité d'incomparables « bricoleurs ». Comme Massignon, Paul Mus devait être vilipendé par les imbéciles et les fanatiques. On alla jusqu'à mettre en question son autorité scientifique, comme on l'avait fait pour la maî-trise linguistique de l'exégète d'El-Hallaj... ce qui, compte tenu de la qualité des procureurs, confirme le génie de l'un et de l'autre...

Comment oublier cette réunion de hauts fonctionnaires à Rabat, au cours de laquelle l'un d'eux, de retour de Paris où ses collègues l'avaient envoyé en observateur pour suivre les cours au Collège de France de Louis Massignon d'une part, et d'autre part de Robert Montagne, protégé et « porte-parole » du « système », soupirait : « Le talent n'est pas de notre côté!... » Eh non! En ce temps-là, le talent et la science campaient plutôt sur l'autre rive...

Le talent et la science : avec le courage, Germaine Tillion en est amplement pourvue. Ethnologue spécialiste du Maghreb, elle est revenue de déportation (Ravensbrück, sujet de l'un de ses plus beaux livres) pour remplir une mission scientifique dans les Aurès. Quand il est nommé à Alger, au début de 1955, animé d'un esprit « libéral », Jacques Soustelle la consulte, à l'instar de Vincent Monteil : ils diver-geront ensuite...

Deux ans plus tard, Germaine Tillion publie une brochure à faible diffusion, L'Algérie en 1957, qui est l'un des textes majeurs consacrés à la question algérienne, où elle démonte magnifiquement le méca-nisme de la « clochardisation » du peuple algérien.

Suivra Les Ennemis complémentaires qui trace les perspectives d'une coopération, au-delà de la guerre, entre la France et une Algé-rie progressivement émancipée. S'y exprime une pensée très peu mar-quée par l'idéologie, très réaliste, convergeant avec celle de Mendès France.

Tout au long de la guerre, Germaine Tillion n'a cessé de lutter pour arracher à la torture et à la guillotine les militants du F.L.N. – s'attirant les sarcasmes des militants les plus véhéments de l'anti-colonialisme (comme Simone de Beauvoir) pour qui ce sont là des gestes de sœur de charité...

Osera-t-on situer collectivement, aux côtés de ces hommes et ces femmes de science et de courage, une équipe comme celle du Monde qui, groupée autour d'Hubert Beuve-Méry, ne cessa de soumettre le système colonial aux feux de la critique? Anticoloniste, Le Monde? Ce serait simplifier. Mais une certaine religion de l'information rigoureuse, telle que la pratiquait Robert Gauthier, avait pour effet de faire vaciller quelques mythes, et de corriger la désinformation systématique mise au point par les pouvoirs coloniaux, militaires et civils, de Saigon à Alger. Assez pour faire ranger ce journal parmi les

« quatre grands de la trahison » par M. Soustelle (les autres étant *L'Express, L'Observateur* et *Témoignage chrétien*...).

Et les politiques? Ceux par qui sont prises les décisions, par qui sont rectifiées – ou aggravées – les stratégies, ceux par qui sont modifiés, renouvelés, abolis les statuts?

De Savary à Mendès France

On a évoqué Robespierre et Napoléon, Thiers et Gambetta, Ferry et Clemenceau, Herriot et Blum. Tous noms liés à une inflexion ou une révolution dans l'histoire coloniale. On reviendra sur de Gaulle, multiple et monumental. On ne s'attardera pas sur les cas de Pétain – encéphalogramme plat –, de Georges Bidault dont la doctrine impériale se résumait au principe d'immobilité des petits drapeaux tricolores piqués sur la carte de son bureau, de René Pleven, dont la vive intelligence ne s'épanouissait pas sous les effets du climat tropical, ni Guy Mollet, décollant pour Alger en libérateur, en revenant quelque temps plus tard en père Fouettard.

Les hommes ici qui méritent un examen – hormis ceux qui agirent sous l'impulsion de Charles de Gaulle et s'abîment dans son ombre – sont Alain Savary, Gaston Defferre, François Mitterrand, Edgar Faure et Pierre Mendès France.

Le premier est celui qui porta la plus constante attention à ces problèmes – du début des années 50 quand il entreprit, vers les dirigeants du Viêt-minh, une mission d'information sabotée à la fois par son ministre Bidault et les maîtres du Kremlin, à la fin de la guerre d'Algérie où il tenta jusqu'au bout de faire prévaloir l'évolutionnisme dont il avait été partisan à propos de la Tunisie et du Maroc : vie consacrée à la prévention des guerres coloniales par la négociation, qui fit d'Alain Savary l'un des pères fondateurs de la décolonisation française.

Le nom de Gaston Defferre est lié à la loi de 1956 qui ouvrit la voie à l'émancipation contractuelle de l'Afrique noire. En pourvoyant chacun des anciens « territoires » de l'A.-O.F. et de l'A.-E.F. d'un gouvernement autonome, le maire de Marseille devenu ministre de la France d'outre-mer désamorçait-il la révolution africaine mieux qu'il ne préparait les citoyens du sud du Sahara aux responsabilités publiques? On l'a dit, comme on a soutenu que cette libéralisation par compartiments « balkanisait » l'Afrique. On ne saurait nier les effets, assez longtemps bénéfiques, de cette politique préparée avant Gaston Defferre par ses prédécesseurs au ministère de la France d'outre-mer, Pierre Pflimlin et François Mitterrand.

Le futur président de la République, initiateur de la rénovation des statuts africains, pionnier circonspect d'une évolution des rapports entre la France et les protectorats nord-africains (il démissionna pour protester contre la répression conduite à Rabat et à Tunis), ne sut pas appliquer à l'Algérie les talents qui, en d'autres domaines, ont porté leurs fruits. Pris de court (comme son chef de file Pierre Mendès France) par l'insurrection algérienne qu'il avait pourtant vue venir avec plus de perspicacité que bien d'autres, il se laissa enfermer, comme ministre de la Justice, en 1956, dans une logique répressive. Et quand le général de Gaulle, progressivement libéré des liens par lesquels tentaient de le ligoter ceux qui l'avaient ramené au pouvoir, ouvrit hardiment les voies à la négociation algérienne, il ne sut pas discerner à temps les promesses de cette évolution et associer ses efforts à cette démarche salutaire.

Ce qu'avait compris cet autre grand tacticien que fut Edgar Faure, mêlé lui aussi de près à la révision des statuts coloniaux – du Maroc et de la Tunisie notamment, où sa bonhomie manœuvrière fit merveille pour apaiser les véhémences d'Habib Bourguiba et faire taire les objections de l'Istiqlal marocain. Plus de savoir-faire que de perspectives? Plus d'habileté que d'audace? L'imagination peut se cacher dans les procédures, et l'aiguillage vers la paix, plutôt que vers la guerre, peut dépendre d'une phrase, d'un sourire, d'un geste...

Hormis le général de Gaulle, le personnage central de la vie politique française, en ce domaine comme dans les autres, n'en reste pas moins Pierre Mendès France. Son nom est lié au règlement indochinois, à l'émancipation de la Tunisie, au mûrissement de la solution africaine, à diverses phases du séisme algérien. Toutes péripéties confondues, il aura symbolisé une approche raisonnable et parfois audacieuse de l'énigme coloniale, et continue de servir, en matière de conflits interethniques, de référence.

Mendès France n'était pas à proprement parler un anticolonialiste. Formé au sein du parti radical dont l'histoire était – hormis les épisodes Clemenceau, si peu classable d'ailleurs – liée à l'édification de l'Empire, grand admirateur de Jules Ferry et peu porté à sourire du « rôle civilisateur de la France », le député de Louviers n'avait pas vu venir sans tristesse les crises coloniales. Mais il avait admiré les efforts faits par le général Catroux en Algérie dès 1943 pour prévenir l'explosion, et surtout décelé, dans les premiers soubresauts indochinois, les risques d'une épreuve épuisante pour la nation.

Mis au courant des rapports en ce sens établis par le général Leclerc et son équipe dès 1947, Mendès osa très vite se faire l'avocat d'une négociation avec ceux qui se battaient contre les forces dites

« de l'Union française ». Communistes? Certes, et par là peu sédui-
santes aux yeux de ce parlementaire radical. Mais quoi? Avec qui
discuter, sinon avec ceux qui luttaient, moins semblait-il pour la
suprématie du communisme que pour l'indépendance nationale. Qu'il
fût difficile de distinguer les deux objectifs, Pierre Mendès France le
savait. Mais il pensait, non sans raison, que plus la lutte se prolonge-
rait, plus s'accentuerait l'emprise de ses alliés ou patrons communistes sur le Viêt-minh, plus la cause de celui-ci, essentiellement
nationaliste à l'origine, se « communiserait ».

Non seulement sa campagne quasi solitaire pour la négociation
échoua, mais elle exila du pouvoir ce politicien « scandaleux », qui
osait remettre en question la justification du combat indochinois
« pour la défense de l'Occident ». Il fallut que survînt le désastre de
Diên Biên Phu, sanction d'une stratégie aveugle et fataliste, pour que
l'on vînt chercher l'ancien ministre de De Gaulle, chargé de la mission (bien sûr éphémère...) d' « effacer l'ardoise » indochinoise.

Le prestige que lui valut cette opération chirurgicale aux moindres
frais permit à Mendès France de courir à Carthage proposer au bey de
Tunis une autonomie interne qui ouvrait la voie à une émancipation
contractuelle de l'Afrique du Nord – voie que, dans les deux camps,
beaucoup s'acharnèrent à obstruer, rendant la guerre inéluctable.

C'est par cette initiative tunisienne surtout que Pierre Mendès
France s'inscrit dans la lignée des décolonisateurs constructifs, ceux
qui, sans jeter l'anathème sur la colonisation en tant que phénomène
historique, en perçurent *hic et nunc*, la novicité politique, et
s'employèrent dès lors, non à en corriger les vices, mais à lui substituer d'autres types de rapports entre les peuples.

NOTE

1. Sur ce chapitre on renverra notamment à Jean-Pierre Biondi, *Les Anticolonialistes, 1881-1962*, Paris, Robert Laffont, 1992; Claude Liauzu, *Aux origines
du tiers-mondisme, colonisés et anti colonialistes en France, 1919-1939*, Éd. de
L'Harmattan, Paris, 1982; au classique Raoul Girardet, *L'Idée coloniale en France
de 1871 à 1962*, Paris, Pluriel, 1979, et à Henri Brunschwig, *L'Afrique noire au
temps de l'Empire français*, Paris, Denoël, 1988.

ANTICOLONIALISTES, DÉCOLONISATEURS ET RÉFORMISTES 195

8

Esprit
et le « Commonwealth à la française »

Entretien avec Jean-Marie Domenach

On a relevé la prudence, pour ne pas dire la pusillanimité, de l'Église catholique face aux violences et aux injustices du colonialisme. Mais en marge de la hiérarchie attachée à ménager les pouvoirs établis, de nombreux intellectuels catholiques manifestèrent un esprit évangélique opposé à l'oppression et à la confusion des valeurs.

Ainsi la revue créée par Emmanuel Mounier, *Esprit*, fermement engagée dans la critique du système colonial après la Seconde Guerre mondiale, sous la direction de son fondateur, puis de Jean-Marie Domenach dont les réponses à nos questions, ici, définissent bien la « ligne » de la revue.

*De quand date l'anticolonialisme d'*Esprit?

Dès 1935, la revue avait consacré un numéro spécial à « La colonisation, son avenir, sa liquidation ». En fait, il s'agissait plutôt d'un cri d'alarme : si l'Empire n'évolue pas, nous allons le perdre!... La thématique, c'était au fond le progrès continu des peuples colonisés, jusqu'au jour lointain où le système s'éteindrait. Avant la guerre, donc, *Esprit* a publié des articles « accusateurs » de Mounier, de Joseph Folliet ou d'Andrée Viollis sur l'Indochine ou l'Afrique noire. Tout cela au nom certes de la conscience chrétienne, mais aussi d'une conception patriotique : changeons si nous voulons maintenir la présence française en ce qu'elle a d'universel.

Pour ce qui est de la décolonisation *stricto sensu*, l'orientation a été prise après la guerre, en deux directions. La première, à long terme, avec le numéro spécial d'*Esprit* de 1947 intitulé « Prévenons la guerre d'Afrique du Nord ». Je cite Mounier : « Tous les yeux sont actuellement tournés vers l'Indochine. Or, à notre porte, en un point plus immédiatement vital pour la France, une seconde question d'Indochine se prépare... Si nous ne tirons pas cette année même les leçons de l'affaire d'Extrême-Orient, la guerre d'Afrique du Nord éclatera bientôt. » Pas mal, non? C'est notre fierté d'avoir publié alors des articles comme celui de Mandouze, « Le mythe des trois départements ». A « court terme », toujours en 1947, la revue a combattu la guerre d'Indochine. Nous avons d'ailleurs publié peu après un numéro spécial : « Humanisme contre guerres coloniales », avec des « non-catholiques » comme Jean Rous et Francis Jeanson.

En quête d'un « Lyautey socialiste »

Et Madagascar?

Nous avons réagi en particulier contre le fameux « verdict » de 1948 condamnant honteusement trois députés malgaches. Il y avait d'ailleurs deux comités de révision du procès, l'un dominé par les communistes, l'autre non. Mounier m'a conseillé d'adhérer aux deux. J'ai participé alors à la rédaction d'une lettre au président de la République relevant un certain nombre d'irrégularités dans la procédure judiciaire. Il faut dire que nous avons tous une vision assez sombre des magistrats : pendant l'Occupation, on avait pu mesurer la servilité de beaucoup d'entre eux, bien qu'il y eût évidemment des exceptions : je pense à un magistrat qui n'avait pas prêté serment à Vichy, et qui est venu me trouver à mon bureau d'*Esprit* pour me dire que nous avions raison d'agir ainsi, qu'il s'agissait d'un montage. Il faut dire que beaucoup n'y croyaient pas, même Mauriac à qui j'ai amené au *Figaro* un étudiant malgache dont les propos furent démentis par le journaliste « spécialiste » de l'Union française, dans ce journal... Le Mauriac de cette époque considéra qu'il fallait en rester là!

Vous proposiez en 1947-1948 « la libre intégration de Madagascar au sein de l'Union française ». Vous y avez cru longtemps?

Oui. Même pour l'Indochine, je réclamais en février 47 un « Lyautey socialiste » et des négociations avec Hô Chi Minh pouvant aboutir à une association avec la France. Nous étions nombreux à penser, comme Paul Mus, au moins avant la conférence de Fontainebleau, que Leclerc avait compris le problème et qu'on pourrait s'entendre.

Pour le Maroc et la Tunisie, avec Rous, Massignon et Bourdet, nous condamnions avec vigueur la politique française là-bas. Il fallait vraiment abolir le système colonial, inventer d'autres rapports, dans la liberté.

Aujourd'hui, comment analysez-vous l'idée d'association?

J'ai partagé l'illusion avec beaucoup d'entre nous que la décolonisation pouvait être arrêtée à un niveau où une forme de Commonwealth français serait possible. J'ai continué à le croire jusqu'en 1957 ou 1958, lorsque j'étais envoyé par Edmond Michelet en mission officieuse au Maghreb. Notre « erreur » est d'avoir cru que l'Union française était une étape nécessaire. Certes, nous ne nous dissimulions pas que ce serait une construction évolutive qui ne durerait peut-être pas longtemps. Le terme, le long terme, c'était la décolonisation.

Nous n'avons pas souhaité la rupture définitive. Le pendant intellectuel et idéologique de cette attitude anticolonialiste était l'espoir d'une coopération : des nations peuvent cohabiter ensemble. C'était une idée partagée par presque tous les intellectuels, que la France avait une tradition universelle, à laquelle des gens très différents pouvaient se rattacher.

Même l'Algérie?

Surtout l'Algérie ! Nous avons agi très tôt et espéré que la rupture ne se produirait pas. J'ai rappelé l'édito de Mounier de 1947 dans notre numéro intitulé « Arrêtons la guerre d'Afrique du Nord ». Nous étions très bien informés sur ce qui se passait au Maghreb grâce aux groupes *Esprit* de là-bas, par des gens comme Vincent Monteil... Notre idée à ce moment-là, c'était la libre association. On a fait un numéro sur ce thème en 1955. En 1958, nous demandions qu'on négocie. Il fallait trouver une sorte de troisième voie...

Quand on relit aussi les numéros d'Esprit de cette époque, on a le sentiment très net que vous anticipez la politique gaulliste!

C'est vrai. Quant à moi, j'étais crypto-gaulliste à partir de 1954 et j'ai vu de Gaulle au début de 1955, à propos de mon livre sur Barrès. Il m'a dit : « Si nous perdons politiquement l'Algérie, eh bien, rien ne sera perdu ! » et il m'a fait un tableau idyllique des relations futures entre la France et l'Algérie indépendante ! Il disait peut-être le contraire à d'autres. Mais j'étais persuadé que de Gaulle était seul à pouvoir résoudre la question. Si je l'avais dit à l'époque, les deux tiers du comité d'*Esprit* ne m'auraient pas suivi. En 1960, je publiais des éditoriaux en alternance avec Servan-Schreiber à *L'Express* : j'ai quitté le journal parce qu'il avait publié une caricature infâme de Tim contre de Gaulle.

L'aventurisme des réseaux

Vous aviez une attitude très différente de celle des Temps modernes *où se manifestent un anticolonialisme radical...*

Le clivage était profond. D'abord, nous condamnions la violence et le terrorisme d'où qu'ils viennent. Je ne pouvais pas admettre, par exemple, la préface meurtrière de Sartre aux *Damnés de la terre* de Fanon. Cet appel à la violence et à la haine était désastreux. Eux voyaient en de Gaulle l'homme du « militarisme », du « fascisme », etc. Quant à nous, nous dénoncions plutôt la s.f.i.o. de Guy Mollet et le m.r.p. qui, tout en prétendant s'inspirer du christianisme, avait conduit avec Bidault la pire des politiques impériales.

Vous avez toujours condamné l'insoumission et a fortiori *« les por-teurs de valises » à la Jeanson.*

C'est une attitude que nous avons héritée d'Emmanuel Mounier : chacun doit témoigner à l'intérieur de sa communauté, sauf situation de rupture. D'autre part, nous étions attentifs à la traduction poli-tique de nos refus. C'est pourquoi j'ai refusé de signer le Manifeste des 121 et ai demandé à ses auteurs : « Qu'est-ce que vous avez prévu ? Quel débouché politique ? Vous engagez des gens à rompre avec l'armée, à se placer dans une situation où ils sont menacés de peines graves. Mais vous ne leur offrez aucune alternative ! » A ce sujet, j'ai eu, en 1960 ou 1961 – je n'en ai rien noté sur l'instant, car les perquisitions policières à ce moment étaient possibles, comme la suite va le prouver –, une entrevue hallucinante avec Jeanson alors clandestin. Il m'annonçait que le f.l.n. allait faire sauter les poteaux télégraphiques en France. C'était, disait-il, le moment de me « décider ». Jeanson voyait dans le F.L.N. une sorte de substitut au prolétariat révolutionnaire. La révolution allait éclater...

Bien sûr, on ne peut pas juger du rôle des intellectuels à l'époque d'après le rôle qu'ils jouent maintenant, car c'étaient des intellectuels quasi organiques, appuyés sur des groupes, des mouvements... Ce que publiait telle revue, tel hebdomadaire, comptait énormément : « Ah! ils ont écrit telle chose dans l'*Observateur*! » Aux côtés de Bourdet c'est Martinet qui s'en occupait à l'époque; je déjeunais régulièrement avec lui parce que nous nous tenions en contact avec deux ou trois autres, afin de maintenir une ligne politique non « révolutionnariste », non provocatrice.

Nous étions en garde contre des provocations de la police auxquelles certains d'entre nous pouvaient donner prise, surtout ceux qui n'avaient pas fait la Résistance et voulaient la refaire. Je me souviens d'une réunion à *Esprit*, le 20 octobre 1960. La police nous a arrêtés et emmenés quai des Orfèvres. Lorsque j'en suis ressorti, au petit matin, je suis repassé par les bureaux d'*Esprit* où j'ai fait ma propre perquisition et j'ai trouvé, cachées un peu partout, des brochures du genre « Manuel du parfait clandestin » dont nos invités s'étaient débarrassés en hâte...

Vous n'aimiez pas beaucoup ces réseaux?

J'avais de l'admiration pour le courage de leurs membres. Mais je me méfiais de leur aspect « aventuriste ». D'autre part, je trouvais contradictoire que des gens qui se battent pour la liberté et l'indépendance s'aliènent au point de se mettre au service d'un mouvement sans y avoir aucune part de responsabilité et de décision. Enfin, tant qu'une solution politique restait possible, il ne me semblait pas convenable de transporter des armes qui pouvaient tuer des Français – ou d'autres Algériens. C'est pourquoi, à *Esprit*, nous nous tenions à distance. Ce qui ne m'a pas empêché d'aller témoigner à plusieurs reprises devant des tribunaux militaires pour des membres du réseau Jeanson.

Et votre position à l'égard des Algériens?

Dans les premiers mois de l'insurrection, nous étions plutôt favorables au P.P.A. de Messali Hadj, avec lequel, grâce à Jean Rous, nous avions pris contact, et les méthodes du F.L.N. nous inquiétaient. J'ai d'ailleurs eu l'occasion de le dire à Ferhat Abbas, puis à Abane Ramdane, que je suis allé voir au Maroc et en Tunisie. Avec Gérard de Bernis, nous suggérions aux dirigeants du F.L.N. la création d'une fédération maghrébine qui aurait permis d' « envelopper » la paix et l'indépendance de l'Algérie dans un ensemble plus vaste. Mais Ramdane, qui devait être assassiné peu après par ses camarades, m'a envoyé promener brutalement.

J'ai connu un accueil identique de l'autre côté. Lorsque j'ai reçu les premiers témoignages sur la torture en 1956, j'ai demandé à voir un responsable militaire. J'ai été reçu par le commandant Lacheroy, le futur responsable de la guerre psychologique. Je lui ai dit : « J'ai des dossiers très graves sur le comportement de l'armée française en Algérie. Ayant porté l'uniforme, je viens d'abord vous les soumettre. Je vous demande de bien vouloir mettre fin à ces exactions. Si j'ai votre parole, je retarde la publication de ces documents, sinon je les publie. » Lacheroy était entouré de deux ou trois autres officiers qui se sont moqués de moi, me traitant de boy-scout. Ils avaient raison, d'une certaine manière... Je suis reparti avec mes documents et *Esprit* les a publiés. Cette modération n'a pas changé le sort des Français d'Algérie, mais elle nous a permis d'être entendus de ceux qui allaient jouer un rôle décisif dans la résistance au putsch des généraux.

Vous préoccupiez-vous du sort de la communauté européenne en Algérie?

Nous n'avons jamais perdu de vue le principe que nous avait légué Mounier : ne pas se séparer de sa communauté ; même si elle prend un mauvais chemin, se porter responsable pour elle. Tout en soutenant la cause de la libération des peuples colonisés, nous devions tenter d'éviter ce qu'on appelle aujourd'hui la « purification ethnique ». Nous avions raison, mais nous avons échoué, du moins en Algérie (car on a évité le pire au Maroc), et les conséquences en ont été douloureuses, et pour les pieds-noirs mais aussi pour les Algériens eux-mêmes.

L'espérance d'une réconciliation

Dans quelle mesure votre anticolonialisme était-il d'inspiration chrétienne?

Moi-même et plusieurs autres étions en effet des chrétiens et réagissions comme tels, un peu à la manière de Péguy, en combattant l'outrage à la dignité humaine qu'était le colonialisme. Mais *Esprit* ne prenait pas position sur ce plan. Il demeure que notre influence était grande dans les milieux chrétiens. D'ailleurs, c'est un dominicain, fervent de l'o.a.s., qui a failli obtenir la condamnation d'*Esprit* par le Vatican en 1957. Une partie de l'épiscopat français ne s'y serait pas opposée... Dans l'Église, des positions fort différentes, voire opposées, se manifestaient. Mais ce n'était plus comme en 1940: des évêques, des prêtres, des aumôniers ont dénoncé certaines publications catholiques comme *La Vie intellectuelle*, supprimée en 1958, par le supérieur des dominicains, pour s'être élevée contre les tortures et avoir pris position pour la libération des peuples colonisés; un grand nombre de jeunes chrétiens servant en Algérie ont contribué à empêcher les généraux de prendre le pouvoir lors du putsch de 1961. Nous avons alors servi de « conscience » – conscience spirituelle et politique – à nombre d'officiers qui ont réussi, sur le terrain, à éviter le pire.

Il faut convenir que nous baignions encore – moi peut-être plus que d'autres – dans l'espérance d'une réconciliation avec les peuples en cours de libération. Par générosité chrétienne? Peut-être, mais aussi par patriotisme. Comment la France pourrait-elle n'être pas aimée? Il y avait là un certain orgueil, une suffisance nationaliste – celle dont de Gaulle a joué pour appeler les peuples de l'ancien Empire à se rassembler dans une vaste communauté. Mais l'Histoire est allée plus vite, et l'Hexagone s'est refermé sur nous. Plus tard, peut-être...

« Propositions raisonnables »

Dans *Esprit*, en mai 1957 – avant le retour du général de Gaulle –, Jean-Marie Domenach précisait en ces termes des « Propositions raisonnables » pour mettre fin au drame algérien:

Après des mois de lourde passivité, l'opinion, enfin, s'est émue. Un pamphlet retentissant [1], *des témoignages de rappelés* [2], *le récit de J.-J. Servan-Schreiber* [3], *ont réussi à percer le mur de silence et de mépris que les autorités et la presse officielle opposaient aux protestations d'intellectuels « pervers » et « dégénérés ».*

A vrai dire, nous aurions souhaité que le choc fût porté autrement. Certes, il est à l'honneur de la France qu'une partie de ses élites et de son peuple se révolte contre la torture, la détention arbitraire, le massacre des otages. Mais l'indignation n'est pas un état d'esprit politique. Il est bon de refuser certaines pratiques, mais si l'on ne met pas en cause le système qui les explique et les favorise, on reste au bord de la vérité, comme de l'efficacité. De telles dénonciations seront facilement assimilées par les responsables de la politique actuelle. Elles le sont déjà. (...)

C'est la « pacification » telle qu'elle est pratiquée, qui suscite ce genre d'horreurs, et il y a de la légèreté ou de l'hypocrisie à en rendre responsables quelques tortionnaires isolés. Un exemple pour éclairer les choses : lorsqu'on recherche dans un régiment un officier pour faire ce travail d'officier de renseignements, où l'on est amené à mettre des prisonniers à la question, les militaires honnêtes s'y refusent, et naturellement le poste risque de revenir à celui qui n'a point de principes et qui trouvera dans l'exercice professionnel du sadisme un exutoire à quelque humiliation personnelle ou politique (en particulier une revanche sur la défaite d'Indochine). Les vocations de tortionnaires ne sont pas plus nombreuses en France que dans un autre pays, mais la guerre d'Algérie leur donne un emploi, une justification, presque une nécessité. Voilà ce qu'il faut bien reconnaître. Toute guerre menée contre le sentiment général d'un peuple aboutit normalement à cette sorte de crimes, même si elle est menée par le pays du Droit, par d'anciens Résistants, par des Français qui sont probablement moins brutaux et cyniques que beaucoup d'autres. Cela est fatal, parce que la guérilla adverse trouve appui dans de larges couches de la population, et qu'il devient pratiquement impossible de distinguer le combattant du civil complice.

Ajoutons qu'il est injuste de faire peser sur l'armée des accusations trop générales, alors qu'elle a été mise dans une situation telle que la tâche qui lui a été imposée implique une mission de police en temps de guerre, c'est-à-dire une mission à accomplir par tous les moyens. (...)

Depuis ce triste jour de février 1956, où Guy Mollet céda sous la pression de l'émeute algéroise, le gouvernement français a perdu le pouvoir d'exercer une fonction arbitrale; il est devenu le représentant d'une communauté contre l'autre. Au lieu de rétablir l'ordre en Algérie – l'ordre vrai qui suppose l'exercice d'une autorité impartiale contre toutes les formes de violence, et d'abord contre cette violence fondamentale qu'était l'humiliation permanente d'un peuple en sa patrie – le gouvernement français a aggravé la scission algérienne; il a porté aux dimensions d'une guerre nationale le conflit social et racial qui divisait l'Algérie.

(...) Par rapport à cette politique – ou plutôt à cette non-politique – du gouvernement français, s'éclaire, si elle ne s'excuse pas, l'attitude des nationalistes algériens. En elle-même, la structure du F.L.N. rend malaisées les approches d'une négociation: aucun chef

reconnu, plusieurs délégués dont on ignore quel est le vrai responsable, une farouche intransigeance chez les dirigeants militaires de l'intérieur, qu'exaspère la répression. Une organisation aussi décentralisée, à quoi s'ajoute certain anarchisme naturel au maquis, empêche les politiques de prendre la plus difficile des responsabilités, celle du compromis, et laisse le champ libre aux surenchères des extrémistes.

Il est indéniable que la violence de la lutte porte une partie des combattants algériens à une exaspération nationaliste dont on doit prendre conscience, si l'on veut se faire une idée correcte du climat actuel.

(...) Cette véhémence injuste se comprend, à la rigueur, de la part des hommes qui subissent le poids terrible de la guerre et de la répression; elle n'est pas excusable chez des propagandistes responsables comme ceux qui, de Tanger, expédient en France l'organe officiel du F.L.N., Résistance algérienne, *truffé lui aussi d'exagérations haineuses ou de caricatures outrageantes. Affirmer qu'on veut déplumer le coq gaulois ou faire subir à la France un nouveau Diên Biên Phu, cela n'est bon qu'à fournir d'arguments ceux qui, chez nous, excitent le nationalisme français contre une révolte où ils prétendent voir une volonté étrangère d'affaiblir et d'humilier la France. Se refuser à condamner les mutilations de cadavres et les attentats aveugles aboutit également à renforcer les haines inexplicables[4]. On se demande parfois si une sorte de compromis n'a pas été passé entre le nationalisme algérien et la répression française — non pas un compromis de paix, mais une collaboration dans les extrémités de la violence, puisque chacun des deux camps puise dans les abus de l'autre une justification et un renfort.*

Notre rôle doit être, inlassablement, de surmonter les passions qui déferlent autour de nous, parfois jusqu'en nous, afin de parvenir, non point à l'indifférence des faux sages, mais à une activité raisonnable et efficace pour la paix. Nous croyons que, malgré la violence impitoyable des actes et des proclamations, il n'y a point d'autre issue que de faire succéder la parole aux armes, la discussion à la terreur. Mais on ne saurait parler et être entendu dans ce tumulte et cette colère. Il faut d'abord préparer le climat d'une négociation, refaire une base humaine pour une politique. Après avoir considéré les difficultés, évoquons les possibilités.

(...)Il est probable que les nationalistes algériens sont moins brutalement fermés au compromis qu'il ne semble. Une partie d'entre eux, sans doute, croit n'avoir pas intérêt à négocier actuellement. Mais une autre partie comprend que la lutte armée est, pour les

deux camps, sans issue. S'ils sentaient une volonté réelle de négocier chez les responsables français, les nationalistes seraient enclins à plus de souplesse.

De son côté, l'opinion française, nous l'avons dit, a commencé d'évoluer. Certes les nationalistes algériens se trompent en escomptant un brusque « dégonflage » de sa part, en attendant la crise financière qui dégoûtera les électeurs de cette opération ruineuse. Dans une perspective de guerre à outrance, les Français sont capables de tenir longtemps; et si lourde que soit la dépense, elle ne représente encore que 4 % du revenu national français. Mais si des possibilités raisonnables d'entente se manifestaient, alors l'opinion demanderait qu'on mette fin à cette guerre dont les horribles excès l'inquiètent de plus en plus.

Enfin l'opinion internationale, qui est une force maintenant, même si on l'estime hypocrite ou mal informée, l'opinion internationale ne tolérera pas cette guerre longtemps encore. Il faudra bien lui donner un commencement de satisfaction, et pousser la volonté de paix plus loin que des discours. La raideur du F.L.N. devrait aussi en être assouplie.

(...) En vérité, c'est la forme de tout l'ancien système colonial français qui est en cause. Nous l'avons répété cent fois depuis 1945 : un mouvement mondial entraîne les peuples à rejeter les formes politiques de domination; il faut y consentir, si l'on veut préserver un avantage économique, une influence culturelle, une amitié humaine, et finalement une force politique à la mesure moderne. Une évolution raisonnable se dessine dans l'opinion des jeunes nations décolonisées, confrontées aux menaces de la famine, de la régression sociale, de la catastrophe économique; elle donnerait ses pleins effets si le drame algérien ne ravivait les passions. Mais si nous savions être à la fois généreux et forts, l'indépendance totale ne serait plus une arme qu'on tournerait contre la France.

C'est dans cette perspective globalement novatrice qu'un gouvernement français devrait aborder la négociation. Nous venons de suggérer quelques mesures, unilatérales et bilatérales, d'apaisement préalable. Nous ne chercherons pas à proposer une fois de plus une procédure et des solutions. Il suffit d'indiquer ici que cette négociation devrait partir de la reconnaissance simultanée :

– du droit à l'indépendance de l'État algérien.

– de l'intérêt commun des deux parties à l'établissement de liens fédéraux comportant notamment des droits spéciaux et réciproques pour les Français résidant en Algérie et pour les Algériens résidant en France.

Le droit à l'indépendance découle du droit des peuples à disposer d'eux-mêmes, dont la France s'est fait le promoteur historique. S'y opposer, c'est opposer à notre tradition même, à notre raison d'être entendus dans le monde. Le droit à l'indépendance ne signifie pas la rupture automatique, mais la possibilité pour le peuple algérien d'orienter librement et dignement son destin; il signifie aussi pour l'État algérien la possibilité de coopérer avec la France. La situation géographique, démographique, économique, de l'Algérie, tout concourt à faire de cette possibilité une chance raisonnable. Aucune Algérie ne peut vivre sans l'émigration, pendant longtemps encore, d'une main-d'œuvre que la France est seule à demander, sur le pourtour méditerranéen.

Une réciprocité est donc concevable pour les deux minorités, allant peut-être jusqu'à la double citoyenneté, autorisant en tout cas le libre établissement et garantissant les libertés publiques. Ce serait là le lien humain d'une construction fédérale, requérant l'adhésion d'un gouvernement algérien responsable, mais ébauché dès la conclusion d'un accord. Il y a un risque, c'est évident. Mais encore une fois, toutes les données de fait et tous les intérêts raisonnables vont contre la sécession, à conditon que l'autonomie [5] de l'autorité algérienne soit accordée, reconnue, respectée.

Toutes les données de fait... A l'exception, peut-être, de cette donnée fondamentale qu'est la nature et l'importance de la population d'origine européenne en Algérie.

Cette population présente un double caractère. Elle est en partie du type « colonial » par son rôle d'encadrement, par l'abondance des fonctionnaires, par la mentalité de supériorité raciale dont elle est largement imbue. Mais elle est aussi, en grande partie, acclimatée, formant un milieu homogène, un ensemble complet, où toutes les fonctions sociales sont représentées.

Il est évident que la fraction coloniale est condamnée à plus ou moins brève échéance, et qu'il n'en pourra subsister qu'un encadrement d'assistance intellectuelle et technique, comme cela existe maintenant au Maroc et en Tunisie. Il est probable qu'un certain nombre de Français d'Algérie préféreront regagner la métropole, plutôt que d'accepter une situation d'égalité. Pour ceux-ci un reclassement en France doit être prévu.

Quant à l'autre fraction de la population européenne, celle qui n'envisage pas de vivre hors d'Algérie, il s'agit de savoir si elle est infectée d'esprit raciste au point que sa présence en Algérie interdise, en toute hypothèse, son intégration à un État algérien et sa coexistence harmonieuse avec la population musulmane. C'est loin d'être certain. Trois cents Français de souche ont été arrêtés en une nuit, à Alger, par les parachutistes, parce qu'ils étaient favorables à la libération du peuple algérien. Des centaines de milliers d'autres, soustraits à l'influence des seigneurs de la colonisation et de leurs valets de plume ou de bouche, accepteraient probablement de participer à la construction d'une Algérie nouvelle dans des conditions qui assurent aussi leur dignité morale et matérielle.

Nous ne nous dissimulons pas la difficulté d'un problème à peu près unique au monde, et que l'indépendance ne suffit pas à résoudre : voyez l'Afrique du Sud, indépendante, où la minorité blanche opprime les populations de couleur... La coexistence dans un même État de populations de civilisation et de niveau de vie différents est-elle concevable? L'expérience mondiale, autour de nous, semble répondre : non. Ainsi les Indes, à peine libérées de la tutelle anglaise, se sont-elles partagées... Certains peuvent être raisonnablement convaincus de cette impossibilité historique. C'est à cette conviction que répondait le « projet Hersant », préconisant un découpage fédéral de l'Algérie selon les zones de peuplement. Bien entendu, on a répondu par des insultes et de grossières intimidations à cette proposition, qui risque pourtant d'apparaître bientôt comme la seule échappatoire à la situation créée par la politique actuelle. Ainsi, à l'époque de la guerre d'Indochine, les mêmes intraitables patriotes battaient le rappel contre toute tentative de compromis; le même aveuglement est à l'œuvre – prions qu'il finisse autrement.

Le projet Hersant nous apparaît comme une alternative redoutable. La partition est la solution facile et brutale ; solution de force qui serait probablement le germe d'une guerre d'un type semblable à celle qui rôde au Proche-Orient. Mais si tous les efforts pour parvenir à une juste conciliation échouaient, que resterait-il d'autre, en effet, que de concentrer la population européenne en deux ou trois zones? Ce serait probablement l'amorce d'un État distinct, et au nom de quoi l'empêcherait-on de se faire reconnaître par la force des armes? La France n'a aucun intérêt à ce qu'on aboutisse à cette solution désespérée, qui la placerait en guerre de fait avec tout le Maghreb musulman. Les nationalistes algériens doivent se convaincre qu'ils n'y ont pas intérêt non plus. Après tout, la population européenne d'Algérie n'est guère moins nombreuse que celle d'Israël.

L'intégration des Européens à un État algérien associé à la France est donc la solution la plus favorable pour tous. Elle ne relève pas de la compétence exclusive des futures autorités algériennes. Le gouvernement français a non seulement le droit, mais le devoir de veiller à ce que cette intégration se fasse dans des conditions telles que les Européens aient en Algérie un milieu politique, social, juridique, où ils puissent vivre normalement. Ceci implique une organisation cantonale [6] qui fournisse les cadres politiques et administratifs adéquats.

Considérons cependant qu'aucune formule politique ne peut prolonger la cohabitation dans les conditions économiques et sociales actuelles. La population européenne détient à peu près les trois quarts de l'activité économique. Elle est ainsi portée à défendre, non un statut de minorité influente, mais une situation de prépondérance. Et l'insurrection algérienne, par sa violence, son radicalisme, exprime l'envers de cette situation. (...) Ce qui rend la solution si difficile aujourd'hui, c'est que le gouvernement, domestiqué par la droite, traite les insurgés algériens non seulement en ennemis de la France, mais en ennemis de classe. Là réside l'horrible paradoxe, la vraie trahison d'un gouvernement dit socialiste. Pour la masquer, il suggère tantôt que la révolte est inspirée par le fanatisme religieux – ce qui lui permet d'exciter en sous-main le vieil anticléralisme républicain –, tantôt qu'elle est inspirée par le communisme international – ce qui lui permet de recueillir le soutien de l'anticommunisme vichyssois.

Le drame de la France est qu'en se crispant sur des attitudes conservatrices, elle gaspille les chances de sa grandeur. Il n'y a pas de plus grande peine pour un patriote que de voir ceux qui ont toujours abusé de la patrie, la diminuer et la salir une fois de plus, en sacrifiant son avenir aux intérêts de leur classe.

Il existe un avenir commun entre Français et Algériens, mais seulement dans la perspective d'une mutation politique et sociale. Il faut s'entendre pour l'application d'une réforme agraire, qui entamera certains grands domaines coloniaux, d'une industrialisation, d'une promotion ouvrière, d'une éducation pour toute la jeunesse... Il faut s'entendre aussi afin que le statut de réciprocité dont nous parlions signifie pour les travailleurs algériens en France un autre avenir que celui d'un sous-prolétariat ségrégé.

Si les Français s'obstinent à défendre des privilèges de fait, et non de droit, ils ne sortiront d'une guerre atroce que par des abandons déshonorants. C'est à la fois une question de générosité et d'intelligence politique – une question qui se pose exactement comme elle se posait il y a cent ans, lorsqu'il n'existait encore ni communisme mondial ni impérialisme panarabe, et qu'Auguste Comte écrivait pourtant : « J'ose ici proclamer les vœux solennels que je forme, au

nom des vrais positivistes, pour que les Arabes expulsent énergique-
ment les Français de l'Algérie, si ceux-ci ne savent pas la leur resti-
tuer dignement. »

Jean-Marie DOMENACH [7]
Esprit, mai 1957

NOTES

1. P.H. Simon, *Contre la torture*, Éd. du Seuil.
2. *Des rappelés témoignent*, Comité Résistance spirituelle, 14 *ter*, rue du Landy, Clichy, Seine.
3. Lieutenant en Algérie, *L'Express*.
4. Cette attitude n'autorise pas le F.L.N. à poursuivre la comparaison désobligeante pour la Résistance française qu'un de ses officiers a entreprise dans le journal *Résistance algérienne*. Les dirigeants de la Résistance française ont toujours désavoué les atrocités ou les attentats aveugles.
5. Je cherche, dans ce texte, à employer les mots, autant que possible, dans leur sens véritable, et non dans le sens que leur donnent les propagandes. L'*indépendance* est la situation de fait d'un État qui ne dépend d'aucun autre; mais le mot a pris aussi un contenu mythique et signifie alors la revendication politique d'un État autonome. *Autonomie* veut dire la possibilité, sous quelque forme politique que ce soit, de décider librement de son avenir et de se donner ses propres lois. Cependant, par rapport à *indépendance, autonomie* a été minoré et tend à représenter une sorte de liberté contrôlée. Ce n'est pas dans ce sens que je l'emploie ici, mais dans son sens originel, beaucoup plus adéquat, beaucoup moins passionnel qu'*indépendance*
6. Je fais allusion à des propositions de P. Mendès France, tendant à assurer à des « cantons » peuplés d'une majorité européenne des institutions locales particulières, satisfaisant à leur caractère original.
7. Sur *Esprit*, on lira notamment le mémoire de Pierre Bouretz, *Les Intellectuels et l'anticolonialisme, 1944-1954*, Paris, I.E.P., 1983 (Marc Sadoun, dir.); *La Guerre d'Algérie et les chrétiens*, Les cahiers de l'IMTP, n° 9, oct. 1988, C.N.R.S.; Michel Winock, *Histoire politique de la revue « Esprit »*, 1930-1950, Paris, Le Seuil, 1977.

9

De l'impérialisme
à la « transcolonisation »

Entretien avec Jacques Berque[1]

Pied-noir d'Algérie, fils d'un haut fonctionnaire de la colonisation réputé ouvert à l'évolution du statut, inspirateur lui-même de réformes audacieuses au Maroc, Jacques Berque, professeur honoraire de sociologie au Collège de France, est un des Français les plus engagés dans l'histoire de la « décolonisation » qu'il proposa un jour de rebaptiser « transcolonisation ».

Il serait bon d'entamer cet entretien par une redéfinition du colonialisme...

Libéré des imprécations ou incantations coutumières, l'impérialisme, car c'est de cela qu'il s'agit, c'est l'expansion, sous forme de relations inégales, souvent violentes, de la révolution industrielle à travers la planète. Il n'a guère à voir avec l'édification des vieux empires territoriaux, à la romaine, à l'espagnole. Il y a une spécificité de l'entreprise impérialiste et colonialiste à partir du XIXᵉ siècle, dont l'Angleterre a donné le modèle.

Que la France a interprété à sa manière...

Plus universaliste – mais au nom d'un universalisme mal servi par nos goûts sédentaires; plus « généreux », dirais-je même, mais au nom d'une générosité contredite par l'esprit gagne-petit.
Nous avons, plus que tous les autres, attiré et repoussé, provoqué

des amours plus brûlantes et des haines plus violentes que nos concurrents. Notre histoire coloniale est riche de séquences positives, alternant avec les atroces. Nous nous en sommes rarement tenus à une exploitation méthodique et banale, à la hollandaise.

Vous ne dites pas « à l'anglaise »...

Non. Dans l'entreprise impériale anglaise, j'admire profondément le sens du mouvement, et plus encore que le *crescendo*, le génie du *decrescendo*, du pouvoir absolu au départ absolu. Admirable dextérité.

Chez les Espagnols, les Portugais...

J'admire tout autant l'enthousiasmant génie du métissage. Sur ce plan, ils nous ont donné des leçons que nous avons très inégalement reçues.

Les Russes?

On n'a pas apprécié à sa juste valeur la colonisation asiatique, qui résiste si fortement à la désagrégation de l'emprise de Moscou.

Mais il s'agit moins là d'une colonisation nationale que marxiste.

Qui a fait ses preuves et dont j'ai rêvé, vous le savez, pour ailleurs. Au Maroc, où vous avez été témoin de mes audaces...

« Les apparences étaient belles... »

Et du « scandale » que vous avez provoqué chez ceux que notre ami Charles-André Julien appelait « les prépondérants ».

J'ai alors souhaité dépasser, par le socialisme, le débat ruineux entre nationalisme et conservatisme. Il s'agissait d'accélérer dans le virage, principe de bonne conduite! Je me suis heurté à l'esprit gagne-petit, petit-bourgeois, dont nous parlions tout à l'heure.

Vous prétendiez faire l'économie de l'affrontement avec le nationalisme...

Dont j'ai sous-estimé la valeur, j'en conviens. Je ne l'ai découvert
que plus tard, en Égypte, regardant opérer Nasser et, toutes réserves
faites sur ses procédures, mesurant la force de sa conviction et de
l'adhésion qu'il provoquait chez mes jeunes amis égyptiens. Ce que
vous constatiez vous aussi, simultanément.

*Vous n'êtes pas de ceux qui ont condamné d'emblée l'entreprise
coloniale.*

J'y entrais à l'époque de la retraite de Lyautey, et au Maroc... Les
apparences étaient belles, et certaines réalités. Esthétiquement, j'ai
été séduit par ce qu'on appelait le « bureau arabe », les « affaires indigènes », ce lien établi entre le chevaleresque tribal et l'administratif.
Le *goum* a eu sa grandeur, exprimée entre autres à Cassino où les
guerriers marocains ne se sont pas fait tuer en mercenaires. Plus tard,
on a voulu recommencer cette histoire avec les SAS et les « cin-
quièmes bureaux » en Algérie. Trente ans trop tard. Ce qui avait été
noble et fructueux au Maroc n'était que mécanique, et hors du
temps... On se trompait de siècle.

Le temps, référence unique...

Qui arbitre entre positivité et négativité. L'histoire est faite par le
temps, non seulement référence, mais facteur décisif. Au moment
d'apprécier un fait, une phase historiques, demandons-nous : quand?

*Moyennant quoi vous jugez l'entreprise coloniale, non comme un
processus criminel en soi, mais en fonction de l'époque et des « circonstances »?*

Bien sûr. En tant qu'étape, comme le nationalisme d'ailleurs. La
phase de la nation – voire de l'État-nation – me semble un point
d'eau, un lieu de passage obligé dans l'épanouissement ou la réalisation du groupe. Mais à condition de ne pas se prendre pour fin, de se
voir comme un stade, une étape, un tremplin vers la conscience socio-
culturelle : la fin n'est pas Richelieu ou Bismarck, mais Descartes ou
Goethe, avec ce qu'ils impliquent.
Sinon vous avez l'État ventriloque, nombriliste (« Je suis l'État,
regardez-moi, inclinez-vous! »). Un serpent qui se mord la queue.
L'État doit se dépasser, vers un ensemble, et des convergences culturelles. Nous n'avons pas pu contribuer à la construction de cet État
qui s'appelle le Maroc, qui a sa force, mais tend à quoi? Nous

n'avons pas su préparer la construction du Vietnamistan, du Berberistan... Les Russes, à leur manière, et par les voies les plus contestables, l'ont fait.

Nos créations ont échoué du fait de l'avarice petite-bourgeoise dont je parlais. Aussi par la suprématie, chez nous, en ce domaine, de la banque sur l'industrie. Je suis frappé, en étudiant ces phases historiques, de la suprématie prise, chez les Français, par la banque, le capital financier. On attribue cette évolution aux Anglais. Vérifiez vous-même. L'agilité, l'astuce bancaire française, sa prolifération ne le cèdent en rien à celles de nos voisins et rivaux.

Sur le plan de l'activité pour ou contre le système colonial, comment vous situez-vous?

Ma meilleure réponse sera de vous lire quelques extraits du texte que j'adressais au résident général de France au Maroc au début de 1947, au moment de quitter le Service des réformes où m'avait fait désigner, à Rabat, ma réputation de contestataire constructif...

... pour être mis à l'écart dans un bled perdu où vous avez écrit votre thèse de sociologie sur Les Structures sociales du Haut-Atlas, *et posé les bases de votre carrière universitaire...*

En effet. Mais la lecture de ce rapport vous fera comprendre la réaction de mes prudents supérieurs : je vous rappelle que nous sommes au début de 1947, à cette époque que chacun s'accorde à considérer comme l'apogée du protectorat lyautéen, au lendemain d'une guerre où nos « protégés » ont fait preuve à notre égard, dans la pire épreuve, d'une loyauté admirable, se refusant – au moins jusqu'à l'intervention de Roosevelt et ce qu'on pourrait appeler les « ingérences américaines » à l'occasion de la conférence d'Anfa de janvier 1944 – à se saisir de « l'occasion » de notre abaissement pour reprendre l'initiative. S'il y a eu jamais démonstration d'un esprit « chevaleresque », c'est bien, en cette occurrence, les Marocains qui l'ont faite!

« Tue ou va-t'en »

Voici donc ce texte rédigé en 1947 par un fonctionnaire du Protectorat à l'adresse des maîtres de ce régime :

Les données politiques actuelles du Maroc ne comportent plus pour nous de solution, si nous n'osons les déplacer ou les rompre.

Il n'y a plus pour nous au Maroc de solution dite de bon sens, de calme ou de prétendu réalisme, comme il y en avait peut-être encore il y a dix ans. L'effraction, l'aventure à certains égards, à coup sûr l'audace, le risque, l'effort d'imagination ou de volonté nous ouvrent la dernière voie.

Cette voie n'est peut-être pas celle de l'« ordre », de cet ordre apparent dont nous faisons désormais notre seul argument, notre seule raison d'être.

Suprême erreur ou suprême hypocrisie : le vrai ordre ici serait que nous n'y fussions pas.

Il en sera ainsi tant que nous n'aurons pas entrepris l'effort qui est aussi notre dernière chance : je veux dire la reconstruction socialiste du pays. (...)

Les structures anciennes du Maroc, en effet – dynastie chérifienne, ordre tribal –, quelques succès tactiques qu'ait tirés de leur alliance la première génération du protectorat, nous sont en soi contraires. Leur évolution propre, de son seul poids sociologique, nous rejette à la mer, quand bien même certaines de ses manifestations ne s'appelleraient pas nationalisme. Seules d'autres structures, dont l'autochtone et nous soyons solidaires, pourront nous soustraire à cette fatale échéance.

C'est sans doute en grande part de l'économie qu'elles ont la chance de naître, déplaçant ainsi l'accent d'une société où le primat de l'économique n'est nullement spontané.

D'autre part, et de toute évidence, pouvons-nous espérer une solution quelconque tant que le débat restera celui de deux races? L'ordre lyautéen et, en général, la tradition des spécialistes de bureaux arabes ne sont il est vrai qu'élégant truquage destiné à éluder en modus vivendi un tel débat, lié aux prémisses coloniales de notre établissement. Mais à mesure qu'il l'élude, il en suscite un nouveau, celui des «Affaires indigènes» avec l'indigène pour «Affaires indigènes». Car ce dernier type, incroyablement faux et déformant, va, prenons-y garde, du docile prébendier au nationaliste. En l'un comme en l'autre, aussi victimes que nous-mêmes d'une méthode mensongère, le travestissement, l'éloignement des sources vives est le même.

(...) Car c'est bien un pays, une nation que nous voulons construire.

Ce qui nous a frappés à plusieurs moments de l'examen, c'est l'immobilité, l'absence de fin consciente des divers éléments de l'actuel jeu politique. De notre impuissance défensive dans les villes à notre autoritarisme vieillot dans le bled, on voit mal où nous voulons ainsi aller, et l'on voit hélas où nous nous laissons aller.

Que dire si cette inertie s'avive, si l'impuissance devient libéralisme concerté, et l'autoritarisme action structurelle à terme? Ainsi le système deviendra intelligible, se concevra fonction d'un but. Il équilibrera ses justifications rationnelles, valables pour le dedans comme pour le dehors, de garanties concrètes tirées de l'investigation sociologique.

Tel quel, je le propose à la critique. Et si on me dit que le résultat en est chanceux, je le reconnaîtrai de bonne grâce. Mais je dirai aussi que rien au monde ne doit être épargné par nous, même l'innovation chanceuse, pour nous évader du dilatoire et du conservatoire.

Ce sont actuellement au Maroc nos deux seuls recours. Puissent-ils ne pas nous amener bientôt à nous entendre dire, comme en Algérie, il y a deux ans, comme en Indochine en ce moment : « Tue ou va-t'en! »

J. Berque
Rabat, le 1er mars 1947

Il est de fait que ce texte, mis sous les yeux du général Juin, annoté par le colonel Lecomte, dut faire sensation!

Lecomte, dont je dépendais en théorie – y compris après ma « disgrâce »... –, était un squale. Il me fait penser à certains patrons de la C.I.A. Une mécanique intellectuelle de premier ordre, au service (sans limite) d'un certain pouvoir, pour le meilleur (qui sait?) ou pour le pire. Il choisit de ne pas voir au-delà de l' « ordre ». D'où le fiasco de ses entreprises notamment, à la fin, contre de Gaulle en Algérie.

Mais ce « squale » était encore sous l'autorité du résident général Eirik Labonne. Qui avait d'autres vues...

Labonne était un grand homme. Mais il avait un défaut : il faisait peu de cas du facteur humain et tenait le politique pour médiocre. C'était ce qu'on appelle aujourd'hui un technocrate, le génie en plus : ses intuitions sur le Sahara restent incomparables. Comment les petits hommes qui faisaient la loi ne l'auraient-ils pas écarté?

« L'Empire paraissait fait pour durer »

Pionnier en matière marocaine, êtes-vous aussi hardi à propos de l'Algérie, où votre père a lié son nom à l'histoire coloniale?

Un mot sur mon père. Augustin Berque fut à Alger un grand administrateur éclairé. On lui attribue de la sympathie pour la cause de l'émancipation. Il fut à coup sûr en bons termes avec Ferhat Abbas, et on lui prête d'avoir mis la main au Manifeste de 1943, qui fit la gloire dudit Abbas. Je n'ai pas pu vérifier. Il est mort en 1946, sans avoir pu s'expliquer de tout cela avec moi. En tout cas, je peux le tenir pour un modèle de compréhension de cette cause, non pour un précurseur de l'indépendance.

D'où votre approche progressive de la question algérienne?

En cette affaire, comme nous le disions plus haut, il faut constamment avoir les dates en tête. Disons que je n'ai pas été de ceux – si rares – qui, dès les années 1950, allaient disant que l'indépendance était la seule réponse à la question algérienne : hors Daniel Guérin, bientôt Bourdet et Jeanson, peut-être Robert Barrat, qui le disait en connaissance de cause? Peut-être aussi notre ami Jean Rous, lié d'amitié avec Messali...

Pour ma part, c'est vers 1955, au Caire, rencontrant des hommes come Allal el-Fassi chez notre ami Loutfallah Soliman, que j'ai « viré ma cuti » par rapport au nationalisme maghrébin, d'abord plaidé pour le retour au Maroc du sultan Mohammed, et, en 1956, fondé avec Jean Dresch le Comité universitaire pour la Reconnaissance de l'Algérie. Nous n'étions pas nombreux. Raymond Aron et Maurice Duverger nous ont rejoints un peu plus tard...

Vous trouverez des hommes qui vous diront qu'ils militaient depuis longtemps pour cette cause. Moi, je veux bien. Je n'ai pas le souvenir d'avoir été précédé ni même suivi de près par des foules, en 1956...

Sartre?

Vous savez que j'aime et j'admire Sartre. Mais pour lui, l'Algérie n'existait pas. C'était le moteur, le détonateur de la révolution en France. Si bien que, même quand il fut invité à Alger, la guerre terminée, l'indépendance reconnue, il ne jugea pas bon de s'y rendre! Reste que *Les Temps modernes* ont publié quelques textes essentiels pour l'émancipation révolutionnaire de l'Algérie.

Sur la Palestine?

Là non plus, je n'ai pas été à l'« avant-garde ». Je n'ai pas de goût pour la provocation : plutôt pour la solution des problèmes quand ils ont mûri et que des issues se présentent. Je n'ai pas rendu sur ce plan des services pionniers.

Il est vrai que je ne parle pas de la question palestinienne dans *Les Arabes d'hier à demain*. Le problème n'était pas encore posé clairement. Je me suis rattrapé depuis. Toujours cette question du temps, du mûrissement des questions, des urgences. Comme les Algériens quand ils ont fait connaître leur revendication et manifesté leur crédibilité, les Palestiniens m'ont trouvé à leurs côtés.

S'agissant de ces débats, êtes-vous d'accord pour être rangé dans un courant de la critique constructive, aux côtés de Charles-André Julien et de Jean Rous, par exemple?

Certainement. J'ai pu différer de Julien sur tel ou tel point. Premier historien universitaire à se détacher clairement de l'esprit colonial, il a joué de ce point de vue un rôle libérateur, essentiel. En cela, je l'admire profondément. Mais il était encore d'une génération où l'on parlait de la « cause indigène ». Il ne s'est pas toujours refusé à tous les contacts, il s'est tenu trop près de la monarchie de Rabat. Mais c'est un grand pionnier et un grand démocrate : votre rapprochement m'honore.

En fin de compte, je me sens plus proche encore d'un historien comme Dresch, auquel ses attaches communistes n'ont rien retiré de sa lucidité, et de Jean Rous que son trotskisme ne détournait pas du réel. Voilà pour moi de vrais compagnons de route, auxquels je dois beaucoup.

Dans l'histoire de la décolonisation française, accordez-vous un rôle décisif à l'effondrement de juin 1940?

Curieusement, les effets n'ont pas été rapides. Dans les premières années, les peuples colonisés ou protégés ne nous signifient pas que notre très relative légitimité a été abolie par notre abaissement. En fait le désastre, ce n'est pas eux qui le voient pour en tirer parti. Le désastre, il est en nous. Nous voilà saisis du sentiment que la coquille est trop grande pour nous.

Ayant redéfini l'impérialisme, pourriez-vous en faire autant de l'anticolonialisme?

Gare à la sentimentalité! Gare à une approche fondée sur le dégoût ou l'horreur des crimes commis. Gare à une analyse de l'affaire algérienne qui aurait pour principe et pour conclusion le double génocide commis au XIXᵉ siècle à l'occasion de la conquête, et au XXᵉ pour tenter de prévenir la débâcle. Ce qui n'est pas une raison pour l'oublier, ce que les Algériens peuvent faire, pas nous!

Mais ce genre d'approche, dont on ne saurait faire l'économie, la dénonciation des enfumades de Pélissier ou des tortures d'Alger, ne conduisent pas à une critique en profondeur du colonialisme. Et pourtant l'anticolonialisme se réduit souvent à cela – la recherche d'une bonne conscience.

Plus intéressant, d'un certain point de vue, est l'anticolonialisme de droite, du type de celui qu'a représenté Jean-Baptiste Say par exemple : une mauvaise affaire (nous verrons Raymond Aron proche de ces thèses).

A gauche, la critique la plus vibrante de l'impérialisme colonial a été, avant celle de Jaurès, d'ailleurs sélective, celle de démocrates de gauche comme Camille Pelletan ou Félicien Challaye qui, hélas, sombra en 1940 dans une vague amorce de collaboration, au nom du pacifisme...

En fait, si je cherche à serrer de près le vécu historique, je dois rappeler que, dans la première partie de ma vie, « on y croyait ». Je veux dire que l'Empire, si critiquable qu'il fût, paraissait fait pour durer. Méchant, fragile? Oui, comme notre société, comme notre pays. A réformer, refonder? Oui. A balayer? Non. Si je suis devenu fonctionnaire colonial, dans les années 20, ce n'est pas « pour faire plaisir à mon père ». C'est parce que la tâche paraissait belle. Que de fautes à réparer, d'abus à corriger!

Lisiez-vous les livres qui faisaient le procès de la colonisation?

Ils nous paraissaient admirables, mais Gide ne réclamait pas que nous quittions le Tchad, Challaye que nous renoncions à toute présence en Afrique. Ils ne posaient pas le problème de la pérennité de l'établissement.

Une exception notable : Messali Hadj en Algérie. Mais vous dirai-je que quand il lance son mot d'ordre d'indépendance en 1936, beaucoup sont persuadés qu'il s'agit d'une provocation policière, qu'il est manipulé, que c'est un coup des prépondérants ou d'administrateurs machiavéliens comme Jean Mirande pour affoler les Européens et les opposer aux libéraux et aux réformistes comme Ferhat Abbas...

Les racines masquées

Accordez-vous beaucoup d'importance aux prises de position des catholiques et de l'Église?

N'oubliez pas qu'entre les critiques modérés de la colonisation lors des Semaines sociales de Marseille en 1930 et les audaces émancipatrices des abbés Scotto et Berenguer vers 1960, s'est écoulée une génération. J'ai connu le fondateur d'*Esprit* à la fin des années 30, j'ai discuté avec Mounier, si intelligent, et si modéré en ce domaine. Puis Domenach en 1948 : nous étions sur la même longueur d'onde...

Pour vous faire sentir à quel point ces diverses formes d'anti-colonialisme sont restées longtemps fondées sur la dénonciation des abus, beaucoup plus que sur l'évocation du fond des problèmes, je vous raconterai qu'au cours d'un meeting contre les tortures en Algérie, à l'automne de 1956, parlant après de grands et nobles personnages comme Louis Massignon et François Mauriac, j'ai posé soudain la question de la reconnaissance de la nation algérienne. Saisissement... J'ai – sans l'avoir voulu – tué le meeting, littéralement. Chacun voulait s'en prendre aux formes de l'oppression, non à ses racines...

Il s'agissait, il s'est agi très longtemps d'une critique sentimentale et humaniste...

Ironisez-vous à propos de l'humanisme?

Pas du tout, mais il ne permet pas de faire l'économie de l'analyse idéologique précédant l'étude des rapports de forces, laquelle devrait être suivie de conclusions en vue de l'action.

S'agissant de l'histoire de l'anticolonialisme, pour la période que nous avons vécue, disons depuis les années 30, retenons quatre rubriques qui s'emboîtent plus ou moins bien :

a. celle de la critique humaniste, qui est partout;

b. celle de la critique idéologique, tardive et superficielle, au point que, j'ai le regret de le dire, l'un des rares ouvrages sérieux est celui de Staline sur la question nationale;

c. l'analyse du rapport de forces, bien étudié par le colonisé qui sait opportunément « tenter sa chance » et s'emparer de quelques leviers : le colonisateur est devenu de trop. Pourquoi faut-il dépendre des Anglais ou des Français afin de faire fonctionner le canal de Suez ou exploiter les phosphates marocains? Mais le contrôle de ces leviers n'est pas forcément l'instrument de la vraie libération;

d. que faire – du point de vue du **colonisateur**? J'y reviens, les Anglais sont ici les modèles. N'oubliez pas que, à propos des Indes, les tractations de lord Curzon remontent au début du siècle, alors que trente ans plus tard, en 1952, Boniface, gouverneur de Casablanca, déclarait avec ravissement : « Nous sommes revenus en 1912 ! »

Encore ne devons-nous pas nous flageller abusivement. Revenant de la célébration de l'indépendance algérienne, le 4 juillet 1962, j'écrivais qu' « il n'y a pas de vaincu en cette fête : tout commence vers un avenir touffu... ». Touffu, il ne pouvait pas ne pas l'être. Il n'a pas dépendu que de nous que se lèvent les orages d'aujourd'hui...

En 1958, lors d'un colloque à Cerisy-la-Salle, je citais un mot de vous, prononcé peu de jours auparavant lors d'une discussion avec nos amis de l'Observateur : vous proposiez de substituer à « décolonisation », à vos yeux trop négatif, le mot de « transcolonisation ». Reprendriez-vous cette formule, et cette proposition ?

Mais bien sûr ! Je crois qu'il s'agit d'une meilleure nomination historique, qui colle mieux au phénomène et aux exigences des faits.

Nous devons tenir compte des crimes et des faits. Nous sommes responsables de génocides, notamment en Algérie. Nul moins que nous ne doit les oublier. Mais ils ne résument pas tout !

Je n'ai pas de goût pour les sanglots longs des violons...

NOTE

1. Duquel on lira notamment, *Dépossession du monde*, Paris, Le Seuil, 1964, et en coll. avec J.P. Charnay, *De l'impérialisme à la décolonisation*, Éd. de Minuit, 1965.

10

Les sommations
des Temps modernes [1]

Entretien avec Marcel Péju

Fondée au lendemain de la Seconde Guerre mondiale par Jean-Paul Sartre sous le signe de l'existentialisme, doctrine philosophique exaltant les libertés de l'homme responsable, la revue *Les Temps modernes* s'est immédiatement engagée dans la lutte contre toute forme de domination coloniale, et avec plus de rigueur, ou de violence, qu'aucune autre publication de l'époque.

C'est de l'équipe formée par Sartre et Simone de Beauvoir que devait se détacher en avant-garde Francis Jeanson pour entrer dans la lutte aux côtés du F.L.N. algérien.

Marcel Péju était alors secrétaire général de la revue.

Du point de vue philosophique, sur quoi se fonde l'anti-colonialisme de Sartre? Sous l'imposant badigeonnage marxiste, on décèle une sorte d'humanisme « rentré ». Qu'est-ce donc qui le guide? Le marxisme? L'existentialisme? Un humanisme tout simple?

A mon avis, c'est l'existentialisme, dans sa version personnelle : c'est-à-dire sa propre philosophie. La teinture marxiste est venue plus tard, pour fournir des justifications supplémentaires, notamment dans le domaine économique. Mais la spontanéité de son anti-colonialisme est antérieure à ce type d'analyses. On peut parler d'humanisme, dans la mesure où il a pu écrire lui-même que « l'existentialisme est un humanisme » : à condition, toutefois, de ne pas oublier ce qu'a d'ambigu, chez lui, ce terme d'humanisme. Le sien n'est certainement pas un « humanisme tout simple ». Et sous cet angle, l'anticolonialisme se situe assez bien dans la ligne de *La Nausée* (avec le thème du « salaud »), du *Mur*. Songez à *L'Enfance d'un chef* ou *Réflexions sur la question juive*.

Pour l'indépendance algérienne

Quand sont créés Les Temps modernes, *le thème de l'anticolonialisme est-il déjà prévu comme un des leitmotive de la revue, ou s'est-il dégagé progressivement?*

Je n'ai pas fait partie de l'équipe fondatrice des *T.M.* A l'époque j'étais à Lyon. Étudiant en philosophie, puis militant de la Résistance, j'étais entré à la Libération dans la presse « issue de la Résistance » et je ne suis venu à Paris qu'en 1950. Peu après, à l'occasion d'une interview, j'ai fait la connaissance de Sartre qui m'a proposé de collaborer aux *T.M.*, dont je deviendrai secrétaire général en 1953, après le départ de Merleau-Ponty.

Mais quand j'arrive, la détermination anticolonialiste de la revue est déjà entière et sans concession. Non sans provoquer ailleurs bien des remous, notamment la « stupeur » de François Mauriac et les protestations de certains lecteurs. Elle s'était clairement exprimée dès le mois de décembre 1946, à propos de l'Indochine. Un éditorial de Jean Pouillon dénonçait « la guerre la plus ignoble de toutes (...) : une guerre coloniale ». Par la suite, une controverse opposera Claude Lefort et Tran Duc Thao à propos de la stratégie politique du Viêt-minh. Mais, tout le temps que durera la guerre, le soutien de principe au combat pour l'indépendance du Viêt-nam ne sera jamais mis en question. Et la même détermination se retrouvera quand il s'agira du Maghreb.

Dès le mois de septembre 1953, dans le cadre d'une série que Sartre avait intitulée « Sommes-nous en démocratie? », la revue traitait du colonialisme au Maghreb par le biais du « problème » des Nord-Africains en France, ces immigrés, comme on ne disait pas encore, mais que toute une presse dénonçait déjà comme des criminels en acte ou en puissance. Je m'étais chargé d'une enquête sur ce sujet, ce qui m'avait permis de prendre contact, au nom des *T.M.*, avec les mouvements nationalistes représentés en France : l'Istiqlal marocain, le Néo-Destour tunisien, l'u.d.m.a. (Union démocratique du Manifeste algérien) de Ferhat Abbas et le m.t.l.d. (Mouvement pour le triomphe des libertés démocratiques), d'où sortiront, après leur rupture avec Messali Hadj, les fondateurs du f.l.n. J'avais pu prendre ces contacts grâce à Jean Rous, l'un des pionniers de l'anti-colonialisme en France, qui travaillait alors à *Franc-Tireur*, dirigé par mon père.

Y avait-il, à la revue, des « anticolonialistes professionnels », si l'on peut dire? Outre vous-même, peut-être Pouillon, Lanzmann, Jeanson?

Je n'aime pas beaucoup la formule. Mais si vous entendez par là des collaborateurs réguliers plus particulièrement engagés : Jean Pouillon, bien évidemment, depuis le début. Claude Lanzmann, qui entra à la revue au même moment que moi, ne se mobilisa vraiment en ce sens qu'un peu plus tard. Quant à Francis Jeanson, il joua incontestablement un rôle d'initiateur dans l'affaire algérienne : mais brièvement, pour ce qui est des *T.M.*, puisqu'il quitta alors la revue – sans, toutefois, jamais perdre le contact avec nous.

Dans le couple Sartre-Beauvoir, n'était-ce pas elle qui était le plus catégorique en matière anticoloniale?

Elle était plus catégorique en tout. Mais Sartre n'était pas un « modéré ». Pouillon et moi non plus, d'ailleurs.

N'y a-t-il pas eu un crescendo dans les positions des Temps modernes? Sur le Maroc, vous avez soutenu les revendications natio-nalistes. Mais pas comme vous l'avez fait pour l'Indochine et sur-tout pour l'Algérie.

Bien sûr. Le choix politique était le même mais, affectivement, il y avait des nuances. Nous ne frémissions pas d'amour pour le sultan, comme Mauriac : nous préférions Hô Chi Minh. Et le f.l.n. nous apparaîtra un moment, sous l'influence de Fanon, comme une sorte de mouvement révolutionnaire de type nouveau. Mais cela vint plus tard. Dans un premier temps, le f.l.n. proprement dit a été un peu pour nous une inconnue.

Précisément : dans l'un de vos premiers numéros à traiter de l'Algérie, en 1955, plusieurs articles dénoncent ce que vous appeliez le mythe de l'intégration. Quelles sont alors vos priorités, dans le combat anticolonial?

La révolution algérienne a éclaté le 1er novembre 1954. Nous avons pris position assez vite sur le principe de l'indépendance. D'emblée, au rebours de la formule officielle, nous avons titré un de nos premiers éditoriaux, « L'Algérie n'est pas la France ». Un autre, évoquant l'envoi possible du contingent, s'intitulait, de manière encore moins équivoque, « Refus d'obéissance ».

Notre seul problème, à l'époque, tenait à l'ignorance où nous étions de ce que représentait exactement le F.L.N. Nos contacts, les miens notamment, étaient avec des gens de l'U.D.M.A., comme Ferhat Abbas ou Boumendjel, ou avec des « centralistes » du M.T.L.D., comme M'Hammed Yazid, mais nous ne connaissions pas les vrais intitiateurs de l'insurrection. Et dans la mesure où s'est rapidement déclenchée en France une lutte au couteau entre les militants du M.N.A. (Mouvement national algérien) de Messali Hadj et ceux du F.L.N., il y a eu chez nous un certain flottement : non pas sur la légitimité de la revendication d'indépendance mais, je le répète, sur la nature du F.L.N.

Ce trouble, d'ailleurs, n'était pas seulement nôtre. Je me rappelle Jean Rous me racontant qu'il avait rencontré Bourguiba à Tunis quelques jours plus tôt. Lui parlant d'Abbane Ramdane, alors « l'homme fort » du F.L.N., Bourguiba s'était exclamé : « Mais enfin, cet Abbane, qui est-ce? Amenez-le-moi! »

Ce trouble, nous l'avons éprouvé concrètement lors du grand meeting de la salle Wagram, organisé en janvier 1956 par le Comité des intellectuels contre la guerre d'Afrique du Nord. Sartre, entre autres, y participait. André Mandouze est arrivé en annonçant spectaculairement : « Je vous apporte le salut de la Révolution algérienne. » Mais il y avait aussi Deschezelles, alors avocat de Messali, et la salle était fortement noyautée par les gens du M.N.A., qui se sont mis à scander : « Messali! Messali! » Notre groupe, je l'avoue, s'est trouvé un peu déconcerté. Notre premier vrai contact avec le F.L.N. a eu lieu peu après, quand Salah Louanchi, que j'ai connu à ce moment-là, est venu organiser la Fédération de France du F.L.N. Mais il a été arrêté en février 1957.

Quelles étaient, à l'époque, vos relations avec d'autres anti-colonialistes comme François Mauriac? Vous rencontriez-vous?

Je ne crois pas que Sartre ait souvent rencontré Mauriac. Je me rappelle seulement un dîner où Julliard nous avait conviés avec lui et un ou deux autres convives. Ce fut courtois et mondain, non sans humour, d'ailleurs, de la part de Mauriac, très à l'aise, plus que Sartre sans doute. Cela dit, si Mauriac fut actif dans l'affaire marocaine, il se montra plus réservé concernant l'Algérie.

Et avec les « cathos » à proprement parler? Robert Barrat, par exemple? Aux T.M.*, le parti « tala » n'était pas très bien considéré. N'y avait-il pas de veto?*

Absolument pas. Je ne sais pas si Sartre a connu Barrat. Mais moi, j'étais très lié avec lui; et avec sa femme, Denise, qui, devait faire partie du réseau Jeanson. Nous avons même été arrêtés de compagnie, un soir (« interpellés » plus exactement), de même que Jérôme Lindon, Paul Thibaud et Jacques Panijel : et nous avons passé quarante-huit heures ensemble, en garde à vue au quai des Orfèvres. Barrat, c'était quand même aussi l'*Observateur*, où il avait publié l'un des premiers reportages sur les maquis algériens, avec une interview d'Ouamrane : ce qui lui avait d'ailleurs valu déjà d'être arrêté et emprisonné.

Réticences communistes

Et les communistes? Sartre, vous-même, Les Temps modernes *en général, avez été très critiques lorsque le Parti communiste a voté les pleins pouvoirs à Guy Mollet.*

Durant toute la guerre d'Algérie, nous avons été très critiques à l'égard des communistes.

Pouvez-vous préciser?

Il faut se rappeler la réaction initiale du Parti au lendemain du 1er novembre. Je cite de mémoire : « Le Parti communiste a toujours condamné ce type d'actions aventuristes qui font le jeu du colonialisme, si même elles ne sont pas suscitées par lui. » En un sens, il s'agit là d'une réaction spontanée, presque machinale : le P.C. a toujours eu tendance à qualifier de provocatrices les initiatives – même si elles allaient dans son sens – qu'ils n'avaient pas prises lui-même ou dont il n'avait pas le contrôle.

Touchant le F.L.N., cependant, l'opposition avait des racines plus profondes, qui découlaient de la rivalité entre le Parti communiste algérien – composé largement de « petits Blancs » – et les mouvements nationalistes proprement algériens, depuis l'Étoile nord-africaine en passant par le Parti populaire algérien (P.P.A.). N'oublions pas que lors de la répression sanglante des émeutes du Constantinois, le 8 mai 1945, les communistes étaient au gouvernement et qu'ils y sont restés sans états d'âme. D'une manière générale, le Parti a toujours subordonné sa politique algérienne à des considérations de stratégie internationale de l'U.R.S.S. ou de politique intérieure française : d'où le vote des « pouvoirs spéciaux » à Guy Mollet (l'unité de la gauche!) qui ne pouvaient conduire qu'à l'intensification de la guerre par l'envoi du contingent en Algérie.

Cela dit, il est vrai que de nombreux communistes, à titre individuel, se sont courageusement engagés dans le combat pour l'indépendance : l'aspirant Maillot ou Alban Liechti, par exemple, et, bien entendu, Henri Alleg. Ils y eurent d'autant plus de mérite que le F.L.N., il faut l'avouer, les tenait souvent en suspicion. Et le Parti, de son côté, ne les soutenait parfois que du bout des lèvres. Il suffit d'évoquer, pour sentir la différence, la campagne en faveur d'Henri Martin, militant communiste, lors de la première guerre du Vietnam. Mais la raison est claire : le Viêt-minh était un « parti frère », le F.L.N. ne l'était pas – et ses méthodes étaient à l'occasion, aussi dures que celles des partis communistes. De toute façon, il n'admettait que des adhésions individuelles, alors que le Parti eût souhaité un accord entre organisations. Les membres du P.C.A. * qui s'engagèrent vraiment du côté du F.L.N. rompirent avec leur parti.

Amar Ouzegane?

Je pensais à Ouzegane, en effet, que j'ai bien connu par la suite. un moment secrétaire du parti, il avait eu de nombreuses difficultés du fait de ses options « nationalistes » et avait fini par rompre pour adhérer au F.L.N. Le mot d'ordre communiste n'était pas l'indépendance, mais seulement la « paix en Algérie »...

... cette « nation en formation »?

Ç'avait été la formule de Thorez. Elle n'était plus guère mise en avant, mais l'esprit demeurait. Le Parti français, en tout cas, condamnait toute action d'insoumission, de désertion ou d'aide au

---

* Parti communiste algérien.

F.L.N. Il répétait volontiers le mot d'ordre de Lénine : « Participer à toute guerre, même réactionnaire, pour continuer la lutte. » Cela en oubliant, apparemment, la formule de Thorez, quelques années plus tôt : « Le peuple de France ne fera pas, ne fera jamais la guerre à l'Union soviétique. » Au peuple algérien, demandions-nous, on peut donc la faire? D'où, évidemment, les rapports très heurtés que nous avons eus alors avec le P.C. : je me rappelle quelques réunions orageuses avec certains de ses responsables qui s'opposaient même à l'organisation d'une manifestation centrale à Paris. Ils ne voulaient pas, nous disaient-ils, « se couper des masses ».

Tout cela dit, j'ai déjà rappelé qu'en France comme en Algérie, de nombreux communistes se sont engagés à titre individuel. Et même avec certains responsables importants du Parti, nous n'avons cessé d'avoir, malgré ces divergences et la « ligne » officielle du P.C., des rapports constants et fraternels.

Vous avez tous signé le Manifeste des 121 pour l'insoumission * aux Temps modernes?

Dans l'équipe centrale proprement dite, oui – sauf un, pour des raisons personnelles.

Sartre, Fanon et le terrorisme

Frantz Fanon a été l'un de vos inspirateurs. Y avait-il un lien institutionnel entre la revue et lui? Était-il en quelque sorte un correspondant extérieur?

Non, pas du tout. Fanon, je l'avais bien connu à Lyon quand il était étudiant et qu'il fréquentait une grande librairie dont je m'occupais alors avec mon frère. Puis il est parti comme psychiatre en Algérie et je l'ai un peu perdu de vue. Mais quand je suis devenu secrétaire général des *T.M.* il m'a écrit pour me proposer des bonnes feuilles de son premier livre sur la Révolution algérienne. Bien entendu, j'ai aussitôt accepté. Par la suite, je suis allé plusieurs fois à Tunis, où était installé le G.P.R.A., soit seul, soit avec Lanzmann, et nous avons retrouvé Fanon, qui écrivait alors *Les Damnés de la terre*. Il souhai-

---

* La liste des signataires de ce manifeste est publiée dans *L'Empire embrasé* de Jean Planchais (Denoël).

tait une préface de Sartre, qui l'a écrite comme vous savez, et des liens plus étroits se sont ainsi noués avec lui, sans qu'on puisse les dire « institutionnels ». Puis il est tombé malade et, entre deux voyages aux États-Unis où il se faisait soigner, il a rencontré Sartre à Rome, où ils ont eu des conversations parfois tendues.

Tendues? Pourquoi?

Fanon était un garçon ardent, passionné, entier. Du jour où, souffrant de leucémie, il s'est su condamné, il a eu tendance à brûler sa vie, à en faire le maximum pendant le temps qui lui restait. Sartre, lui, était, sans doute plus détendu et il est arrivé à Fanon d'être à son égard un peu agressif : « Sartre, vous vous ménagez, ce n'est pas le moment, etc. » J'en ai eu des échos par Sartre lui-même et par Lanzmann. Simone de Beauvoir y fait d'ailleurs allusion dans sa *Cérémonie des adieux*.

La préface de Sartre est d'une violence extrême, allant jusqu'à justifier le terrorisme. Je rappelle sa formule : « Abattre un Européen, c'est faire d'une pierre deux coups, supprimer en même temps un oppresseur et un opprimé : restent un homme mort et un homme libre. » Comment voyez-vous cela aujourd'hui? Comment l'avez-vous lu à l'époque? Avez-vous approuvé?

A l'époque, dans l'ensemble, oui. Cela correspondait à un climat passionnel : celui des grandes révoltes du tiers monde. Nous étions très partisans de la violence révolutionnaire et c'étaient de belles formules de Sartre – tout à fait vraies, d'ailleurs, quand on y réfléchit. Si j'avais, personnellement, une ombre de réserve, c'était sur une certaine tendance de Sartre à *en remettre*. La gauche, « ce grand cadavre à la renverse où les vers se sont mis », c'était trop. Comme avait été de trop en 1952, lors de son rapprochement avec les communistes, le discours sur les « rats visqueux » : si le Parti décide que vous êtes des rats visqueux, mes frères, vous serez des rats visqueux... Dans les deux cas, il y a une sorte d'étrange masochisme : comme si, n'étant ni « prolétaire » ici ni, là, « colonisé », il ne pouvait se joindre à leur combat sans d'abord expier ce péché originel.

Cela dit, nous avons été très « fanoniens » à l'époque et c'était probablement une erreur. Il y a encore moins de mission historique de la paysannerie que de mission historique du prolétariat. Je schématise, bien sûr, mais cela sort de notre sujet.

*Un autre thème est apparu dès 1956-1957 : la comparaison entre
la guerre d'Algérie, « l'occupation française », et l'occupation allemande pendant la Seconde Guerre mondiale. Vous déploriez aussi le
silence des Français face à ce qui se passait en Algérie.*

Les destructions de villages, les viols, les pillages, les « regroupe-
ments » de population, le recours systématique à la torture et aux
exécutions sommaires – les « corvées de bois » –, quelle différence
avec les pratiques hitlériennes, en dehors de l'extermination « industrielle » des juifs? Et l'on ne peut dire que l'opinion française, dans
ses profondeurs, en ait été bouleversée. Ceux qui se sont mobilisés
contre la torture, au premier rang desquels Pierre Vidal-Naquet,
n'ont-ils pas quelque peu prêché dans le désert? A part quelques
révoltés, combien de braves petits pioupious français ont tranquillement participé aux ratissages, voire aux tortures? Ils se prenaient en
photo, parfois : comme ces soldats allemands bien ordinaires, ni s.s.
ni gestapistes, que l'on voit, hilares, couper la barbe des juifs dans les
ghettos de l'Est ou leur faire nettoyer le trottoir avec une brosse à
dents. On n'enseigne jamais impunément le mépris de l'homme. Et la
guerre d'Algérie était cette école-là.

Et en France même... On redécouvre aujourd'hui, à l'occasion de
quelques livres, les assassinats d'Algériens qui marquèrent la répression policière, à Paris, de la manifestation organisée le 17 octobre
1961 par la Fédération de France du F.L.N. Mais sur le moment,
même *Le Monde*, d'ordinaire mieux inspiré, crut bon de rejeter sur
les Algériens la responsabilité de violences dont ils s'étaient pourtant
abstenus. Ils ne faisaient que protester contre le couvre-feu discrimi-
natoire dont ils étaient victimes, par décision d'un préfet de police.
Lequel avait de solides références, il est vrai, puisqu'il s'agissait de
Maurice Papon, aujourd'hui inculpé de crime contre l'humanité pour
avoir fait déporter des juifs pendant la guerre.

Une sorte de « demi-légitimité » française

*Vous qui avez connu l'Occupation, participé à la Résistance, pen-
sez-vous vraiment qu'on puisse comparer la présence française en
Algérie à l'occupation allemande en France?*

Si vous formulez la question ainsi, non. Je parlais de certaines
méthodes de guerre, qui se ressemblent toutes, dès lors qu'on lutte
contre une résistance nationale. Et n'oublions pas non plus les hor-

reurs qui ont marqué la conquête militaire de l'Algérie, comme bien d'autres expéditions coloniales. Mais il est vrai que la situation coloniale ainsi créée n'a pas été entièrement et sur tous les plans négative pour la population concernée. Il y a eu une sorte de demi-légitimité française, avec des aspects contrastés : un viol de société dont les effets, le temps aidant, ont parfois profité à la victime. Toute une fraction du mouvement nationaliste algérien, avec Ferhat Abbas, par exemple, a attendu longtemps avant de réclamer l'indépendance. Mais les situations évoluent. Il y a eu, historiquement, « l'ère coloniale », qui ne se résume pas aux abominations des conquêtes militaires. Puis il y a eu « l'ère des décolonisations ». C'est ce qu'il fallait comprendre à temps.

N'avez-vous pas eu tendance, à vous aligner sur les positions les plus radicales du mouvement nationaliste?

Incontestablement. Non que nous fussions, par principe, hostiles à toute concession : mais nous estimions, par principe, que ce n'était pas notre affaire, que nous n'avions pas à nous substituer imaginairement au F.L.N. pour faire choix de telle ou telle tactique. Ce qui eût été, d'ailleurs, tout à fait illusoire. Nous nous en tenions donc à des positions de principe, radicales par définition. Aux Algériens de négocier des compromis, s'ils le jugeaient bon.

Les « porteurs de valises » et une lettre signée Sartre

Concernant Francis Jeanson, étiez-vous fiers de ce qu'il faisait? Pensiez-vous qu'il était bien qu'il fût là, tout en prenant vos distances? Pouvait-on dire qu'il était encore de la famille?

Il était encore de la famille. Mais dans toute famille, il y a des problèmes. Ainsi avec Jeanson qui était officiellement, depuis janvier 1951, « gérant » des *Temps modernes* : une fonction légale sans signification particulière mais que Sartre, néanmoins, décida de lui retirer fin 1956. Cela, en raison de son engagement algérien que Sartre n'a pas, d'emblée, assimilé. Par la suite, la situation a évolué et, quand Jeanson a lancé son journal clandestin, *Vérités pour...*, il a demandé une interview à Sartre, qui la lui a donnée sans hésitation. Personnellement, j'avais déjà repris contact avec Jeanson que j'étais allé voir à Genève, pour préparer le procès de son « réseau » qui devait s'ouvrir devant le tribunal militaire.

Faut-il penser que Sartre a d'abord été réservé sur le thème du passage à l'action, si l'on peut dire? Qu'il voyait son intervention comme purement intellectuelle et morale?

Plusieurs facteurs ont joué. Au début, comme je vous l'ai dit, le fait que nous nous sommes posé des questions sur le F.L.N., par rapport aux organisations que nous connaissions, comme le M.T.L.D. ou l'U.D.M.A. Par la suite, comme vous le savez, Sartre a soutenu sans équivoque les « porteurs de valises ». Mais, sous un certain angle, à l'égard du F.L.N. proprement dit, il a conservé des réserves jusqu'au bout. L'un des motifs de sa rupture avec moi a d'ailleurs été mon engagement direct auprès du F.L.N.

Faut-il comprendre que Sartre, malgré tout, conservait un certain sentiment d'ancrage dans la communauté nationale, qu'il avait un côté légaliste, sinon nationaliste?

Légaliste ou nationaliste, non. Mais il est vrai qu'il tenait à agir dans un cadre français : avec un réseau de soutien, peut-être, mais non directement avec le F.L.N. La distinction est un peu spécieuse, pourtant il la faisait. Un autre exemple, significatif : au moment des négociations d'Évian, je suis allé avec Lanzmann voir les délégués algériens. Nous les connaissions presque tous, depuis Tunis, et notamment Redha Malek, alors directeur du *Moudjahid*, qui nous a demandé pour son journal une interview de Sartre. Pensant qu'il n'y avait pas de problème, nous avons accepté. Mais quand nous sommes rentrés à Paris, Sartre a catégoriquement refusé. Une interview à Jeanson pour une publication française, oui; à Redha Malek pour le *Moudjahid*, non.

C'est un peu déconcertant, non?

Cela nous a déconcertés, en effet. Mais ce n'a été qu'un incident parmi d'autres. Vous connaissez l'histoire de sa lettre au tribunal militaire, lors du procès du réseau Jeanson?

Que s'est-il passé exactement?

Quand s'est ouvert le procès, Sartre était en vacances au Brésil. Étant donné les positions qu'il avait prises, et celles de la revue, du fait aussi que Jeanson avait longtemps été un collaborateur des *T.M.* tout le monde attendait son témoignage. D'autant plus que cela coïncidait avec la publication du Manifeste des 121, dont plusieurs signataires devaient être appelés à la barre. Mais quand nous avons demandé à Sartre de venir, il s'est borné à envoyer un télégramme de deux ou trois lignes, tout à fait insuffisant par rapport à ce qu'on pouvait attendre de lui.

La situation était très gênante. Lanzmann et moi lui avons donc téléphoné au Brésil, pour insister sur l'importance de son témoignage, dans le climat du moment. Nous lui avons même proposé d'organiser un bref aller-retour, le temps qu'il témoigne devant le tribunal avant de repartir. En vain. C'est alors qu'en désespoir de cause je lui ai demandé l'autorisation d'écrire moi-même une lettre qui lui serait attribuée. Il a accepté : j'ai donc rédigé cette lettre dite des « porteurs de valises ». Je l'ai montrée à Lanzmann, qui n'a pas fait d'objection : et c'est le texte qui a été lu au tribunal militaire.

L'aviez-vous lue à Sartre au préalable?

Non. Il ne l'a découverte que dans la presse, au Brésil, quelques jours plus tard.

Comment a-t-il réagi en rentrant à Paris?

Il a approuvé le texte. Avec une seule réserve : sur la phrase où je lui faisais dire, à propos du port des valises, qu'il ne pensait pas qu'il y eût « des tâches nobles et des tâches vulgaires ». « Pour moi, me dit-il, c'est si évident que je ne l'aurais pas formulé ainsi. » C'est tout.

Comment cette lettre qui ne venait pas du Brésil a-t-elle été communiquée au tribunal militaire?

Cela posait, en effet, quelques problèmes techniques. D'abord, la lettre ne pouvait évidemment être manuscrite. Nous l'avons donc dactylographiée, et Siné, en bon dessinateur, s'est chargé d'imiter la signature de Sartre... Elle ne pouvait non plus être expédiée sous enveloppe, directement au tribunal, comme le télégramme précédent. Elle fut donc censée être adressée au président du tribunal, mais par l'intermédiaire de Roland Dumas, qui était alors l'avocat de Sartre. C'est d'ailleurs chez Roland, quai de Bourbon, que toute l'opération a été mise au point. Le jour venu, il a lu la lettre en ménageant ses effets, dans un grand silence, puis il l'a très noblement remise au président qui, bien sûr, n'a pas fait d'enquête particulière...

A-t-elle eu quelque efficacité auprès du tribunal ?

Le siège du tribunal était fait, de toute façon. Mais elle a fait du bruit dans la presse et dans l'opinion. Et elle a lancé la formule des « porteurs de valises »...

Faute de cette lettre, l'accusation se serait emparée du silence de Sartre ?

Voilà : c'était notre problème. Nous avons voulu éviter ce qui eût passé, inévitablement, pour une défaillance de Sartre.

Les éditoriaux de la revue, quand ils n'étaient pas signés de Sartre, étaient signés T.M. Est-ce vous qui les rédigiez ?

Tantôt moi, tantôt Jean Pouillon : dans l'ensemble, je pense que nous en avons écrit à peu près autant l'un que l'autre. De toute façon, sauf en son absence, ils étaient toujours soumis à Sartre au préalable. Et nous en discutions éventuellement entre nous : un éditorial signé *T.M.* engageait la revue.

Une donnée absente : l'islam

Dans tout cela, Merleau-Ponty eut-il une attitude particulière ?

Merleau a quitté la revue en 1953 et n'y a plus joué aucun rôle. D'une certaine manière, je lui ai succédé dans ses fonctions de rédacteur en chef : un titre dont il n'a d'ailleurs jamais voulu et dont je n'ai pas voulu non plus. *Les Temps modernes*, c'était Sartre. Quant à ses positions anticolonialistes, elles ne font pas le moindre doute. Néanmoins, il n'a pas voulu signer le Manifeste des 121, tout en souscrivant, ensuite, à un autre manifeste, plus modéré, réclamant une « paix négociée en Algérie » : texte auquel se rallièrent la plupart des intellectuels de gauche qui jugeaient que nous allions « trop loin ». Et Merleau est mort peu après.

Le problème de l'islam s'est-il posé à vous, à cette époque ?

Non, pas du tout. Ni à la Fédération de France, ni au G.P.R.A., nous n'avons rencontré le problème « islamiste », au sens où on l'entend aujourd'hui. Bien sûr, nous pouvions penser que nos interlocuteurs étaient musulmans, mais comme des Français peuvent être catholiques, protestants ou agnostiques. Cela n'entrait pas en jeu dans nos rapports. Et j'ai été surpris de la récente évolution « islamisante » de certains d'entre eux, comme Ben Khedda ou Ben Bella. Étais-je naïf ou ont-ils beaucoup changé? Je ne sais pas. Mais il est vrai que le thème « arabo-islamique » – à distinguer, d'ailleurs, de l'islamime militant d'aujourd'hui – est apparu assez vite après l'indépendance. Et Sartre, notamment, a été ulcéré par la fameuse déclaration de Ben Bella : « Nous sommes des Arabes! Nous sommes des Arabes! Nous sommes des Arabes! » J'étais assez lié avec Ben Bella, à l'époque, mais je ne peux pas dire que Sartre avait tort.

Comment vous représentiez-vous de Gaulle, aux Temps modernes, *au moins pour ce qui était de sa politique algérienne?*

Nous n'avions pas eu la moindre indulgence – c'est une litote – pour les gouvernements de la IVe République. Mais de Gaulle, pour nous, c'était au surplus l'homme porté au pouvoir par les putschistes d'Alger : celui qui, fût-ce avec réticence et peut-être de mauvaise foi, s'était résolu à crier : « Vive l'Algérie française! » Nous estimions donc qu'il n'y avait aucune raison de lui faire crédit, encore moins de lui accorder un blanc-seing, mais qu'il fallait au contraire soutenir sans restriction la révolution algérienne pour contraindre de Gaulle à négocier.

La seule différence – mais évidemment importante – entre lui et les ultras de l'Algérie française, c'est qu'il était plus intelligent et avait plus d'ampleur de vues. Il voulait donc se débarrasser de ce boulet qu'était pour lui l'affaire algérienne. Mais de toute évidence aussi, il ne céderait que ce qu'il serait forcé de céder : c'est pourquoi il fallait l'y forcer. Les événements, me semble-t-il, ont confirmé cette analyse. De Gaulle a commencé par vouloir briser militairement le F.L.N. à l'intérieur, avec le plan Challe qui, d'ailleurs, a techniquement réussi. Puis il s'est déclaré prêt à négocier, mais pas avec le F.L.N., et l'on s'est mis en quête de quelque Bao Dai algérien. Puis il y a eu « la paix des braves » et « les couteaux au vestiaire », le projet de séparation du Sahara, etc.

Chaque fois, de Gaulle reculait un peu plus, mais du fait seulement de la résistance algérienne – jusqu'au moment où il s'est résigné à négocier l'indépendance avec le F.L.N. Pourquoi eût-il fallu, prématurément, lui faire des cadeaux? Je le répète : sa seule vertu, qui n'est pas négligeable, est d'avoir réussi à gérer ce tournant, qui a dressé contre lui ceux-là mêmes qui l'avaient porté au pouvoir. En un sens,

c'est un exploit : et, historiquement, cela peut devenir un exemple
d'école.

*Les gaullistes de gauche n'avaient aucun crédit auprès de vous?
Jean Amrouche ou Maurice Clavel, par exemple?*

Bien sûr, nous préférions les gaullistes de gauche aux gaullistes de
droite. Mais le seul fait qu'il pût y avoir en même temps les uns et les
autres eût dû suffire à les détourner d'être gaullistes. Le lyrisme de
Clavel s'est d'ailleurs fort bien accommodé des deux versions.

*Pour conclure : n'aviez-vous pas parfois le sentiment de vous être
enfermés dans une sorte de ghetto intellectuel?*

Dans un ghetto? Non. Ceux avec qui nous polémiquions, parfois
très vivement, à *Esprit*, à l'*Observateur*, au *Monde*, voire à
L'Express ou à *L'Humanité*, restaient souvent, malgré tout, des amis.
Et dans tous les partis ou groupements divers qui, institutionnelle-
ment si l'on peut dire, nous critiquaient, nous rencontrions beaucoup
d'échos. Dans la « gauche respectueuse », il y avait, au niveau individuel, bien de l'irrespect. Nous avons, un moment, été assez isolés,
c'est vrai. Mais ce sont des situations où l'on s'exalte volontiers de sa
différence...

NOTE

1. Sur Sartre et *Les Temps modernes*, on lira notamment : Jean-Paul Sartre,
Situations, t. V, *Colonialisme et néo-colonialisme*, Paris, Gallimard, 1964; *La
Guerre d'Algérie et les intellectuels français*, Cahiers de l'IMTP, nᵒ 10, nov. 1988,
C.N.R.S.

11

De Gaulle,
d'une « certaine idée » aux « réalités »

« Vous le voyez, me dit le Commandant en chef, je ne m'étais pas trompé quand je vous ai, il y a quelques jours, annoncé que les Allemands attaqueraient sur la Somme le 6 juin. Ils attaquent en effet. En ce moment, ils passent la rivière. Je ne puis les en empêcher.

– Soit! Ils passent la Somme. Et après?

– Après? C'est la Seine et la Marne.

– Oui. Et après?

– Après? Mais c'est fini!

– Comment? Fini? Et le monde? Et l'Empire? » Le général Weygand éclata d'un rire désespéré.

« L'Empire? Mais c'est de l'enfantillage [1]! »

De Gaulle est persuadé, à l'aube de la défaite, que l'Empire reste le dernier moyen pour poursuivre la lutte tout en sauvegardant la souveraineté française dont ces territoires lointains sont l'expression charnelle. Si la « carte impériale » fut autant un mythe salvateur qu'une réalité dans la renaissance française pendant la guerre [2], elle est au cœur de la réflexion gaullienne pendant la guerre mais aussi présente dans la pensée du jeune officier.

De Gaulle n'est pas un colonial et sa carrière se déroule pour l'essentiel sur le territoire métropolitain. Comme Psichari, il pense que les colonies peuvent servir d' « exutoire » aux appétits de l'armée. Sensible à l'idée chère à Péguy d'une France missionnaire, forte de sa vocation universelle, il évite de recourir aux clichés de l'imagerie coloniale. Cette tradition lui est quasiment étrangère.

Son expérience de l'Empire reste limitée à l'exception d'un séjour de deux années (1929 à 1931) au Liban et en Syrie. Bref – mais décisif. Il y lance un manifeste de l'émancipation des peuples d'outre-mer : « ... Jeunesse libanaise, c'est une patrie que vous avez à faire. Sur ce sol merveilleux et pétri d'histoire, appuyés au rempart de vos montagnes, liés par la mer aux activités de l'Occident, aidés par la sagesse et par la force de la France, il vous appartient de construire un État. Non point seulement d'en partager les fonctions, d'en exercer les attributs, mais bien de lui donner cette vie propre, cette force intérieure, sans lesquelles il n'y a que des institutions vides... Oui, la jeunesse libanaise qui demain sortira d'ici sera bien préparée à sa tâche nationale. Marchant sur les traces de ses aînés, parmi lesquels nous saluerons avant tout le président de la République libanaise, résolue à la discipline et au désintéressement, liée à la France par toutes les voies de l'esprit et du cœur, cette élite sera le ferment d'un peuple chargé dorénavant des lourds devoirs de la liberté. »

C'est à l'occasion d'une distribution des prix à l'université Saint-Joseph de Beyrouth que le commandant de Gaulle parle ainsi. On croirait Lyautey s'adressant aux Marocains ou le futur président de la Ve République haranguant les foules africaines trente années plus tard...

Son intérêt premier pour l'Empire n'en est pas moins militaire. Ainsi, exalte-t-il, en 1938, dans *La France et son armée* l'Ancien Régime qui avait su constituer « un grand Empire colonial conquis, perdu, puis reconnaissant ». Plus tard, il rendra hommage à la IIIe République qui « a refait un grand Empire », et ne cache pas son admiration pour tous les soldats qui, dans les années 1880, entreprirent « la course aux terres nouvelles [3] ». « Ces soldats d'un Empire qui, sans eux, écrit-il dans *Le Fil de l'épée* en 1932, s'écroulerait aussitôt [4]. » Déjà au lendemain de la Première Guerre, il voit dans les colonies « une garantie presque indispensable d'avenir; d'avoir dans le monde et en particulier en Méditerranée un rôle de protection et d'enseignement (Orient, Grèce, Serbie, Afrique du Nord) (...). Il nous faudra une armée nationale suffisante pour ôter à nos voisins l'envie de recommencer la guerre; et une armée coloniale pouvant contribuer à la défense du sol et également défendre nos colonies toute seule [5] ». C'est cette simple idée qui décide le général de Gaulle aux jours décisifs de juin 1940 de faire appel d'abord aux chefs de l'Empire pour défendre la patrie. Seuls parmi les généraux, Catroux et Legentilhomme l'entendront dans l'immédiat.

La France a perdu une bataille...

C'est par l'Empire que la France libre va, jour après jour, redevenir la France. Tout l'effort du général de Gaulle consiste à rassembler les morceaux du territoire « impérial » et d'en faire les bases de la défense et de la reconquête. Ce patrimoine dont il est, à l'entendre, le garant jusqu'à la Libération, carte majeure dans le jeu qu'il mène, d'abord face à l'Allemagne, aussi à côté des Alliés. Mais cette attitude constante de mandataire n'exclut pas, au contraire, d'imaginer la rénovation du lien colonial.

« Cette guerre qui à tant d'égards, déclare-t-il le 23 octobre 1941, constitue une révolution (...) révélant l'Afrique à elle-même [6]. » Tel est le sens de la déclaration du 8 décembre 1943 relative à l'Union indochinoise, séparée encore de la France par l'occupation japonaise et la présence vichyste. Cette déclaration est une promesse : une fois venue la fin de la guerre, « la France, alors, de même qu'elle gardera présentes à l'esprit la noblesse et la droiture des souverains régnants d'Indochine, saura se souvenir de l'attitude fière et loyale des peuples indochinois, de la résistance qu'ils ont, à nos côtés, opposée au Japon et au Siam, de la fidélité de leur attachement à la communauté française. A ces peuples, qui ont su aussi affirmer à la fois leur sentiment national et leur sens de la responsabilité politique, la France entend donner, au sein de la communauté française, un statut politique nouveau où, dans le cadre de l'organisation fédérale, les libertés des divers pays de l'Union seront étendues et consacrées ; où le caractère libéral des institutions sera, sans perdre la marque de la civilisation et des traditions indochinoises, accentué ; où les Indochinois, enfin, auront accès à tous les emplois et fonctions de l'État [7] ».

C'est ce même souffle qui anime quelques jours plus tard le discours de Constantine à cette réserve, de taille, que l'esprit émancipateur s'exprime à l'échelon de l'individu non à celui des collectivités. Dans ce discours, de Gaulle rend public un programme de mesures préparées par le général Catroux, nouveau gouverneur de l'Algérie et tout particulièrement la reconnaissance de la plénitude des droits politiques à certaines catégories de musulmans (anciens combattants et titulaires de diplômes secondaires).

Entre le mythe et la réalité : Brazzaville

Demi-mesure entre l'autonomie souhaitée par un Ferhat Abbas et le maintien du statu quo prôné par maints Européens épouvantés par cette concession ? En tous les cas, ces derniers ne lui pardonneront pas d'avoir, en quelques mots, porté atteinte à l'édifice inégalitaire sur lequel s'était construite leur domination. L'Algérie n'est pas le Maroc ou la Tunisie, et de Gaulle posera toujours comme principe de base à sa politique de distinguer les territoires où la personnalité nationale est affirmée, des autres... Affaire de point de vue? Celui-ci, exprimé à Brazzaville, n'est pas ainsi sans ambiguïtés [8].

Le discours d'ouverture du Général, le 30 janvier 1944, évoque l'Afrique française dans laquelle « il n'y aurait aucun progrès qui soit un progrès, si les hommes, sur leur terre natale, n'en profitaient pas moralement et matériellement, s'ils ne pouvaient s'élever peu à peu jusqu'au niveau où ils sont capables de participer chez eux à la gestion de leurs propres affaires. C'est le devoir de la France de faire en sorte qu'il en soit ainsi [9] ». La révision de la doctrine coloniale est au programme de la conférence et, en particulier, l'étude de la transformation de l'Empire colonial en une Fédération française de peuples et de territoires associés. Huit jours de travail laborieux où s'affrontent discrètement les tendances à l'assimilation prônée par le gouverneur Saller et celle de la liberté politique animée par Éboué et Laurentie.

En vain. La conférence écarte clairement toute idée de « constitution éventuelle, même lointaine, de *self-governments* dans les colonies ». Les recommandations en matière de santé, d'éducation, de création d' « assemblées représentatives », d'emplois publics, restent dominées par la tradition administrative du changement dans la continuité... Elles sont trop en deçà du discours gaullien pour n'être pas restituées dans le contexte de l'époque. Outre les pesanteurs de l'école coloniale bien présentes dans cette assemblée dominée par les gouverneurs et des hauts fonctionnaires (et le ministre responsable René Pleven), les prétentions alliées avivent la méfiance des adversaires de l'idée d'autonomie.

L'hostilité déclarée des États-Unis au pouvoir colonial, la volonté formulée par Roosevelt d'internationaliser l'ensemble des colonies, à commencer par celles de la France : la conférence est aussi une manière solennelle de réaffirmer les responsabilités de la France métropolitaine. Le bulletin du c.f.l.n. * n'affirmait-il pas, avant l'ouverture de la réunion, qu'il était « impossible en temps de guerre d'assurer une représentation sincère et complète de l'opinion française et indigène de nos colonies comme de leurs divers intérêts (...), il est donc préférable de consentir à une limitation du pouvoir de la conférence, mais de conserver à ses délibérations le bénéfice de l'impartialité ».

Faut-il donc parler d'une simple légende de Brazzaville, d'un mythe émancipateur fallacieux? Non, parce que cette réunion solen-

* Gaulliste.

nelle fut suivie avec espoir par les Africains. Par mille canaux, une
rumeur se répandit, suscitant une espérance. De Gaulle ne manquera
pas d'inscrire plus tard sa politique dans la « continuité » de Brazzaville et fortifiera, à son tour, le mythe. C'est sur la même terre qu'il
annoncera, le 24 août 1958, le droit à l'indépendance des peuples
d'Afrique noire : « Il s'est trouvé, déclarait-il, que c'est à Brazzaville
que la France, par ma voix, a ouvert aux territoires africains la route
qui les a conduits à la libre disposition d'eux-mêmes. » Saisissant rac-
courci qui ne s'embarrasse certes pas de « détails »... mais contient
une part de vérité, tant le regard qu'ont porté maints Africains sur
cet événement justifie *a posteriori* l'interprétation pour le moins hardie du Général...

Un double défi : recouvrer l'Empire, puis innover

« La France est certaine qu'elle retrouvera intact tout ce qui lui
appartient, mais elle est certaine aussi qu'après cette guerre et toutes
les expériences humaines qui y ont été faites, la forme de l'organisation française dans le monde ne sera pas la même qu'avant le drame
que nous avons traversé », déclare le Général le 10 juillet 1944. Parce
qu'il entend restaurer le rang de la France, le général de Gaulle tient
la « question impériale » pour fondamentale [11]. L'influence française
dans le monde conditionne en effet le renouveau de sa puissance. Le
choc de la guerre, les nouveaux équilibres internationaux incitent le
chef du gouvernement à considérer l'Empire comme un des atouts
majeurs du jeu de la France. Mais ce recouvrement ne saurait se
concevoir comme un pur et simple rétablissement territorial. Les
impératifs nés de la guerre impliquent aussi la nécessité d'une rénovation dans le cadre français.

Cette volonté politique se heurte à divers obstacles, qu'il s'agisse
des nationalistes mais aussi des « prétentions » alliées, différentes
dans leur nature mais s'additionnant pour gêner la restauration de la
souveraineté et, plus généralement, des intérêts français dans le
monde. Cependant ces difficultés doivent être appréhendées séparément. Car les territoires liés à la France ne se différencient pas
moins, à la Libération, par leur statut juridique, leur degré d'intégration ou d'association que par l'exercice sur eux du contrôle militaire.
De ce point de vue, le Levant et l'Indochine posent des problèmes
spécifiques.

Le général de Gaulle considère d'abord l'Empire comme un facteur de puissance nationale. En attendant son renouveau complet,

« les prolongements outre-mer » de la France sont une de ses « bonnes cartes » qui lui permettent d' « agir et de se faire respecter ». L'effort de guerre entrepris par la France libre, c'est-à-dire la France, aurait été dérisoire, tant sur les plans militaires qu'économique, s'il ne s'était ancré sur l'Empire. Cette justification du maintien de ces territoires dans un ensemble français ne saurait, pour l'homme du 18 juin, ressortir exclusivement des intérêts de la métropole. Il insiste sur l'apport de la France à l'Empire et souligne par là même la légitimité d'une association fondée sur le consentement. Il n'est pas question pour le général de Gaulle de mettre en cause l'œuvre civilisatrice de la France sur les divers continents : « La France, au prix de grands sacrifices et sans être aidée par personne, a, pendant des années, introduit le progrès et la civilisation dans des régions du monde qui ne les connaissaient pas (...) [12] », en particulier pendant la dernière guerre.

Cet effort, selon lui, justifie d'autant mieux le recouvrement de l'Empire qu'il a été accompli « avec le concours des populations ». Des liens tissés au fil des ans est, en effet, née une confiance mutuelle que la guerre n'a pas entamée : « Après quatre ans de trahison à l'intérieur du pays, pas un seul territoire qui était attaché à la France, pas un seul n'a refusé l'effort de guerre pour la libération de la France et la liberté du monde. Ceci a été fait volontairement par 60 millions d'hommes et de femmes. Je demande que l'on considère cela car *politiquement parlant et humainement parlant, c'est, à mon avis, pour l'avenir une chose très importante.* » (Malgré la guerre) « les territoires que, dans les quatre parties du monde, nous avons associés à nos destinées sont, à travers vents et marées, restés fidèles à notre cause [13] ».

L'alliance a surmonté l'épreuve de la guerre et demeure solide, témoignant ainsi de sa force et de sa durée et même de son caractère « inébranlable ». Le général de Gaulle ne manque pas l'occasion de souligner la fidélité de cent millions d'hommes à travers le monde « liés » au destin national. Aussi n'hésite-t-il pas à stigmatiser « l'apparence d'un consentement » que, sous l'égide de l'amiral Decoux, l'Indochine aurait donnée à la rupture avec la France. Mais pour que cette association dure, il faut qu'elle se transforme. Sa rénovation est la condition de son maintien.

Le général de Gaulle juge impossible le maintien de l'ancien ordre impérial comme il croit illusoire le retour à la société d'avant-guerre. S'il s'agit de rester fidèle à la vocation humaniste de la France, les impératifs stratégiques sont aussi un élément essentiel de son analyse. Pour garantir l'indépendance nationale, mener une grande politique européenne « nous devons avoir les mains libres au-delà des océans [14] ». La montée du nationalisme, les ébranlements de la guerre imposent la recherche d'une troisième voie entre la nécessité et le maintien pur et simple d'un système révolu et mal accepté. Cette argumentation développée *a posteriori* dans ses *Mémoires de guerre* est confrontée par la relation qu'il fait de son entretien avec le président Truman en juillet 1945 : les enjeux internationaux apparaissent alors de plus en plus déterminants.

Le général de Gaulle prédit l'avènement des indépendances qu'il faut aménager diversement et par étapes : « L'Occident doit le comprendre et même le vouloir. » Et d'envisager l'éventualité d'une Troisième Guerre mondiale ou à tout le moins une division du monde en nouvelles zones d'influence, alimentée par le jeu des grandes puissances. Le détachement des territoires d'outre-mer ne serait pas seulement préjudiciable à la France mais aussi à l'Occident tout entier car, dit-il à Truman, « il était facile de prévoir qui, dans le monde, en tirerait avantage [15] ».

Toujours située dans la perspective de Brazzaville, la politique d'évolution implique un système d'ordre fédéral [16] mais il faut prendre garde à l'imprécision du vocabulaire juridique du général de Gaulle qu'on avait pu déceler à propos de l'Europe [17]. Il avait déclaré, le 25 octobre 1944, qu'il ne parlerait pas d'une fédération française car « on peut discuter sur le terme, mais d'un système français où chacun jouera son rôle ». Le même jour, il indique clairement que « la politique française consiste à mener chacun de ces peuples à un développement, à lui permettre de s'administrer et, plus tard, de se gouverner lui-même ».

Le développement économique, social et intellectuel de la France et de l'Union française s'inscrivent dans un « grand plan (de) reconstruction et (de) rénovation ». La logique de ce progrès parallèle et complémentaire est conforme au monde moderne car « le génie de notre époque est celui de l'interdépendance [18] ».

Les initiatives prises par le général de Gaulle tiennent compte de la spécificité de chaque territoire. Après l'ordonnance du 7 mars 1944, prise avant la formation du Gouvernement provisoire et relative à la citoyenneté en Algérie, le texte sur lequel il convient de s'arrêter est la déclaration relative à l'Indochine. Dans l'entreprise de rénovation, le projet politique conçu à propos de l'Indochine doit constituer l'un des moyens de sauvetage de ce « grand navire désemparé ». Incluse dans le système d'ordre fédéral évoqué lors de la conférence de presse de Washington de juillet 1944, l'Indochine est souvent présente dans les discours du général de Gaulle à l'occasion desquels il affirme la volonté de la France « qui entend faire du développement politique, économique, social et culturel de l'Union indochinoise l'un des buts principaux de (son) activité. (...) Cette œuvre, la France, qui est et demeurera son propre mandataire, la poursuivra dans le respect des droits, des mœurs et des traditions des peuples dont elle a la charge [19] ».

Quelques jours après la saisie de l'Indochine par les Japonais, le 9 mars 1945, le chef du gouvernement français insiste : « Il y aura un gouvernement indochinois, un parlement indochinois, un régime économique propre à l'Indochine [20]. » Mais ce texte perd beaucoup de sens du fait que la France a perdu toute autorité sur la péninsule...

En octobre 1945, les territoires d'outre-mer sont représentés au sein de l'Assemblée constituante. C'est pour le chef du gouvernement « une innovation immense ». Cette participation symbolise la nouvelle alliance entre la France et les territoires qui sont liés à elle. S'agissant du Maroc, le Général affirme avoir envisagé avec Mohamed V, en juin 1945, les modalités d'accession de ce pays à son indépendance dans le cadre de la communauté française. Concernant la Tunisie, des assurances analogues ont été données au bey Lamine. Le général de Gaulle précisera plus tard qu'en novembre 1945 son gouvernement avait « arrêté un plan de réformes profondes dans le mode de représentation des populations tunisiennes, dans la composition du gouvernement tunisien et dans celle des principales municipalités de la Régence [21] ».

Enfin, pour la Syrie et le Liban, qui ne font pas partie de l'Empire, le général de Gaulle entend doter progressivement ces deux pays de tous les attributs d'une souveraineté effective, mais en préservant les « intérêts français ».

Les obstacles

A la Libération, l'Afrique noire ne semble pas être agitée par les nationalismes. Quant au Maghreb, « pour quelque temps encore l'affaire peut être menée dans le calme et progressivement. Bien que des signes d'agitation s'y manifestent déjà », croit pouvoir écrire de Gaulle, « nous sommes les maîtres du jeu [22] ». En Algérie, il n'est pas sûr que les premières réformes entreprises (ordonnance du 7 mars 1944) aient satisfait les nationalistes. Ferhat Abbas qui prône « une république algérienne autonome fédérée à la République française » fait figure de modéré. Les graves émeutes du 8 mai 1945 réprimées avec une férocité désapprouvée par le gouverneur Chataigneau, pour un temps absent d'Alger, laissent mal augurer de l'évolution future. Le général de Gaulle n'y consacre que trois lignes dans ses *Mémoires*... Il croit bon de parler de synchronisation avec les émeutes syriennes, hypothèse que ne prend au sérieux aucun historien. Le chef du gouvernement entend seulement faire rétablir « l'ordre » et mettre fin à l'activité d'une « minorité d'agitateurs [23] ». Il traduit d'ailleurs ici un sentiment quasi général, dont témoigne la presse de l'époque, incroyablement indifférente... [24]. Au moment où la France reparaît, est-il possible de tolérer de tels troubles mettant en cause la souveraineté française en Algérie ? Voilà ce qu'on lit alors.

Au Maroc, le nationalisme paraît inquiéter moins le chef du gouvernement : « Les proclamations répandues par l'Istiqlal (...) ne passionnent pas beaucoup les foules, le sultan Sidi Mohammed les a d'ailleurs désavouées [25] » ; on l'a, en fait, sommé de le faire... Invité à Paris, le souverain du Maroc est reçu en juin 1945 avec des égards – il est fait compagnon de la Libération – qui contrastent avec les mauvais traitements à lui infligés au début de 1944. De Gaulle ayant suggéré au sultan ses intentions d'ouverture, ce voyage désamorce quelque peu l'agitation.

Le bey Lamine, moins représentatif des aspirations nationalistes tunisiennes que le bey Moncef destitué par Giraud, est reçu à son tour par le général de Gaulle en juillet 1945, et fait l'objet d'égards plus modestes, mais bien reçus.

Ces rencontres sont significatives. D'une part, les interlocuteurs de la France sont les souverains incarnant la souveraineté du Maroc et de la Tunisie, représentatifs des volontés de leur pays. D'autre part, toute intervention étrangère dans ces pourparlers est exclue. L'incident provoqué à la veille de la conférence de Yalta par Roosevelt, invitant de Gaulle à Alger (après l'avoir fait à Casablanca un an plus tôt), avait manifesté la tension franco-américaine sur les questions impériales. Le président des États-Unis feignait-il d'ignorer que, juridiquement, l'Algérie, c'était la France ? L'homme du 18 juin savait que les Américains encourageaient, au Maghreb comme ailleurs, les revendications nationalistes, et déclara à Mohammed V : « A Anfa, Roosevelt a fait miroiter à Votre Majesté les merveilles de l'immédiate indépendance. Que vous proposait-il en dehors de ses dollars et d'une place dans sa clientèle [25] ? »

Au Levant, on l'a vu, le général de Gaulle a souhaité, dès 1930, l'exercice de leur souveraineté par le Liban et la Syrie. Mais il refusait que la France fût brutalement exclue de cette région, où elle serait immédiatement remplacée par les Britanniques, qui contrôlaient la zone. Pensait-il à la mise sur pied par les Nations unies d'un système de sécurité mondiale, la France retirant ses forces du Levant pour se charger, en vertu d'un mandat international, de deux bases militaires ?

Les traités signés au nom de la France libre par Catroux déterminent le concours apporté par la France à Damas et Beyrouth, et préservent ses intérêts économiques et culturels. Les nouveaux gouvernements syrien et libanais s'y opposent. Cette opposition, appuyée par la Ligue arabe, est selon de Gaulle inspirée par des manœuvres britanniques. Attitude très typique d'un de Gaulle obsédé par les nouveaux équilibres internationaux et refusant de le voir s'instaurer au détriment de la France – fût-ce au prix d'une crise majeure avec Londres : « Si je pouvais vous faire la guerre !... » a-t-il lancé à l'ambassadeur Duff Cooper, son ami...

Agitée par les nationalismes, occupée par les Japonais, convoitée par les Chinois, menacée par l'attitude « anticolonialiste » des États-Unis, l'Indochine est, lors de la Libération, l'autre obstacle essentiel, à la volonté politique du général de Gaulle. On ne reviendra pas ici en détail sur cette affaire [27]. Mais nul exemple mieux que celui-là ne rassemble les données du problème colonial tel qu'il se posait au Général à la Libération.

Le chef du gouvernement français prétend d'abord restaurer la présence française. Une fois levée l'hypothèque japonaise, il se heurte à une sorte de veto américain. Mais dès avant la mort de Roosevelt et l'accession de Truman à la présidence, l'assouplissement de la position américaine permet la mise sur pied d'une expédition militaire. La conférence de Potsdam de juillet 1945, qui décide sans consultation de la France le partage en deux zones de l'Indochine « pour désarmer les Japonais », officialise, selon de Gaulle, l'ingérence étrangère et singulièrement celle de la Chine, au Nord. S'il est donc vital de prendre pied en Asie, le chef du gouvernement entend, avec ses faibles moyens, écarter toute intrusion étrangère, en particulier dans la négociation avec les nationalistes – qu'il n'exclut pas mais refuse d'engager sous la tutelle alliée, et sans qu'elle soit précédée d'un provisoire rétablissement territorial.

« Rien, écrit-il le 16 septembre 1945 à l'amiral d'Argenlieu *, n'est plus urgent que d'avoir tout au moins Leclerc ** installé à Saigon (...). Nous-mêmes devrons nous y rendre. La première chose à obtenir

---

* Qu'il vient de nommer haut-commissaire en Indochine.
** Qu'il vient de nommer commandant en chef militaire (subordonné au précédent).

est l'arrivée à Hanoi d'Alessandri * et de son détachement. J'ai l'impression que les Chinois veulent nous vendre même cela contre des avantages pour leurs colons et des droits sur nos chemins de fer... Ne prenez et ne laissez prendre à l'égard du Viêt-minh ** aucun engagement quelconque. *Vous pourrez accepter certains contacts à condition qu'ils soient directs et ne comportent aucun intermédiaire, ni anglais, ni américain.* Quand du côté allié on vous proposera des " bons offices ", refusez catégoriquement, nous ne traitons pas avec nos sujets par le truchement de l'étranger. Sans quoi, nous verrons se renouveler en Indochine le jeu des Anglais en Syrie ***.

« L'intérêt français consiste à ne rien régler quant aux gouvernements locaux en Indochine tant que nous n'aurons pas la force. Mieux vaut cent fois laisser jusque-là la situation entière, même si elle nous est défavorable, plutôt que d'accepter, du faible provisoire ou fort, des arrangements où l'étranger serait partie et qui seraient, par là même, catastrophiques. Je fais tout, personnellement, pour hâter l'envoi des moyens, personnel et matériel. Mais cela durera longtemps (...) [28]. »

Le chef du gouvernement entend que les négociations soient engagées avec les souverains qui incarnent seuls les intérêts de leur pays depuis des siècles et avec lesquels la France a contracté des engagements. Cette solution, appliquée au Cambodge et au Laos, est plus difficile à concevoir au Tonkin et en Annam. Bao Dai s'est rallié au Viêt-minh et la mort accidentelle du prince Vinh San (que de Gaulle avait choisi pour le remplacer sur le trône) fait échouer toute solution de rechange. Le Viêt-minh n'est pas alors récusé comme interlocuteur, mais il n'est pas, pour de Gaulle, le seul représentant des aspirations du Viêt-nam. Quand le général de Gaulle se retire du ponvoir, le 20 janvier 1946, la France a certes repris pied en Indochine [29], mais le problème reste entier, et sa retraite fait de d'Argenlieu un intraitable « conservateur ». Tant que la France est privée de son guide...

Dans ses *Mémoires d'espoir*, de Gaulle explicite sa politique et la justifie : « N'ayant aucunement l'illusion que du jour au lendemain un ensemble fondé sur une association libre et contractuelle remplacerait notre Empire sans heurts et sans difficultés, je tenais cependant cette grande œuvre pour possible. Mais il fallait qu'elle fût

---

* Commandant des forces françaises du Nord.
** Le mouvement nationaliste, encadré par les communistes.
*** Ce que de Gaulle ne dit pas, c'est qu'à l'inverse de ce qu'ils ont fait au Levant, les Anglais (Mountbatten, Gracey) ont activement favorisé le retour des Français en Indochine.

conduite avec continuité par un gouvernement résolu et qui parût aux peuples intéressés représenter réellement cette France généreuse et vigoureuse qui, lors de la Libération, leur avait semblé se révéler. Évidemment le régime des partis ne répondait pas à de telles conditions [30]. »

Cette dernière phrase explique en partie l'attitude de celui qui va devenir le chef du R.P.F. face à la question des territoires d'outre-mer. Attitude très peu évolutive !

« La France est en péril de mort »

« La France est en péril de mort. » Tel est le leitmotiv du général de Gaulle à compter de 1946. La menace soviétique et totalitaire au-dehors, l'impéritie du « régime des partis » au-dedans, hypothèquent son existence. C'est pourquoi, le leader du R.P.F., créé en avril 1947, s'oppose à toute évolution outre-mer, au moins jusqu'au début des années 50. De Gaulle ne reconnaît aucune légitimité à ceux qui lui ont succédé et lui conteste, *a fortiori*, le pouvoir de démanteler par morceaux la souveraineté française. Sans doute, à Bordeaux, le 15 mai 1947, prône-t-il un système permettant à chacun des « territoires » de développer sa personnalité dans le cadre d'une Union française, étant entendu que, dans le cadre de cette association, l'ordre public, la défense, la politique étrangère et l'économie seraient communs. Retour à l'esprit de Brazzaville ? Mais ce programme ne pourrait être mis en œuvre par quelqu'un d'autre que son inspirateur.

Règles d'or du gaullisme : on négocie quand on est fort, la faiblesse est mauvaise conseillère. La débilité des gouvernants interdit toute concession outre-mer. Au surplus, de Gaulle est alors obsédé par l'imminence de la guerre. Comment céder un pouce de territoires qui seront demain, comme ils l'ont été hier, les points d'appui de la défense française ? Cette conduite ne souffre aucune exception.

Ainsi de l'Indochine où de Gaulle semble fermé à toute perspective d'accord avec Hô Chi Minh. En mars 1947, il enjoint même à Leclerc, pressenti par Blum pour succéder à d'Argenlieu, de décliner cette offre, qui implique une hypothèse de négociation avec le Viêt-minh. Il pense alors que la victoire d'Hô Chi Minh serait celle du communisme [31]. Pendant la guerre de Corée, de Gaulle compare à plusieurs reprises le combat mené là-bas par les États-Unis à celui que poursuit la France en Indochine [32]. Quant à l'Algérie, il fait toutes réserves sur le modeste statut de 1947, qui crée une assemblée algérienne à vocation simplement consultative, mais élue au suffrage universel.

C'est la « menace communiste » qui fonde alors son attachement à la souveraineté française et conduit à refouler, en Algérie comme ailleurs, toute perspective d'évolution. Si le pouvoir français devait à nouveau trouver refuge outre-mer... Ce n'est que beaucoup plus tard que l'auteur des *Mémoires d'espoir* verra dans ce statut « un pas important dans la bonne voie et, pour peu qu'on en voulût faire d'autres, la marche du territoire vers la prise en main de ses affaires par ses propres habitants et l'apparition progressive d'un État algérien associé à la République française [33] ».

Le tournant de 1953

Mais les circonstances, si elles imposent selon lui de bloquer tout processus de rénovation, sont par essence changeantes... La disparition de Staline (mars 1953) qui fait entrevoir l'amorce d'un dégel planétaire, la fin du R.P.F., la détérioration de la position de la France en Indochine qui apparaît de plus en plus intenable, fondent la révision à laquelle procède le Général au cours de l'année 1953. C'est aussi l'année où il voyage à travers l'Afrique.

Le 8 mars à Bamako, il évoque un « continent qui est révélé à lui-même, son sol et son sous-sol ont commencé de montrer ce qu'ils valent, ses hommes ont appris à connaître ce dont ils sont capables. L'Afrique est engagée sur une route où on ne revient pas en arrière (...). Ce qui marque ici l'évolution, c'est bien la part qu'y prennent les Africains et le rôle qu'y joue la France ». Mais c'est surtout à propos de l'Indochine qu'il révise (discrètement) sa position en attendant d'approuver, en 1954, l'action pacificatrice de Pierre Mendès France.

En 1955, cette fois au sujet du Maroc, il rappelle que le sultan Mohammed V, détrôné, exilé, injurié par bon nombre de ses amis du R.P.F., est son « Compagnon » (de la Libération). En cette occurrence, les mots ne sont pas innocents... Lors de la même conférence de presse, il déclare que l'Algérie aurait pu prendre place, en 1947, dans « une communauté plus large que la France ». L'association ? C'est elle, affirme-t-il dans sa conférence de presse du 30 juin 1955, qui doit « se substituer à la domination [34] ». Et de dessiner un vaste système liant tous les territoires de la France, chacun préservant ses « traits distinctifs, sa figure, son caractère »... Enfin, en février 1958, lors du bombardement du village tunisien de Sakhiet Sidi-Youssef par des avions français venus d'Alger, de Gaulle accepte de recevoir l'ambassadeur de Bourguiba, Mohammed Masmoudi.

Tous ces signes, corroborés par les multiples témoignages de ses visiteurs, de Louis Terrenoire à Maurice Schumann et de Maurice Clavel à Edmond Michelet, laissent augurer une révision radicale, singulièrement à propos de l'Algérie. Il ne dira mot de ses intentions ni en septembre 1956 lorsqu'il voyage en Afrique ou dans les Antilles, ni en 1957 lorsqu'il redécouvre l'immense richesse du Sahara. Qui peut dire d'ailleurs ce que de Gaulle envisage de faire lorsque l'occasion s'offre à lui, en mai 1958?

Larvatus prodeo?
(J'avance masqué)

De Gaulle affirme dans ses *Mémoires* que s'il n'avait pas, à propos de l'Algérie, de « plan rigoureusement préétabli, à tout le moins les grandes lignes étaient arrêtées dans (son) esprit [35] ».

Tout commence le 15 mai, quand il fait distribuer une proclamation en faveur de l'« association » entre la France et les autres peuples naguère colonisés. Le 4 juin 1958, vers 19 heures, quand le Général prononce, sur le forum d'Alger, le discours fameux commençant par : « Je vous ai compris! », les pieds-noirs font mine d'y voir une approbation de *statu quo*. Mais la suite leur donne tort : « Il n'y a (ici) que des Français à part entière – des Français à part entière avec les mêmes droits et les mêmes devoirs. » Et les choses sont un peu plus claires quand les combattants se voient ouvrir « les portes de la réconciliation ».

En juin 1958, il est probable que de Gaulle croit une paix possible, réservant à l'Algérie, comme il l'affirme le 13 juillet, « une place de choix » dans la vaste communauté qu'il imagine [36]. A Mostaganem pourtant, le 6 juin, il clôt son discours par un : « Vive l'Algérie française! » très commenté... Mais, rappellera-t-il encore dans ses *Mémoires* (douze ans plus tard), « il y a plusieurs façons d'être français [37] »!

Les foules d'Alger qui acclament le général de Gaulle de passage fin août après un périple en Afrique noire et à Madagascar ont-elles seulement prêté attention à ce qu'a dit le futur – et éphémère – président de la Communauté française? Certains l'ont fait, relevant avec inquiétude sa déclaration de Tananarive : « Demain, vous serez de nouveau un État, comme vous l'étiez quand le Palais de vos Rois était habité, mais vous serez des hommes qui, en toute indépendance, se seront unis à d'autres hommes pour le meilleur et pour le pire [38]. » Il s'est fait plus précis à Brazzaville, le 24 août au stade Félix-Eboué : « On dit : " Nous avons droit à l'indépendance. " Mais certainement

oui! Un territoire déterminé pourra la prendre aussitôt s'il vote
" non " au référendum du 28 septembre. Et cela signifiera qu'il ne
veut pas faire partie de la communauté proposée et qu'il fait en
somme sécession. Cela signifiera qu'il veut poursuivre son chemin
lui-même, isolément, à ses risques et périls. La métropole en tirera la
conséquence et je garantis qu'elle ne s'y opposera pas. Mais si le
corps électoral, dans les territoires africains, vote " oui " au référendum, cela signifiera que, par libre détermination, les citoyens ont
choisi de constituer la Communauté dont j'ai parlé. Alors cette
Communauté sera instituée. On la fera fonctionner. Je suis sûr que ce
sera pour le bien de tous (...). Mieux même; à l'intérieur de cette
Communauté, si quelque territoire, au fur et à mesure des jours, se
sent, au bout d'un certain temps que je ne précise pas, en mesure
d'exercer toutes les charges, tous les devoirs de l'indépendance, eh
bien! il lui appartiendra d'en décider par son Assemblée élue et, si
c'est nécessaire ensuite, par le référendum de ses habitants. Après
quoi la Communauté prendra acte, et un accord réglera les conditions de transfert entre ce territoire, qui prendra son indépendance et
suivra sa route, et la Communauté elle-même.
    « Je garantis d'avance que dans ce cas non plus la métropole ne s'y
opposera pas. Mais bien entendu, la métropole elle aussi gardera à
l'intérieur de la Communauté la libre disposition d'elle-même. Elle
pourra, si elle le juge nécessaire, rompre les liens de la Communauté
avec tel ou tel territoire, car il ne peut échapper à personne que la
Communauté imposera à la métropole de lourdes charges, et elle en a
beaucoup à porter. Je souhaite de tout mon cœur qu'elle persévère
dans cette Communauté, qu'elle continue à porter ses charges,
qu'elle le puisse et qu'elle le veuille, mais, bien entendu, elle se réser-
vera elle aussi la liberté de ses décisions. »
    Ce grand ensemble fédéral est pour le Général le gage d'une évolu-
tion à la mesure d'un avenir préservant l'influence de la France. Pour
maints leaders africains, elle est d'abord une étape vers l'indépendance. A tout le moins, forme-t-elle une espèce de « sas » de transition
entre la sécession pure et simple qu'un non signifie et l'ancien régime.
Et le non de la Guinée illustrera parfaitement que la France ne fait
pas obstacle aux indépendances mais qu'elle en tire, comme dira le
général de Gaulle, « la conséquence ».
    La demande de plusieurs membres de la Communauté (dont le
Soudan et le Sénégal) d'accéder à l'indépendance rendra nécessaire
la révision du 4 juin 1960, permettant aux États désormais « souverains » de ne pas cesser d'appartenir à l'ensemble créé en 1958. Dès
le 10 novembre 1959, de Gaulle avait précisé que la Communauté

« c'est l'indépendance effective et la coopération garantie [39] », même si, dans les premiers mois de 1961, la belle construction a vécu, mais sans véritable rupture.

En favorisant la constitution de ces nouveaux États, la France et l'homme du 18 juin, que tant de liens unissent à l'Afrique et à ses chefs, éviteront « l'anarchie sanglante » à la manière du Congo belge ou ce que de Gaulle appelle « l'action inadéquate et très coûteuse » des Nations unies. Lors de la première session du Conseil exécutif de la Communauté, de Gaulle disait à ses hôtes, comme les pèlerins d'Emmaüs le disaient au voyageur : « Restez avec nous! Il se fait tard! La nuit descend sur le monde! »

Le ministère de la Coopération, né en mai 1961, avait été celui de la France d'outre-mer supprimé le 1er décembre 1958. Entre ces deux dates, le sort de l'Algérie s'était dessiné, sinon accompli.

Une « place de choix » pour l'Algérie

Pour l'Algérie, de Gaulle espérait, on l'a dit, une « place de choix » dans un vaste ensemble aimanté par la France. Pour l'heure, et jusqu'au référendum du 28 septembre 1958 qui doit rallier l'adhésion du peuple à la nouvelle Constitution et sceller le destin de la Communauté française, celui qui n'est encore que le dernier chef du gouvernement de la IVe République s'attache à liquider les comités de salut public, restaurer la discipline dans l'armée et prendre des mesures concrètes, comme il l'écrit à Salan le 19 juin pour rapprocher la condition des deux communautés [40]. Mais il précisera clairement au même le 18 septembre que « le " oui " ne saurait signifier le vote pour ou contre une solution déterminée du problème du statut politique de l'Algérie [42] ».

Après le succès du référendum, il annonce à Constantine, le 3 octobre, un plan quinquennal de mesures destinées à mettre en valeur ce pays et déclare : « Parce que c'est la nature des choses, le destin de l'Algérie aura pour bases, tout à la fois, sa personnalité et une solidarité étroite avec la métropole française », et de conclure avec un inédit : « Vivent l'Algérie et la France! » Puis vient l'offre de « paix des braves », rejetée par le F.L.N. L'espoir d'une solution intermédiaire se rétrécit à l'aune des résultats des législatives de novembre où la quasi-totalité des listes élues en Algérie sont favorables à l'intégration. Les « élites algériennes » qui auraient pu émerger du scrutin [42] et devenir un interlocuteur valable sont décidément introuvables...

« Il est possible, écrit de Gaulle au général Ely le 17 janvier 1959, qu'un jour vienne où l'intégration soit une possibilité en Algérie. Mais ce jour n'est pas venu puisqu'il nous faut tuer mille combattants adverses par mois et que, néanmoins, nous trouvons devant nous l'insurrection active et intacte depuis plus de quatre ans. Et cela, bien que nous ayons en Algérie 400 000 hommes, plus que Napoléon n'en avait pour conquérir l'Europe. Il faut donc bien reconnaître que l'intégration n'est actuellement qu'un vain mot, une espèce de paravent derrière lequel se cachent ces ou les impuissances. La seule politique acceptable consiste à désamorcer la guerre en suscitant la transformation et, par conséquent, la personnalité de l'Algérie [43]. »

De Gaulle le redit, cette fois tout haut, le 25 mars 1959 : « L'Algérie et la France marchent ensemble vers l'avenir, un avenir qui, je l'affirme, appartiendra à tout le monde et où nulle porte ne sera fermée [44]. » La formule, énoncée lors d'une conférence de presse, est encore vague. Mais elle esquisse la prochaine étape.

C'est une étape décisive : le 16 septembre, le fondateur de la Ve République proclame le principe du droit à l'autodétermination des Algériens. Cette fois, l'Algérie française est bien morte. Illégitime. Les Algériens ont le libre choix, lequel ne fait pas de doute. L'« Algérie de papa » ne sera pas celle des fils, bien que de Gaulle pose plusieurs préalables et d'abord le rétablissement de l'ordre, dans tous les sens. « De toute façon, écrit-il à son fils le 14 février 1960, il fallait en finir avec l'outrecuidante pression des Européens d'origine à Alger, avec le noyau politicien qui se formait dans l'armée, enfin avec le mythe de l' " Algérie française " qui ne fait que couvrir la volonté des " pieds-noirs " de maintenir leur domination sur les musulmans, dût la France s'épuiser à réprimer des insurrections en série et à se faire mal voir du monde entier [45]. »

De Gaulle a laissé entrevoir encore une fois, lors de son allocution du 29 janvier 1960, prononcée à l'occasion de la révolte algéroise dite « des barricades », face aux séditieux, une « solution française ». S'adressant aux Français d'Algérie, pour la plupart solidaires du soulèvement, il déclare : « Comment pouvez-vous douter que si, un jour, les musulmans décidaient, librement et formellement, que l'Algérie de demain doit être unie étroitement à la France, rien ne causerait plus de joie à la patrie et à de Gaulle que de les voir choisir, entre telle ou telle solution, celle qui serait la plus française [46]? » En fait, il n'y croit guère, ayant écrit à son fils, quelques jours avant, que « cette affaire nous absorbe et nous paralyse, alors que nous avons tant de choses à réaliser chez nous et ailleurs [47]! ». Cette « affaire »...

Le 16 septembre 1959, il a prôné « le gouvernement des Algériens par les Algériens, appuyé sur l'aide de la France et en union étroite avec elle [48] ». De Gaulle pense-t-il à la République malgache ou à la Fédération du Mali avec lesquelles la France, en avril 1960, signera un accord de transfert de compétences, et à leur accession à la souveraineté internationale mais dans le cadre d'une Communauté française « maintenue »? On n'en est pas là. Pendant la « tournée des popotes » qu'il effectue en mars 1960 auprès des militaires français engagés en Algérie, il confie à ses militaires son espoir que l'histoire n'ira pas si vite...

Le 14 juin 1960, pourtant après avoir dit adieu au temps « des lampes à huile et de la marine à voile », il explique que « refuser aux peuples qui dépendaient de nous le droit des peuples à disposer d'eux-mêmes (serait) contredire notre idéal, entamer des luttes interminables, nous attirer la réprobation du monde, le tout pour une contrepartie qui se fût inévitablement effritée entre nos mains [49] ».

« Un État indépendant »

L' « Algérie algérienne »? C'est l'une de ces « tautologies » dont il a le secret. Mais encore? « Cela veut dire une Algérie émancipée, une Algérie dans laquelle les Algériens eux-mêmes décideront de leur destin, une Algérie où les responsabilités seront aux mains des Algériens, une Algérie qui, si les Algériens le veulent – et j'estime que c'est le cas –, aura son gouvernement, ses institutions et ses lois [50]. » L'indépendance, à l'image des États d'Afrique noire, est implicitement présentée comme inéluctable. Les Français d'Algérie ne s'y trompent pas. Ni Jacomet, secrétaire général de la Délégation générale à Alger, qui sera révoqué pour avoir protesté contre cette allocution révélatrice (4 novembre 1960).

En décembre 1960, de Gaulle se rend en Algérie pour rappeler que « l'armée n'a pas de politique ». Sa visite, marquée par de violentes émeutes fomentées par les « ultras » et, en réaction, par l'apparition publique du F.L.N., le convainc que le fossé entre les deux communautés est pour l'heure infranchissable. Sans doute espérait-il faire émerger un « parti du progrès » apte à jouer le rôle d'une troisième force entre l' « Algérie française » et le F.L.N. Le référendum qu'il organise le 8 janvier 1961 doit non seulement avaliser le principe d'auto-détermination mais définit une structure institutionnelle intérimaire donnant de larges pouvoirs aux conseils d'élus algériens d'où pourrait émerger cette solution intermédiaire. « Prédétermination », dira le F.L.N. Les musulmans des villes, suivant les consignes du G.P.R.A. (l'exécutif du Front algérien), s'abstiennent largement – encore que près de 70 % d'entre eux disent oui à de Gaulle. Mais on n'a vu paraître ni parti du progrès, ni solution intermédiaire...

« Dans ce qu'il faut faire, notamment en Afrique et surtout en Algérie, écrit-il à son fils le 5 mars suivant, mon effort consiste à conduire le mouvement et à tenir les rênes sans nous laisser rien dicter ni arracher soit du dedans, soit du dehors. Si comme je l'espère bien, nous y réussissons, nous pourrons sortir de tout cela dans les meilleures conditions possible. » « Tenir les rênes », est-ce préserver ce qui peut l'être par la coopération avec le futur État algérien? Tenter de conserver le Sahara? De toute façon, il s'agit de « sortir de tout cela »...

Le 11 avril 1961, il va plus loin et laisse entendre clairement que l'Algérie sera un « État indépendant » et que « la France considérerait avec le plus grand sang-froid une solution telle que l'Algérie cessât d'appartenir à son domaine, solution qui, en d'autres termes, aurait pu paraître désastreuse pour nous et que, encore une fois, nous considérons actuellement d'un cœur parfaitement tranquille. (...) Voici que notre grande ambition nationale est devenue notre propre progrès, source réelle de la puissance et de l'influence. (...) C'est un fait : la décolonisation est notre intérêt et, par conséquent, notre politique [51] ». Cette fois l'homme du 18 juin, ce visionnaire, se mue en réaliste terre à terre. Il a choisi de faire ses comptes et de donner raison à ceux qui – tel Raymond Aron – considèrent que l'Algérie coûte décidément trop cher.

Quelques mois plus tôt, pourtant, le 10 novembre 1959, il avait vitupéré ceux « qui pensent que non seulement nous ne devons pas empêcher la séparation quand elle se présente mais que, au contraire, nous devons nous en féliciter. Ces territoires nous coûtent beaucoup plus cher qu'ils ne nous rapportent! Nos ressources, nos capacités, trouveront à s'employer chez nous d'une manière beaucoup plus utile que chez eux! Ceux-là, je ne crois pas qu'ils soient d'accord avec l'idée que la France se fait d'elle-même ni avec l'idée que le monde se fait de la France [52] ». En seize mois, Charles de Gaulle est ainsi passé d'une « certaine idée de la France » aux comptes de la nation...

Le Sahara permettra-t-il d'opérer la synthèse de ces deux conceptions en servant le projet politique que forme de Gaulle pour l'avenir, fondé sur la puissance, non seulement celle que peuvent favoriser les riches ressources énergétiques de ce territoire, mais celle que promet la base d'expérimentation nucléaire? Translation, transmutation historique?

« Notre grande ambition nationale est devenue notre propre progrès, source réelle de la puissance et de l'influence », et le concours de la France ici doit comporter une « contrepartie [53] »... On est loin de l'esprit de fraternité, du désintéressement qui inspirait le plan de Constantine. Un constat réaliste est à la base de ce revirement : « Si la masse algérienne tendait à faire partie du peuple français (...) garder à la patrie une fraction de ses enfants, cela vaudrait tous les sacrifices. Mais il est difficile de prétendre que la masse algérienne, dans son ensemble, veut faire partie du peuple français [54]. » Le mot d'ordre, déclare-t-il le 5 septembre 1961, c'est le « dégagement ». Entre-temps, l'échec du putsch algérois du 21 avril, dit « des généraux » a montré que, malgré l'O.A.S. et le prestige d'un Challe, l'armée, dans ses profondeurs, ne fait pas de la préservation l'« Algérie française » une mission intangible...

A l'écoute des temps nouveaux

La marge de manœuvre du Général est réduite. Il ne peut compter sur les Français d'Algérie pour préserver, en terre devenue étrangère, un semblant d'influence de la mère patrie. Quant au F.L.N., il est devenu de mois en mois l'interlocuteur inévitable. Dans un projet de circulaire à l'adresse des représentants diplomatiques de la France dans le monde, de Gaulle précisait en septembre 1939 qu'en aucun cas le « prétendu gouvernement algérien » issu du F.L.N. ne saurait disposer d'une quelconque légitimité. Mais, du 25 au 29 juin 1960, ont déjà eu lieu à Melun des « entretiens » avec ce même F.L.N. Ils avortent, mais sont significatifs.

En septembre 1960, de Gaulle reste décidé à ne pas traiter avec la « seule organisation extérieure de la rébellion » et espère toujours que ses rivaux du M.N.A. pourraient damer le pion au F.L.N. Diviser pour négocier. Mais, mieux que quiconque, de Gaulle est attentif aux rapports de forces : il sait ce que pèse l'U.N.R., face aux indépendants. Il laisse entrevoir à ses interlocuteurs, apparemment peu pressés de négocier, les conséquences désastreuses qu'aurait pour l'Algérie une rupture « à la guinéenne ». Et la menace d'un regroupement des Français sur « l'Algérie utile » – en fait, le projet de partition élaboré par Alain Peyrefitte – est un atout dans le jeu du Général.

En juin 1961, les premiers pourparlers d'Évian sont rompus sur la question du Sahara : le négociateur français Louis Joxe tente de le tenir à l'écart du débat, ceux du F.L.N. s'y refusent. De Gaulle, rappelant que « la France est bien décidée à ne plus engouffrer à fonds perdus en Algérie, non plus qu'ailleurs, ses efforts, ses hommes et son argent », se résigne vite : le 5 septembre 1961, il accepte l'idée que le

Sahara puisse être algérien. Après l'échec des nouvelles négociations de Lugrin, près d'Évian, en juillet, il lâche son dernier atout et reconnaît publiquement la représentativité des dirigeants du F.L.N.

Les négociations avec le G.P.R.A. vont aboutir à la signature des accords d'Évian, le 19 mars 1962, ratifiés par référendum le 18 avril. Accord de cessez-le-feu lié à la reconnaisance de l'indépendance de l'Algérie en coopération avec la France. Pour le reste, le texte reconnaît la souveraineté algérienne au Sahara, dont un organisme paritaire supervisait l'exploitation. Et les sites atomiques sont pour cinq ans laissés à la disposition de la France, comme Mers el-Kébir, qui demeure une base française concédée – pour quinze ans – par l'Algérie (en fait, elle sera rétrocédée dès 1968).

La France, qui retirera ses troupes dans un délai de trois années, s'engage à poursuivre les grands travaux en cours dans le cadre d'une coopération tous azimuts. Quant aux Français d'Algérie, « ils ont à choisir, dans les trois ans, entre le statut d'étranger et la nationalité algérienne ». Dans l'attente d'un référendum, ces accords seront appliqués du côté algérien par un « exécutif provisoire ».

Coopération « exemplaire »? « En un siècle, déclare le Général le 26 mars 1962, où l'avènement de deux milliards d'êtres humains à l'indépendance politique et à l'espoir économique et social commande l'avenir de notre espèce, ce que la France et l'Algérie commencent à faire en commun est un exemple mondial. » Exemple? ou adaptation à l'ordre mondial? Évoquant en 1960 « la douceur des lampes à huile, la splendeur de la marine à voile, le charme du temps des équipages [55] » après avoir daubé sur « l'Algérie de papa »), il concluait : « Mais quoi? Il n'y pas de politique qui vaille en dehors des réalités. »

De ces « réalités », Charles de Gaulle, qui avait su les défier si souvent, s'était fait l'exécuteur sans merci, au nom des « intérêts » de la France. Loi suprême? Certes.

Est-il étrange que ce soit cet allumeur d'étoiles dans la nuit de 1940, ce redresseur visionnaire de la France anéantie par un désastre militaire, puis d'un pays voué à l'asthénie par de mauvaises institutions et ruiné par les guerres coloniales, qui ait mis un terme à la grande aventure de l'Empire – prenant alors le parti de Sully contre Colbert, de Clemenceau contre Ferry?

Nul n'était mieux placé que l'homme du rêve pour faire retentir les sonneries du réveil douloureux. Car c'est bien ainsi que le visionnaire de l'émancipation du Levant, dès 1930, juge et subit, dans son style

inimitable, l'engloutissement du domaine offert à la France par Seignelay, Faidherbe et Lyautey.

Mais chez lui, qui n'a jamais cessé de croire à la continuité française, d'Hugues Capet à Saint-Just et de Louis IX à Clemenceau, il y
avait là aussi une continuité. Ardente à conquérir, apte à coloniser, la
France devait être à l'écoute des temps nouveaux.

Ayant lancé les appels décisifs au droit des peuples à disposer
d'eux-mêmes (celui qu'elle réclamait à son tour entre 1940 et 1945),
elle se devait d'être à l'écoute de cette revendication poignante et
d'en tirer « la conséquence ». Ce qu'elle fit, lui régnant.

NOTES

1. Charles de Gaulle, *Mémoires de guerre*, t. I, Paris, Plon, 1956, pp. 44-45.
2. Charles-Robert Ageron, *France coloniale ou parti colonial*, Paris, PUF, 1978,
pp. 289 et *sq.*
3. *Ibid.*
4. Charles de Gaulle, *Le Fil de l'épée*, Paris, 1932, p. 117.
5. Charles de Gaulle, *Lettres, notes et carnets*, 1905-1918, Paris, Plon, 1980,
p. 540.
6. Charles de Gaulle, *Discours et messages*, t. I, 1940-1946, Paris, Plon, 1970,
p. 121.
7. Charles de Gaulle, *Mémoires de guerre*, t. II, Paris, Plon, 1959, pp. 608 et 609.
8. Institut d'Histoire du temps présent, Institut Charles-de-Gaulle, *Brazzaville,
aux sources de la décolonisation*, Paris, Plon, 1988.
9. *Discours et messages*, t. I, *op. cit.*, p. 373.
10. Cité par Charles-Robert Ageron, « La préparation de la conférence de Brazzaville et ses enseignements », *op. cit.*, p. 31.
11. Dominique Chagnollaud, in Institut de Gaulle, *De Gaulle et le Tiers Monde*,
Paris, Cujas, 1984, pp. 69 et *sq.*
12. 25 janvier 1945, in *Discours et messages, op. cit.*, p. 508.
13. 11 août 1945. *Ibid.*, p. 600.
14. *Mémoires de guerre*, t. III, Paris, Plon, 1959, p. 213.
15. *Ibid.*
16. Il évoque « un système de forme fédérale dans lequel la Métropole sera une
partie et où les intérêts de chacun pourront se faire entendre », 25 août 1944.
17. Voir Edmond Jouve, *Le Général de Gaulle et la construction de l'Europe*,
Paris, L.G.D.J., 1967.
18. 23 novembre 1945, *D.M.*, I, *op. cit.*, p. 653.
19. 19 février 1945, *Ibid.*, pp. 520-521.
20. 11 août 1945.
21. 15 mai 1947.
22. *Mémoires de guerre, op. cit.*, t. III, p. 217.
23. Voir le rapport du professeur Ageron, « De Gaulle et le Maghreb », au colloque *De Gaulle et la nation face aux problèmes de défense 1945-1946*, Paris, Plon,
1984.
24. Voir A. Grosser, *La IVe République et sa politique extérieure*, Paris,
A. Colin, 1967, p. 32.

25. *Mémoires de guerre*, t. III, *op. cit.*, pp. 23-25.
26. *Ibid.*
27. Voir l'ouvrage collectif publié par l'université de Nice, *L'Indochine française: 1940-1945*, Paris, PUF, 1982.
28. *Lettres, notes et carnets*, 8 mai 1945-18 juin 1951, Paris, Plon, 1984, pp. 82-84.
29. Lettre à Félix Gouin, 20 janvier 1946, in *Mémoires de guerre*, t. III, *op. cit.*, p. 646.
30. *Mémoires de guerre*, t. III, *op. cit.*
31. Lettre au général Leclerc du 13 janvier 1947, in *Lettres, notes et carnets*, 1945-1951, Paris, Plon, 1984, p. 218.
32. Jean Touchard, *Le Gaullisme*, Paris, Le Seuil, 1978, p. 119.
33. Charles de Gaulle, *Mémoires d'espoir*, Paris, Plon, 1959, t. I, p. 18.
34. Conférence de presse du 30 juin 1955, in *Discours et messages*, t. II, Paris, Plon, 1970, p. 637.
35. *Mémoires d'espoir*, *op. cit.*, p. 48.
36. Charles de Gaulle, Allocution radiodiffusée du 13 juillet 1958, in *Discours et messages*, t. III, p. 25.
37. *Mémoires d'espoir*, *op. cit.*, t. I, p. 53.
38. *Discours et messages*, Paris, Plon, 1970, t. III, p. 37.
39. *Ibid.*, p. 141.
40. *Lettres, notes et carnets*, mai 1958-décembre 1960, Paris, Plon, 1985, p. 31.
41. Lettre à Raoul Salan du 18 septembre 1958, *ibid.*, p. 90.
42. Voir dans ce sens ses instructions à Salan du 9 octobre 1959, *ibid.*, p. 104.
43. Lettre au général Ely du 17 janvier 1959, *ibid.*, p. 184.
44. *Discours et messages*, t. III, *op. cit.*, p. 90.
45. *Lettres, notes et carnets*, *op. cit.*, p. 330.
46. *Discours et messages*, t. III, *op. cit.*, pp. 164-165.
47. Lettre du 21 janvier 1961, *Lettres, notes et carnets*, janvier 1961-décembre 1963, Paris, Plon, 1986, p. 27.
48. *Discours et messages*, t. III, *op. cit.*, p. 121.
49. *Ibid.*, p. 228.
50. *Ibid.*, p. 258.
51. *Ibid.*, pp. 291-292.
52. Cité par Jean Touchard, in *Le Gaullisme, op. cit.*, p. 157.
53. Conférence de presse du 11 avril 1961, *Discours et messages*, t. III, *op. cit.*, p. 292.
54. *Ibid.*, p. 288.
55. *Ibid.*, p. 228.

Index

A

ABBAS, Ferhat : 200, 216, 218, 223, 224, 230, 238, 243.
ABD EL-AZIZ : 145.
ABD EL-KADER : 88, 90, 93, 94, 99, 103, 115, 124.
ABDERRAHMAN : 99.
AGERON, Charles-Robert : 25, 119, 145, 151.
AGOULT, Marie d' : 61.
AILHAND : 45.
ALAIN : 170.
ALESSANDRI, général : 246.
ALLAL EL-FASSI : 216.
ALLARD, Maurice : 87, 164.
ALLÉGRET, Marc : 187.
ALLEG, Henri : 226.
ALTMAN, Georges : 175.
AMADE, général d' : 146.
AMROUCHE, Jean : 235.
ARAGO, François : 61, 69, 88.
ARGENLIEU, amiral Thierry d' : 245, 247.
ARON, Raymond : 11, 31, 76, 176, 184, 185, 216, 218, 254.
AUMALE, duc d' : 108, 115, 116, 117.
AURAY, général : 115.

B

BALANDIER, Georges : 18.
BAO DAI : 234, 246.

BARBÈS, Armand : 73.
BARNAVE, Antoine : 12, 15, 38, 39, 40, 42, 44.
BARRAT, Robert : 173, 174, 188, 191, 216, 225.
BARRAULT, Emile : 110, 111.
BARROT, Odilon : 63.
BASTIAT, Frédéric : 185.
BAUDEAU, abbé : 31.
BAUDIN : 69.
BAZARD, Saint-Amand : 110.
BEAUMONT, Gustave de : 78, 79, 80, 82, 91, 94, 97, 98.
BEAUVOIR, Simone de : 173, 192, 221, 223, 228.
BEDEAU, général : 116, 118.
BEN BELLA, Ahmed : 234.
BEN KHEDDA, Youssef : 234.
BENOÎT XV : 19.
BENOT, Yves : 41.
BEN YAHMED, Bechir : 183.
BÉRANGER, Pierre Jean de : 63.
BERENGUER, abbé : 219.
BERGERY, Gaston : 12.
BERNARDIN DE SAINT-PIERRE : 34, 47.
BERNIS, Gérard de : 201.
BERQUE, Augustin : 216.
BERQUE, Jacques : 176, 184, 191, 210.
BERTHEZÈNE, général Pierre : 87.
BESSNER, baron de : 33.
BEUVE-MÉRY, Hubert : 20, 172, 183, 192.
BIDAULT, Georges : 12, 193, 199.

Cet ouvrage a été réalisé par la
SOCIÉTÉ NOUVELLE FIRMIN-DIDOT
Mesnil-sur-l'Estrée
pour le compte des Éditions Denoël
en septembre 1993

Imprimé en France
Dépôt légal : octobre 1993 – N° d'édition : 3337
N° d'impression : 24742